Serpent Rouge

9

LES ÉDITIONS DE L'ŒIL DU SPHINX
36-42 rue de la Villette
75019 PARIS, France
www.œildusphinx.com
ods@œildusphinx.com

Le Code de la propriété intellectuelle n'autorisant, aux termes de l'article L. 122-5, 2° et 3°a), d'une part, que les « copies de reproductions strictement réservées à l'usage privé du copiste et non destinées à une utilisation collective » et, d'autre part, que les analyses et les courtes citations, dans un but d'exemple ou d'illustration, « toute représentation ou reproduction intégrale ou partielle faite sans le consentement de l'auteur ou de ses ayants droit ou ayants cause, est illicite » (art. L. 122-4). Toute représentation ou reproduction, par quelque procédé que ce soit, contribuerait donc à une contrefaçon sanctionnée par les articles L. 355-2 et suivants du Code de la propriété intellectuelle.

© 2007 LES ÉDITIONS DE L'OEIL DU SPHINX
ISBN: 2-914405-38-3
EAN : 9782914405386
ISSN de la collection : 1768-5648
Dépôt Légal : avril 2007
L'original de ce fac-similé provient du Fonds Philippe Marlin / Rennes-le-Château

JULES VERNE

CLOVIS DARDENTOR

LES ÉDITIONS DE L'ŒIL DU SPHINX
36-42 rue de la Villette
75019 PARIS, France
www.œildusphinx.com
ods@œildusphinx.com

Avant-propos

Philippe Marlin ©

Le fac-similé que nous vous proposons est extrait de l'édition HETZEL de 1896 qui comportait deux titres, le second étant *Face au Drapeau*. Nous l'avons laissé dans son état original, avec certaines pages répétées... Le chercheur Tony Bontempi nous raconte comment il a mis la main sur cette édition. Le roman est introduit par deux points de vue radicalement opposés, l'un de l'universitaire Daniel Compère, l'autre de Michel Lamy, bien connu dans les milieux castelrennais.

DESTIN D'UN HOMME,

D'UNE ŒUVRE, D'UN LIVRE

Tony Bontempi ©

Il est des livres comme des hommes : certains restent dans l'ombre, d'autres ont un Destin. C'est en premier lieu le destin d'un homme : Jules Verne, grand visionnaire des progrès technologiques, inventeur avant l'heure de machines formidables. Né en 1828 à Nantes, il écrit tout d'abord pour le théâtre (*Les Pailles rompues*, 1850) et crée quelques opéras-comiques (*Colin-maillard*, 1853 ; *Les Compagnons de la Marjolaine*, 1855 ; *M. de Chimpanzé*, 1860). Sa rencontre avec Pierre-Jules Hetzel pour la publication de *Cinq semaines en ballon, voyage de découvertes*, va le propulser vers la gloire. C'est alors le début d'une collaboration qui durera plusieurs décennies et qui donnera lieu à la parution des *Voyages extraordinaires*, avec un à deux volumes édités chaque année.

C'est aussi le destin d'une œuvre, étonnant mélange d'aventures scientifiques, géographiques et temporelles (l'action, d'un roman à un autre, pouvant se situer dans le passé ou dans le futur, ou bien encore être contemporaine). Les romans de Jules Verne, dès l'origine, rencontrent un franc succès et, bien qu'initialement destinés à la jeunesse, ravissent indifféremment petits et grands. Ce succès ne s'altèrera pas avec le temps, et les générations successives porteront un intérêt toujours grandissant à l'œuvre de Verne. Dès 1902, au tout début de l'aventure cinématographique, une adaptation de l'ouvrage *De la Terre à la Lune* (édité en 1865) est tournée par le cinéaste français Georges Méliès sous le titre *Le Voyage dans la Lune.* D'autres adaptations cinématographiques suivront (*20000 lieues sous les mers* de Richard Fleisher – 1954 ; *Voyage au Centre de la Terre* de H. Levin – 1959 ; etc.) ainsi que le tournage de séries télévisées (*Deux ans de Vacances*).

C'est, encore, le destin d'un roman particulier, *Clovis Dardentor*. Paru en 1896, cet ouvrage attirera l'attention près de cent plus tard par les noms de certains de ses personnages. Michel Lamy a beaucoup travaillé sur ce sujet et soulevé des questions fort intéressantes dans son livre *Jules Verne, Initié et Initiateur*. Il est à relever, principalement, le nom de « Capitaine Bugarach » qui rappelle étrangement le nom d'un village et d'un mont des Corbières, dans le département de l'Aude. Qui plus est, à ce village est affilié un hameau nommé « Les Capitaines ».

Je laisse à chacun le soin de se faire sa propre opinion en lisant l'excellent ouvrage de Michel Lamy. Toutefois, je me pose cette question : de quelle manière Jules Verne sélectionnait-il les noms de ses personnages ? Serait-il possible que, consultant une carte géographique, il relevait certains noms de lieux pour les adapter à ses romans et en nommer les acteurs ? En prospectant dans le reste de son œuvre, ne pourrait-on pas découvrir quelques noms particuliers pouvant se rapporter à des lieux géographiques ?

C'est, enfin, le destin d'un exemplaire de *Clovis Dardentor*. Par l'entremise de circonstances particulières, ce livre devait arriver entre mes mains. En septembre 2004, je créais avec une quinzaine d'autres personnes une association à but de développement culturel. J'étais alors loin de penser que cette action m'apporterait le *Clovis Dardentor* tant quêté par certains chercheurs de Rennes-le-Château, moi qui ne m'intéresse que de loin à l'histoire de ce village. Pourtant, un an plus tard, un des autres membres fondateurs vint me voir, me sachant passionné par les livres anciens. Cette personne me proposa un lot d'ouvrages divers, issu d'une maison qu'elle possédait mais qu'elle devait vider entièrement. J'acceptais d'y jeter un œil, et, parmi d'autres Jules Verne, je découvrais le fameux *Clovis Dardentor*. « Tu connais ce roman ? », demandai-je à mon interlocutrice. « Non ! », me répondit-elle simplement. Feuilletant le livre, je lui montrai le nom de « Capitaine Bugarach », et elle en fut fort étonnée. Cet exemplaire de *Clovis Dardentor*, se trouvant à côté de Rennes-le-Château, était donc totalement hors contexte du milieu des chercheurs. Il y a mieux : cet exemplaire à partir duquel a été tiré la présente édition et qui réapparaît précisément au centenaire du décès de Jules Verne, cet exemplaire qui comporte une répétition de pages (parions que certains chercheurs y verront un codage mais, soyons honnête : ce type d'erreur est fréquente dans les livres du XIXème siècle et elle l'est encore parfois aujourd'hui) a été découvert, exactement, dans le village de Bugarach, où il reposait depuis plusieurs décennies. Alors, coïncidence ou simple incidence du miroir ?

DARDENTOR DÉTOURNÉ ?

Daniel Compère ©
Maître de conférence à l'université Paris-III

Il est curieux que l'œuvre de Jules Verne fasse l'objet d'une croyance quasi-mystique. Passe encore que des journalistes qui n'ont pas le temps de s'informer sérieusement ressassent les mêmes idées reçues sur un Jules Verne prétendu visionnaire : ils ne font que prouver leur ignorance de l'état des connaissances au XIXème siècle. Il est plus étonnant de voir des lecteurs s'obstiner à chercher dans les romans de Verne un sens caché.
Le point de départ de cette croyance est à trouver dans deux ouvrages de Marcel Moré, *Le Très curieux Jules Verne* (1960) et *Nouvelles explorations de Jules Verne* (1963), qui postulent que l'auteur avait voulu y dissimuler ses secrets. Moré pratiquait un déchiffrage des noms des personnages et des lieux pour appuyer sa démonstration. Fondée par ailleurs sur des données biographiques incertaines voire erronées, cette interprétation a pu séduire un temps des amateurs de psychanalyse à bon marché et des chercheurs de mystère là où il n'y en a pas.
Tout ce que nous savons aujourd'hui de Jules Verne par l'étude de ses romans, l'examen de ses manuscrits, les lectures de ses interviews et de sa correspondance, démontre combien cette interprétation était inadaptée à son objet. Malheureusement, il est resté l'idée que Verne joue avec les noms de ses personnages et que certains d'entre eux ont une signification ésotérique.
Curieusement, *Clovis Dardentor* qui est loin d'être un titre des plus connus de Jules verne s'est vu ainsi paré des plumes du secret. Prenant comme pivot le nom du capitaine Bugarach qui commande le navire à bord duquel les personnages traversent la Méditerranée, certains établissent un rapprochement avec le Mont Bugarach proche de Rennes-le-Château haut lieu de mystères et de trésors enfouis du temps des Mérovingiens, d'où le prénom Clovis et l'*or* de Dardent*or*. Et voici Jules Verne enrôlé dans une société secrète et possesseur d'un secret dont une partie serait à décrypter dans ce roman !
Tout cela est amusant, mais présente, à mes yeux, l'inconvénient de détourner l'attention du véritable sens de ce roman. *Clovis Dardentor* est un roman dont la portée est essentiellement littéraire. D'abord, c'est un récit léger que Verne écrit en 1895 après ce roman assez grave qu'est

Face au drapeau et avant un récit dramatique, *Le Sphinx des glaces*. Les dernières lignes de *Clovis Dardentor* l'apparentent à un vaudeville, genre théâtral dont il présente certaines caractéristiques avec des scènes cocasses, des malentendus, des jeux de mots, des renversements de situations. Comme dans un vaudeville aussi, les personnages de ce récit sont drôles et variés, du truculent Clovis Dardentor dans le rôle du célibataire endurci, au grotesque Agathocle Désirandelle dans celui de l'amoureux éconduit, tandis que Marcel Lornans en jeune premier tombe sous le charme de la séduisante Louise Elissane. Et si leurs noms ont une signification, c'est avant tout d'adresser un clin d'œil au lecteur : un fiancé qui se nomme Désirandelle et porte le prénom d'Agathocle ne peut être que ridicule, un personnage qui se nomme Dardentor ne peut être que vif et valeureux, un domestique nommé Patrice indique qu'il recherche les bonnes manières de la haute société (les patriciens), etc.

L'autre intention de Verne est géographique : ce roman est destiné à décrire une portion de notre globe qui comporte Sète (ou Cette comme on l'écrivait à l'époque), les Baléares et l'Algérie. Bien différent de romans célèbres de Verne comme *Voyage au centre de la Terre* ou *Vingt mille lieues sous les mers*, ce roman ne présente ni scènes fantastiques ni moyen de transport extraordinaire. Pas non plus de pays inconnus à explorer : au contraire, l'action se déroule dans des lieux que certains lecteurs peuvent connaître, les Baléares et l'Algérie. Pour les décrire, si Verne s'appuie parfois sur des guides touristiques, il utilise aussi les notes prises lors de son voyage en Méditerranée en 1884 (ce qui explique sans doute pourquoi l'action se déroule en 1885). L'escale de Majorque est d'ailleurs l'occasion de rendre hommage à la fois à George Sand qui y séjourna et que Verne admire, et à Louis-Salvator de Habsbourg qui a consacré un ouvrage aux Baléares. Celui-ci qui est un neveu de l'empereur d'Autriche a rencontré Verne en Italie, précisément au cours de ce voyage de 1884.

Du point de vue littéraire, *Clovis Dardentor* est aussi un roman où s'opposent le romantisme et le réalisme au travers des deux cousins, Jean Taconnat et Marcel Lornans. Le premier est un rêveur, prompt à s'emballer pour des causes romantiques, espérant que le destin pourra toujours intervenir dans son existence et attendant l'inconnu qu'il évoque en citant Baudelaire (ch. II). C'est bien lui qui se met en tête l'idée farfelue de se faire adopter par Clovis Dardentor. Le second, Marcel, est réaliste, fondant son comportement sur le raisonnement et prenant « les choses comme elles sont ». C'est lui qui finit par l'emporter en devenant le fils de Dardentor, ou plutôt son beau-fils puisqu'il épouse Louise que le truculent perpignanais a adoptée. Véritable révélateur de cette opposition, le personnage d'Eustache

Oriental est d'abord pris pour un astronome, un homme de science tourné vers l'espace et les étoiles. On découvre à la fin qu'il est gastronome et donc amateur de biens matériels.

Enfin, *Clovis Dardentor* me semble jouer un rôle important dans l'évolution de la carrière personnelle de Jules Verne. En effet, depuis 1888 il a commencé à collaborer avec son fils Michel, cherchant à le pousser vers une carrière littéraire. Ils ont d'abord écrit ensemble une nouvelle destinée à être publiée aux Etats-Unis, *La Journée d'un journaliste américain en 2889*. Puis, en 1895, Verne propose à son fils d'écrire un récit qui "sera comme une prolonge" aux siens. Ce sera *L'Agence Thompson and C°* que Jules Verne considérera comme un de ses romans et qui sera publié en 1907. La trame de ce roman et les personnages rappellent d'ailleurs ceux de *Clovis Dardentor*. Ecrit en 1895, ce dernier semble marquer le passage de relais de Jules Verne à son fils : il espère que Michel pourra continuer son œuvre après sa disparition (souhait qu'il exprimera d'ailleurs dans son testament). Ainsi s'explique le fait que Verne ait tenu à dédier *Clovis Dardentor* à ses trois petits-enfants, ce qui pourrait paraître curieux pour un roman qui prône plutôt l'adoption que la filiation naturelle !

CLOVIS DARDENTOR OU JULES VERNE ET LE SECRET DU TRÉSOR ROYAL DE RENNES-LE-CHÂTEAU

Michel Lamy ©

Des dizaines de milliers de livres ont été écrits sur Jules Verne. Ce romancier est lu partout dans le monde. On a dit un peu tout et n'importe quoi à son sujet, le taxant tantôt d'être de droite, voire royaliste, tantôt d'être de gauche, voire anarchiste. On l'a dit homme à femmes mais aussi homosexuel. Bref, chacun s'arrange avec son Jules Verne, ce qui au passage contribue à son universalité.
Pour l'opinion publique il est surtout un auteur pour la jeunesse et une sorte de précurseur scientifique de génie. Sans doute ces appréciations recouvrent-elles une réalité, mais très partielle. Bien sûr, Verne écrivait pour éduquer, mais pas seulement les enfants. Le fait que ses ouvrages aient été offerts en « prix » à l'école a joué un rôle important dans cette image, sans compter que ses portraits le représentent assez volontiers comme un grand-père qui pourrait raconter des histoires à ses petits-enfants. Pourtant, le moins que l'on puisse dire est qu'il ne sut jamais s'occuper de son fils. Sans doute, la science est largement présente dans son œuvre, cependant son rôle n'a pas été d'inventer mais de prolonger les développements techniques susceptibles de se produire à partir d'inventions déjà réalisées à son époque bien qu'elles soient méconnues du public.

Par contre, il est un aspect de l'œuvre de Jules Verne dont on ne parle jamais : son aspect secret, caché, ses textes derrière le texte. Jules Verne était un grand amateur de cryptogrammes et autres jeux de mots. Il en a truffé ses ouvrages, ce qui est plus qu'aisément vérifiable, faisant de son œuvre un gigantesque message chiffré. Il a utilisé à ce propos une méthode dont la création est attribuée à Swift, l'auteur des « Voyages de Gulliver » : l'Ars punica sive flos linguarum, autrement dit la fameuse langue punique chère à l'abbé Boudet.

Or il ne s'agissait pas pour Jules Verne d'un simple amusement, même s'il dût y prendre beaucoup de plaisir. En fait il nous laissait ainsi de véritables messages. C'est ainsi que son œuvre contient de nombreuses évocations de la Franc-maçonnerie et même des éléments de rituels de hauts grades, comme dans *Michel Strogoff,* alors que ceux-ci n'étaient pas vulgarisés auprès du public comme c'est le cas aujourd'hui. Dans les *Indes Noires,* il est même allé plus loin puisqu'il a construit tout son ouvrage sur la trame et selon le découpage de La Flûte *Enchantée,* l'opéra de Mozart, personnages compris. Or il a tenu à montrer qu'il connaissait parfaitement les clés maçonniques de cette œuvre en surajoutant quelques éléments directement liés à cette société et à ses aspects initiatiques. D'autres de ses livres ont trait à la Rose+croix et, encore une fois, chacun peut le vérifier sans grandes difficultés. Il est impossible d'invoquer de pures coïncidences tant il y a de preuves [1].

Venons en maintenant à *Clovis Dardentor.* Cet ouvrage est très particulier, bien loin d'être un simple vaudeville comme le disent certains. Il n'a rien des aspects flamboyants de *Mathias Sandorf* ou de la fascination du *Voyage au Centre de la Terre,* C'est apparemment un modeste roman géographique, écrit pour nous faire découvrir l'Oranie. Oui, mais…

Pour bien comprendre, il nous faut faire un petit détour par le Languedoc. Là, dans une modeste bourgade située à trente kilomètres au sud de Carcassonne, Rennes-le-Château, un curé a fait fortune à la fin du XIXème siècle. Parti sans un sou, il a complètement restauré et décoré son église, construit une confortable villa, créé des jardins, fait édifier une terrasse sur rempart avec une tour de verre pour ses plantes, construit une tour néogothique qui lui servait de bibliothèque, et mené une vie mondaine sur fond d'invitation de divas et d'hommes politiques. Bien sûr, tout le monde s'est demandé d'où venait l'argent de l'Abbé Saunière. Trafic de messes ? L'Église a tenté de le coincer sur ce chapitre sans doute en partie réel. Mais surtout, l'hypothèse tenant la corde est celle de la découverte d'un trésor. Ce trésor pourrait être celui du temple de Jérusalem, pillé par Titus en 70 après Jésus-Christ et récupéré à Rome par Alaric en 410. Autre hypothèse, un trésor appartenant aux descendants des rois mérovingiens. Pour faire court, après l'assassinat de Dagobert II, son fils Sigebert IV serait parvenu à s'échapper et se serait réfugié à Rhedae, actuel Rennes-le-Château, donnant une postérité à la royauté mérovingienne. Depuis, les « rejetons ardents » de cette dynastie seraient en attente d'une reconquête du pouvoir. En l'occurrence, peu importe la part de réel dans tout cela. Ce qui compte c'est que de telles croyances aient été véhiculées au XIXème siècle dans des sociétés dites initiatiques. Rennes-le-Château, lieu de la survivance de la dynastie mérovingienne et abritant un trésor tel que celui du temple de Salomon, quel rapport avec Jules Verne ? Tout simplement : *Clovis Dardentor.*

Jules Verne a laissé dans ce roman un nombre étonnant de clés liées à cette histoire. Relevons-en quelques unes. D'abord le titre. Jules Verne ne cesse d'utiliser des jeux de mots et chez lui, un jeu de mot peut en cacher un autre. En général dans ce cas, le premier est grivois et détourne

---

[1] Michel Lamy : *Jules Verne, initié et initiateur. La clé du secret de Rennes-le-Château et le trésor des Rois de France* (Payot).

de l'idée de chercher autre chose. En l'occurrence, Clovis Dardentor est un riche commerçant de Perpignan sans enfants et qui cherche quelqu'un à adopter pour lui laisser son héritage. Situation parfaitement résumée par le titre : Clos Vit Dard en Or. Son sexe (vit), fermé (clos) n'a pu lui assurer une descendance et pourtant ce sexe (dard) aurait pu rapporter beaucoup d'or (en or) à celle-ci. Tiré par les cheveux ? Je n'y peux rien, c'est la méthode même de Jules Verne, mais ce que je peux dire c'est que ce type de rapprochement n'est pas fortuit (lisez l'abbé Boudet, il emploie la même méthode). Un jeu de mots en cachant un autre, découvrons le second : Clovis Dardentor : l'OR des REJETONS ARDENTS des descendants de CLOVIS (les mérovingiens). Vous n'êtes pas encore convaincus, c'est normal. Alors suivons Clovis Dardentor dans son aventure et nous verrons en chemin que tout cela est cohérent. Et c'est bien d'un secret caché que Jules Verne va nous parler car, comme le dit son valet Patrice : « Monsieur avait parlé... parlé... et de choses qu'il vaut mieux taire, à mon avis, lorsqu'on ne connaît pas les gens devant qui l'on parle ».

Clovis Dardentor s'embarque pour l'Algérie sur un bateau nommé l'Argelès, autrement dit « la voie de l'argent ». Ce navire est commandé par le capitaine Bugarach. Ce nom peu courant est aussi celui de la montagne principale et quasiment sacrée de la région de Rennes-le-château : le Pic Bugarach. Hasard ? Sûrement pas car ce capitaine est décrit exactement comme une montagne : « il paraissait peu abordable » et « certains n'ont pas la force de monter près de lui ». Tout comme ce pic qui domine tout le paysage, il a en quelque sorte la tête dans les nuages : « Le maître après Dieu, d'une voix qui roulait entre ses dents comme la foudre entre les nuées d'orage. » De plus, au bas du pic, existe un hameau précisément nommé « Les Capitaines ».
Et Verne continue, toujours en employant la langue des oiseaux, celle du Gai savoir, comme nous l'indique Jean Taconnat, « gai comme le plus pinsonnant des pinsons », ce à quoi Clovis répond : « Ah ! Ah ! Monsieur Jean, vous avez donc repigé votre gaieté naturelle. » Comme quoi il y a effectivement quelque chose à « piger » dans cette histoire. Poursuivons en abrégeant pour cette présentation la multitude d'éléments reliant Clovis Dardentor à Rennes-le-Château et à sa région, ne conservant que quelques points.
Par exemple lorsque Clovis arrive à Majorque, il se rend à la cathédrale de Palma, son guide à la main. Il nous décrit la magnificence du lieu mais oublie tout simplement de parler de deux œuvres que tous les guides précisément signalent : deux magnifiques chaires dues à Juan de Salas et un retable baroque de Jaime Blanquer. Et pourquoi n'en parle-t-il pas ? Précisément pour attirer l'attention de celui qui cherche tout en voilant le renseignement aux autres. Ainsi, par cette non-référence à Juan de Salas et Jaime Blanquer il

nous envoie directement au Bugarach d'où coulent deux rivières : la Blanque et la Sals. Il emploiera la même méthode en Oranie lorsqu'il parlera du fleuve Maeta se jetant « dans une vaste baie entre Arzeu et Mostaganem » Pourquoi diable ne désigne-t-il pas le lieu exact où se jette le fleuve ? Parce qu'il s'agit de Port-aux-Poules dont le nom nous ramène une fois de plus à Rennes-le-Château dont la seigneurie appartenait à la famille Hautpoul.

Nous pourrions aussi nous arrêter sur ce commandant Beauregard auquel Jules Verne fait allusion trois fois en deux pages et nous demander s'il ne s'agit pas d'une allusion à ce Beauregard qui, au XVème siècle, se disait issu de Salomon, duquel naquit la seconde branche de la famille de Blanchefort, elle-même liée à Rennes-le-Château.

Et puis je vous engage à relire *Clovis Dardentor,* guide de son époque en main, et de relever les erreurs du textes. Elles sont nombreuses mais non fortuites, d'autant plus que Verne était très méticuleux dans sa documentation, or certaines de ces erreurs sont carrément grossières (populations, altitudes, capacités de barrages...). Si vous avez la curiosité de chercher au fur et à mesure des liens entre ces erreurs et des lieux de la région de Rennes-le-Château, vous serez comme pris par la main et conduits tout à côté du Bugarach en un lieu nommé Les Salines. Notons les allusions répétées à des salines tout au long de l'ouvrage. Et au bout du bout, à qui revient l'héritage de Clovis ? A Louise Elissane qu'il adopte. Louise, nom dérivé, tout comme LOVIS de Clovis et Elissane anagramme intéressant si l'on emploie les méthodes de Jules Verne : ELISSANE = E. SALINES, soit à l'est des salines, là où se situe la fontaine salée autour de laquelle tournent de nombreuses histoires et légendes.

Il y aurait infiniment plus à dire sur les liens entre Clovis Dardentor et le trésor de Rennes-le-Château, sur les allusions fort nombreuses aux Bains de Rennes, à Blanchefort, à l'eau salée, et même à des éléments contenus dans « *La Vraie langue celtique* » de l'abbé Boudet, etc, mais ce serait sortir trop largement du rôle de cette présentation. Il faudrait également aller à la pêche aux renseignements dans Robur le Conquérant et Maître du Monde, entre autres. Peut-être le ferez-vous vous-même en relisant l'œuvre de Verne avec d'autres yeux, c'est ce que je souhaite. Elle vous est ouverte si vous savez voir et vous ne regretterez pas ce voyage dans le texte.

En tout cas, si Jules Verne a dédié « Clovis Dardentor », et cette seule œuvre, à ses petits-enfants, ce n'était certainement pas pour leur dédicacer un vaudeville.

*A mes petits-fils,
Michel, Georges, Jean Verne,*

Jules Verne

CLOVIS DARDENTOR

LES VOYAGES EXTRAORDINAIRES
Couronnés par l'Académie française.

CLOVIS DARDENTOR

PAR

JULES VERNE

45 ILLUSTRATIONS PAR L. BENETT
DONT 6 GRANDES GRAVURES EN CHROMOTYPOGRAPHIE

BIBLIOTHÈQUE
D'ÉDUCATION ET DE RÉCRÉATION
J. HETZEL ET Cie, 18, RUE JACOB
PARIS

Tous droits de traduction et de reproduction réservés

CLOVIS DARDENTOR

I

Dans lequel le principal personnage de cette histoire n'est pas présenté au lecteur.

Lorsque tous les deux descendirent en gare de Cette, — train de

Paris à la Méditerranée, — Marcel Lornans, s'adressant à Jean Taconnat, lui dit :

« Qu'allons-nous faire, s'il te plait, en attendant le départ du paquebot ?...

— Rien, répondit Jean Taconnat.

— Cependant, à s'en rapporter au *Guide du Voyageur*, Cette est une ville curieuse, bien qu'elle ne soit pas de haute antiquité, puisqu'elle est postérieure à la création de son port, ce terminus du canal du Languedoc, dû à Louis XIV...

— Et c'est peut-être ce que Louis XIV a fait de plus utile pendant toute la durée de son règne ! répliqua Jean Taconnat. Sans doute, le Grand Roi prévoyait que nous viendrions nous y embarquer aujourd'hui, 27 avril 1885...

— Sois donc sérieux, Jean, et n'oublie pas que le Midi peut nous entendre ! Ce qui me parait sage, c'est de visiter Cette, puisque nous sommes à Cette, ses bassins, ses canaux, sa gare maritime, ses douze kilomètres de quais, sa promenade arrosée par les eaux limpides d'un aqueduc...

— As-tu fini, Marcel, de me réciter du Joanne ?...

— Une ville, continua Marcel Lornans, qui aurait pu être une Venise...

— Et qui s'est contentée d'être un petit Marseille ! riposta Jean Taconnat.

— Comme tu dis, mon cher Jean, la rivale de la superbe cité provençale, après elle, le premier port franc de la Méditerranée, qui exporte des vins, des sels, des eaux-de-vie, des huiles, des produits chimiques...

— Et qui importe, répartit Jean Taconnat en détournant la tête, des raseurs de ton espèce...

— Et aussi des peaux brutes, des laines de la Plata, des farines, des fruits, des morues, des merrains, des métaux...

— Assez... assez ! s'écria le jeune homme, désireux d'échapper à cette cataracte de renseignements qui tombait des lèvres de son ami.

— Deux cent soixante-treize mille tonnes à l'entrée et deux cent trente-cinq mille à la sortie, reprit l'impitoyable Marcel Lornans, sans parler de ses ateliers de salaisons pour les anchois et les sardines, de ses salines qui produisent annuellement de douze à quatorze mille tonnes, de sa tonnellerie si importante qu'elle occupe deux mille ouvriers et fabrique deux cent mille futailles...

— Où je voudrais que tu fusses deux cent mille fois renfermé, mon verbeux ami! Et, de bonne foi, Marcel, en quoi toute cette supériorité industrielle et commerciale pourrait-elle intéresser deux braves garçons qui se dirigent vers Oran, avec l'intention de s'engager au 7ᵉ chasseurs d'Afrique?...

— Tout est intéressant en voyage, même ce qui ne l'est pas... affirma Marcel Lornans.

— Et y a-t-il assez de coton à Cette pour qu'on puisse se boucher les oreilles?...

— Nous le demanderons en nous promenant.

— L'*Argèlès* part dans deux heures, observa Jean Taconnat, et, à mon avis, le mieux est d'aller directement à bord de l'*Argèlès!* »

Et peut-être avait-il raison. En deux heures, quelle apparence que l'on pût visiter cette toujours grandissante ville — du moins avec quelque profit? Il eût fallu se rendre à l'étang de Thau, près du grau à l'issue duquel elle est bâtie, gravir la montagne calcaire, isolée entre l'étang et la mer, ce Pilier de Saint-Clair au flanc duquel la ville est disposée en amphithéâtre, et que des plantations de pins reboiseront dans un prochain avenir. Ne mérite-t-elle pas d'arrêter le touriste, pendant quelques jours, cette capitale maritime sud-occidentale, qui communique avec l'Océan par le canal du Midi, avec l'intérieur par le canal de Beaucaire, et que deux lignes de chemins de fer, l'une par Bordeaux, l'autre par le centre, raccordent au cœur de la France?

Marcel Lornans, cependant, n'insista plus, et il suivit docilement Jean Taconnat, que précédait un commissionnaire poussant la charrette aux bagages.

L'ancien bassin fut atteint après un assez court trajet. Les voyageurs du train, à même destination que les deux jeunes gens, se trouvaient déjà rassemblés. Nombre de ces curieux qu'attire toujours un navire en partance attendaient sur le quai, et il n'eût pas été exagéré d'en porter le chiffre à une centaine pour une population de trente-six mille habitants.

Cette possède un service régulier de paquebots sur Alger, Oran, Marseille, Nice, Gênes, Barcelone. Les passagers nous paraissent mieux avisés en accordant la préférence à une traversée que favorise l'abri de la côte d'Espagne et de l'archipel des Baléares dans l'ouest de la Méditerranée. Une cinquantaine, ce jour-là, allaient prendre passage sur l'*Argèlès,* navire de dimensions modestes, — huit cents à neuf cents tonneaux, — qui offrait toutes garanties désirables sous le commandement du capitaine Bugarach.

L'*Argèlès,* ses premiers feux allumés, sa cheminée expectorant un tourbillon de fumée noirâtre, était amarré à l'intérieur du vieux bassin, le long de la jetée de Frontignan à l'est. Au nord se dessine, dans sa forme triangulaire, le nouveau bassin auquel vient aboutir le canal maritime. A l'opposé est établie la batterie circulaire qui défend le port et le môle Saint-Louis. Entre ce môle et le musoir de la jetée de Frontignan, une passe, d'un abord assez facile, donne accès dans le vieux bassin.

C'était par la jetée que les passagers embarquaient sur l'*Argèlès,* tandis que le capitaine Bugarach surveillait en personne l'arrimage des colis sous les prélarts du pont. La cale, encombrée, n'offrait plus une place vide, avec sa cargaison de houille, de merrains, d'huiles, de salaisons, et de ces vins coupés, que Cette fabrique dans ses entrepôts, source d'une exportation considérable.

Quelques vieux marins, — de ces faces tannées par les brises, les yeux brillants sous d'épais sourcils en broussaille, les oreilles à gros ourlet rouge, se balançant sur les hanches comme secoués d'un roulis perpétuel, — causaient à travers les fumées de leurs pipes. Ce qu'ils disaient ne pouvait qu'être agréable à ceux de ces passagers qu'une traversée de trente à trente-six heures ne laisse pas d'émotionner par avance.

« Beau temps, affirmait l'un.

— Une brise du nord-est qui tiendra, selon toute apparence, ajoutait l'autre.

— Il doit y avoir bon frais autour des Baléares, concluait un troisième, en secouant sur la corne de son ongle les cendres d'un culot éteint.

— Avec le vent portant, l'*Argèlès* ne sera pas gêné d'enlever ses onze nœuds à l'heure, dit le maître-pilote, qui venait prendre son poste à bord du paquebot. D'ailleurs, sous le commandement du capitaine Bugarach, rien à craindre. Le vent favorable est dans son chapeau, et il n'a qu'à se découvrir pour l'avoir grand largue ! »

Très rassurants, ces loups de mer. Mais ne connait-on pas le proverbe maritime : « Qui veut mentir n'a qu'à parler du temps » ?

Si les deux jeunes gens ne prêtaient qu'une attention médiocre à ces pronostics, si, au surplus, ils ne s'inquiétaient en aucune façon ni de l'état de la mer ni des aléas de la traversée, la plupart des passagers se montraient moins indifférents ou moins philosophes. Quelques-uns se sentaient troublés de tête et de cœur, même avant d'avoir mis le pied à bord.

Parmi ces derniers, Jean Taconnat fit remarquer à Marcel Lornans une famille qui, sans doute, allait débuter sur cette scène un peu trop machinée du théâtre méditerranéen, — phrase métaphorique du plus jovial des deux amis.

Cette famille présentait le groupe trinitaire du père, de la mère et du fils. Le père était un homme de cinquante-cinq ans, figure de magistrat, bien qu'il n'appartînt pas à la magistrature debout ou assise, les favoris en côtelettes poivre et sel, le front peu développé, la taille épaisse, atteignant cinq pieds deux pouces, grâce à des souliers hauts sur talon, — en un mot un de ces gros petits hommes communément désignés sous la rubrique de « pot à tabac ». Vêtu d'un complet quadrillé de forte étoffe diagonale, la casquette à oreilles sur son chef grisonnant, il tenait d'une main un parapluie engainé dans son étui luisant, de l'autre, la couverture de voyage à dessins tigrés, roulée et cerclée d'une double courroie de cuir.

La mère avait sur son mari l'avantage de le dominer d'un certain nombre de centimètres, — une grande femme sèche et maigre, type échalas, face jaunâtre, l'air hautain, à cause de sa taille sans doute, les cheveux en bandeaux, d'un noir qui est suspect quand on touche à la cinquantaine, la bouche pincée, les joues tachetées d'un léger herpès, toute son importante personne enveloppée d'une rotonde en laine brune, fourrée de petit-gris. Un sac à fermoir d'acier pendait au bout de son bras droit, et un manchon de fausse martre au bout de son bras gauche.

Le fils était un garçon quelconque, majeur depuis six mois, physionomie insignifiante, long col, ce qui, joint au reste, est souvent un indice de stupidité native, moustache blonde commençant à germer, yeux sans expression avec le lorgnon à verres de myope, corps dégingandé, mal d'aplomb, l'air veule du ruminant, assez embarrassé de ses bras et de ses jambes, — bien qu'il eût reçu des leçons de grâce et de maintien, — en un mot, un de ces bêtas, nuls et inutiles, qui, pour employer une locution de la langue algébrique, sont affectés du signe « moins ».

Telle était cette famille de vulgaires bourgeois. Ils vivaient d'une douzaine de mille francs de rente provenant d'un double héritage, n'ayant jamais rien fait, d'ailleurs, pour l'accroître, non plus que pour le diminuer. Originaires de Perpignan, ils y habitaient une antique maison sur la Popinière, qui longe la rivière de Têt. Lorsqu'on les annonçait dans un des salons de la Préfecture ou de la Trésorerie générale, c'était sous le nom de : Monsieur et madame Désirandelle et monsieur Agathocle Désirandelle.

Arrivée au quai, devant l'appontement qui donnait accès sur l'*Argelès*, la famille s'arrêta. Embarquerait-elle immédiatement ou attendrait-elle, en se promenant, l'instant du départ?... Sérieuse question, en vérité.

« Nous sommes venus trop tôt, monsieur Désirandelle, maugrée la dame, et vous n'y manquez jamais...

— Comme vous ne manquez jamais à récriminer, madame Désirandelle ! » répondit le monsieur sur le même ton.

Ce couple ne s'appelait jamais autrement que « monsieur, madame » soit en public, soit en particulier, — ce qu'il imaginait être d'une excessive distinction.

« Allons nous installer à bord, proposa M. Désirandelle.

— Une heure d'avance, se récria Mme Désirandelle, quand nous en avons trente à rester sur ce bateau, qui se balance déjà comme une escarpolette !... »

En effet, bien que la mer fût calme, l'*Argèlès* éprouvait un léger roulis, dû à une certaine houle, dont l'ancien bassin n'est pas entièrement défendu par le brise-lames de cinq cents mètres construit à quelques encablures de la passe.

« Si nous en sommes à avoir peur du mal de mer dans le port, reprit M. Désirandelle, mieux eût valu ne point entreprendre ce voyage !

— Croyez-vous donc que j'y aurais consenti, monsieur Désirandelle, s'il ne s'était agi d'Agathocle...

— Eh bien, puisque c'est décidé...

— Ce n'est pas une raison pour embarquer si longtemps d'avance.

— Mais nous avons à déposer nos bagages, à prendre possession de notre cabine, à choisir notre place dans la salle à manger, ainsi que me l'a conseillé Dardentor...

— Vous voyez bien, riposta la dame d'un ton sec, que votre Dardentor n'est pas encore arrivé ! »

Et elle se redressait afin d'élargir son champ visuel, en parcourant du regard la jetée de Frontignan. Mais le personnage désigné sous ce nom étincelant de Dardentor n'apparaissait pas.

« Eh ! s'écria M. Désirandelle, vous le savez, il n'en fait jamais d'autres !... On ne le verra qu'au dernier moment !... Notre ami

Dardentor s'expose toujours à ce que l'on parte sans lui...

— Par exemple, s'exclama Mme Désirandelle, si pareille chose survenait...

— Ce ne serait pas la première fois!

— Aussi pourquoi a-t-il quitté l'hôtel avant nous?...

— Il a voulu rendre visite à Pigorin, un tonnelier de ses amis, et il a promis de nous rejoindre sur le bateau. Dès son arrivée, il montera à bord, et je parierais bien qu'il ne restera pas à se morfondre sur le quai...

— Mais il n'est pas arrivé...

— Il ne tardera point, répliqua M. Désirandelle, qui se dirigea d'un pas délibéré vers l'appontement.

— Qu'en penses-tu, Agathocle? » demanda Mme Désirandelle, en s'adressant à son fils.

Agathocle n'en pensait rien, pour cette raison qu'il ne pensait jamais à quoi que ce fût. Pourquoi ce nigaud se serait-il intéressé à ce mouvement maritime et commercial, transport de marchandises, embarquement de passagers, ce tumulte du bord qui précède le départ d'un paquebot? D'entreprendre un voyage en mer, d'explorer un pays nouveau, ne provoquait aucunement chez lui cette curiosité joyeuse, cette émotion instinctive, si naturelle chez les jeunes gens de son âge. Indifférent à tout, étranger à tout, apathique, sans imagination ni esprit, il se laissait faire. Son père lui avait dit : « Nous allons partir pour Oran, » et il avait répondu : « Ah! » Sa mère lui avait dit : « M. Dardentor a promis de nous accompagner, » et il avait répondu : « Ah! » Tous deux lui avaient dit : « Nous allons demeurer quelques semaines chez Mme Elissane et sa fille, que tu as vues lors de leur dernier passage à Perpignan, » et il avait répondu : « Ah! » Cette interjection sert d'ordinaire à marquer ou la joie, ou la douleur, ou l'admiration, ou la commisération, ou l'impatience. Or, dans la bouche d'Agathocle, il eût été difficile de dire ce qu'elle indiquait, si ce n'est la nullité dans la bêtise, et la bêtise dans la nullité.

Mais, au moment où sa mère venait de l'interroger sur ce qu'il

« Que me voulez-vous ? » (Page 13.)

pensait de l'opportunité de monter à bord ou de demeurer sur le quai, voyant M. Désirandelle mettre le pied sur l'appontement, il avait suivi son père, et Mme Désirandelle se résigna à embarquer après eux.

Les deux jeunes gens étaient déjà installés sur la dunette du paquebot. Toute cette agitation bruyante les amusait. L'apparition de tel ou tel compagnon de voyage faisait naître dans leur esprit telle ou telle réflexion, suivant le type des individus. L'heure du départ approchait. Le sifflet à vapeur déchirait l'air. La fumée, plus abondante, tourbillonnait à la collerette de la grosse cheminée, assez voisine du grand mât qui avait été recouvert de son étui jaunâtre.

Les passagers de l'*Argèlès* étaient, pour la plupart, des Français se rendant en Algérie, des soldats rejoignant leur régiment ou leur bataillon, quelques Arabes, quelques Marocains aussi, à destination d'Oran. Ces derniers, dès qu'ils avaient mis le pied sur le pont, se dirigeaient vers la partie réservée aux secondes classes. A l'arrière se réunissaient les passagers de première classe, auxquels étaient exclusivement attribués la dunette, le salon et la salle à manger qui en occupaient l'intérieur, en prenant jour par une élégante claire-voie. Les cabines, disposées en abord, s'éclairaient par des hublots à vitres lenticulaires. Évidemment, l'*Argèlès* n'offrait ni le luxe ni le confort des navires de la Compagnie transatlantique ou des Messageries maritimes. Les steamers qui partent de Marseille pour l'Algérie, sont de plus fort tonnage, de marche plus rapide, d'aménagement mieux compris. Mais, lorsqu'il s'agit d'une traversée si courte, y a-t-il lieu de se montrer difficile? Et, en réalité, ce service de Cette à Oran, fonctionnant à des prix moins élevés, ne chômait ni de voyageurs ni de marchandises.

Ce jour-là, si l'on comptait une soixantaine de passagers de l'avant, il ne semblait pas que ceux de l'arrière dussent dépasser le chiffre de vingt à trente. Un des matelots venait de piquer deux heures et demie à bord. Dans une demi-heure l'*Argèlès* larguerait ses amarres, et les retardataires ne sont jamais nombreux au départ des paquebots.

Dès son embarquement, la famille Désirandelle s'était hâtée vers la porte à double battant qui donnait accès dans la salle à manger.

« Comme ce bateau se secoue déjà! » n'avait pu s'empêcher de dire la mère d'Agathocle.

Le père s'était bien gardé de lui répondre. Il ne se préoccupait uniquement que de choisir une cabine à trois cadres, et trois places à la table de la salle à manger à proximité de l'office. C'est par là qu'arrivent les plats, si bien que l'on peut choisir les meilleurs morceaux et n'être point réduit aux restes des autres.

La cabine qui eut sa préférence portait le numéro 19. Placée à tribord, c'était l'une des plus rapprochées du centre, où les mouvements de tangage sont moins sensibles. Quant aux balancements du roulis, il ne fallait point songer à s'en garer. À l'avant comme à l'arrière, ils sont également ressentis et également désagréables à ceux des passagers qui ne goûtent pas le charme de ces berçantes oscillations.

La cabine arrêtée, les menus bagages déposés, M. Désirandelle, laissant Mme Désirandelle arrimer ses colis, revint dans la salle à manger avec Agathocle. L'office étant à bâbord, il se dirigea de ce côté, afin de marquer les trois places qu'il convoitait à l'extrémité de la table.

Un voyageur était assis à ce bout, tandis que le maître d'hôtel et les garçons s'occupaient de disposer les couverts pour le dîner de cinq heures.

On le voit, le susdit voyageur avait déjà pris possession de cette place et mis sa carte entre les plis de la serviette posée sur l'assiette écussonnée du monogramme de l'*Argèlès*. Et, sans doute, dans la crainte qu'un intrus voulût lui subtiliser ce bon endroit, il resterait assis devant son couvert jusqu'au départ du paquebot.

M. Désirandelle lui envoya un regard oblique, en reçut un de même nature, parvint à lire, en passant, ces deux noms, gravés sur la carte de ce convive : *Eustache Oriental*, marqua trois places en face de ce personnage, et, suivi de son fils, quitta la salle à manger pour monter sur la dunette.

L'heure du départ ne manquait que d'une douzaine de minutes encore, et les passagers, attardés sur la jetée de Frontignan, entendraient les derniers coups de sifflet. Le capitaine Bugarach arpentait la passerelle. Sur le gaillard d'avant, le second de l'*Argèlès* veillait aux préparatifs du démarrage.

M. Désirandelle sentait s'accroître son inquiétude, et répétait d'une voix impatiente :

« Mais il ne vient pas!... Pourquoi tarde-t-il?... Que fait-il donc?... Il sait pourtant que c'est pour trois heures précises!... Il va manquer le bateau!... Agathocle?...

— Et puis?... répondit niaisement le fils Désirandelle, sans avoir l'air de savoir pourquoi son père s'abandonnait à cette agitation extraordinaire.

— Tu n'aperçois pas M. Dardentor?...

— Il n'est pas arrivé?...

— Non! il n'est pas arrivé... A quoi penses-tu donc? »

Agathocle ne pensait à rien.

M. Désirandelle allait et venait d'un bout à l'autre de la dunette, promenant son regard tantôt sur la jetée de Frontignan, tantôt sur le quai à l'opposé du vieux bassin. En effet, le retardataire aurait pu apparaître de ce côté, et, en quelques coups d'aviron, un canot l'eût amené à bord du paquebot.

Personne... personne!

« Que va dire Mme Désirandelle! s'écria M. Désirandelle aux abois. Elle si soigneuse de ses intérêts!... Il faut pourtant qu'elle le sache!... Si ce diable de Dardentor n'est pas ici dans cinq minutes, que devenir? »

Marcel Lornans et Jean Taconnat s'amusaient de la détresse de ce bonhomme. Il était évident que les amarres de l'*Argèlès* seraient bientôt larguées, si l'on n'avertissait pas le capitaine, et, à supposer que celui-ci n'accordât pas le traditionnel quart d'heure de grâce — cela ne se fait guère, quand il s'agit du départ d'un paquebot, — on partirait sans M. Dardentor.

D'ailleurs, la haute pression de la vapeur faisait déjà ronfler les chaudières; de rapides volutes blanches fusaient par le tuyau d'échappement; le paquebot se choquait contre ses ballons d'accostage, pendant que le mécanicien balançait sa machine et assurait le fonctionnement de l'hélice.

En ce moment, Mme Désirandelle apparut sur la dunette. Plus sèche que d'ordinaire, plus pâle que d'habitude, elle serait restée dans sa cabine, pour n'en point sortir de toute la traversée, si, elle aussi, n'eût été aiguillonnée par une réelle inquiétude. Pressentant que M. Dardentor n'était pas à bord, voici que, en dépit de ses défaillances, elle voulait demander au capitaine Bugarach d'attendre le passager en retard.

« Eh bien?... dit-elle à son mari.

— Il n'est pas arrivé! lui fut-il répondu.

— Nous ne pouvons partir avant que Dardentor...

— Cependant...

— Mais allez donc parler au capitaine, monsieur Désirandelle!... Vous voyez bien que je n'ai pas la force de monter près de lui! »

Le capitaine Bugarach, l'œil à tout, jetant un ordre à l'avant, jetant un ordre à l'arrière, paraissait peu abordable. A ses côtés, sur la passerelle, l'homme de barre, tenant les poignées de la roue, guettait un commandement pour actionner les drosses du gouvernail. Ce n'était point l'instant de l'interpeller, et pourtant, sous l'injonction de Mme Désirandelle, après s'être péniblement hissé par la petite échelle de fer, M. Désirandelle s'accrocha aux montants de la passerelle tendue de toile blanche.

« Capitaine?... dit-il.

— Que me voulez-vous?... répondit brusquement « le maître après Dieu » d'une voix qui roulait entre ses dents comme la foudre entre les nuées d'orage.

— Vous comptez partir?...

— A trois heures... exactement... et il ne s'en faut plus que d'une minute...

— Mais nous avons un de nos compagnons de voyage qui est en retard...

— Tant pis pour lui.

— Mais ne pourriez-vous attendre?...

— Pas une seconde.

— Mais il s'agit de M. Dardentor!... »

Et, au prononcé de ce nom, M. Désirandelle croyait assurément que le capitaine Bugarach allait se découvrir d'abord, s'incliner ensuite...

« Qui çà... Dardentor?... Connais pas!

— M. Clovis Dardentor... de Perpignan...

— Eh bien, si M. Clovis Dardentor, de Perpignan, n'est pas à bord d'ici quarante secondes, l'*Argelès* partira sans M. Clovis Dardentor... Larguez à l'avant! »

M. Désirandelle dégringola plutôt qu'il ne descendit l'échelle, et déboula sur la dunette.

« On part?... s'écria Mme Désirandelle, dont la colère empourpra une seconde les joues déjà blanchissantes.

— Le capitaine est un butor!... Il n'a rien voulu entendre et ne veut pas attendre!

— Débarquons à l'instant!...

— Madame Désirandelle... c'est impossible!... Nos bagages sont à fond de cale...

— Débarquons, vous dis-je!

— Nos places sont payées... »

A la pensée de perdre le prix d'un triple passage de Cette à Oran, Mme Désirandelle redevint livide.

« La bonne dame amène son pavillon! dit Jean Taconnat.

— Alors elle va se rendre! » ajouta Marcel Lornans.

Elle se rendait en effet, mais non sans s'épancher en oiseuses récriminations.

« Ah! ce Dardentor... il est incorrigible!... Jamais là où il devrait se trouver!... Au lieu d'être venu directement au bateau, pourquoi est-il allé chez ce Pigorin!... Et... là-bas... sans lui... à Oran... que ferons-nous?...

— Nous l'attendrons chez Mme Elissane, répondit M. Désirandelle, et il nous rejoindra par le prochain paquebot, dût-il l'aller prendre à Marseille!...

— Ce Dardentor... ce Dardentor!... répétait la dame, dont la pâleur s'accrut encore aux premières oscillations de l'*Argelès*. Ah!

s'il ne s'agissait de notre fils... du bonheur et de l'avenir d'Agathocle ! »

Son avenir et son bonheur préoccupaient-ils à ce point ce garçon si nul, ce *minus habens*?... Il n'y avait pas lieu de le supposer, à le voir si indifférent au trouble physique et moral de ses père et mère.

Quant à Mme Désirandelle, elle n'eut plus que la force d'exhaler ces mots, entrecoupés de gémissements :

« Ma cabine... ma cabine ! »

La passerelle de l'appontement venait d'être retirée sur le quai par les hommes de service. Son avant écarté du parapet, le paquebot prit un peu de tour pour se mettre en direction de la passe. L'hélice patouillait à petits coups, provoquant un remous blanchâtre à la surface du vieux bassin. Le sifflet lançait ses notes aiguës, afin de dégager la sortie, prévoyant le cas où quelque navire se fût présenté du dehors.

Une dernière fois, M. Désirandelle promena un regard désespéré sur les gens qui assistaient au départ du paquebot, puis jusqu'à l'extrémité de la jetée de Perpignan par laquelle eût pu accourir le retardataire... Avec une embarcation, il aurait encore eu le temps de regagner l'*Argelès*...

« Ma cabine... ma cabine ! » murmurait Mme Désirandelle d'une voix défaillante.

M. Désirandelle, très vexé du contretemps, très ennuyé du tapage, aurait volontiers envoyé promener M. Dardentor et Mme Désirandelle. Mais le plus pressé était de réintégrer celle-ci dans la cabine qu'elle n'aurait pas dû quitter. Il essaya de la relever du banc sur lequel elle gisait affalée. Cela fait, il la prit par la taille, et, avec l'aide d'une des femmes de chambre, il la fit descendre de la dunette sur le pont. Après l'avoir traînée à travers la salle à manger jusqu'à sa cabine, on la déshabilla, on la coucha, on la roula dans ses couvertures, afin de rétablir chez elle la chaleur vitale à demi éteinte.

Puis, cette pénible opération achevée, M. Désirandelle remonta sur la dunette, d'où son œil furieux et menaçant parcourut les quais du vieux bassin.

Le retardataire n'était pas là, et, y eût-il été, qu'aurait-il pu faire, si ce n'est son *meâ culpâ*, en se frappant la poitrine !

En effet, son évolution achevée, l'*Argèlès* avait pris le milieu de la passe et recevait les saluts des curieux massés, d'une part sur le musoir de la jetée, de l'autre autour du môle Saint-Louis. Puis, il modifia légèrement sa direction à bâbord, afin d'éviter une goélette dont la dernière bordée se prolongeait à l'intérieur du bassin. Enfin, la passe franchie, le capitaine Bugarach manœuvra de manière à tourner le brise-lames par le nord et à doubler le cap de Cette sous petite vapeur.

II

Dans lequel le principal personnage de cette histoire est décidément présenté au lecteur.

« Nous voici en route, dit Marcel Lornans, en route vers...

— L'inconnu, répliqua Jean Taconnat, l'inconnu qu'il faut fouiller pour trouver du nouveau, a dit Beaudelaire !

— L'inconnu, Jean ?... Est-ce que tu espères le rencontrer dans une simple traversée de la France à l'Afrique, un voyage de Cette à Oran ?...

— Qu'il ne s'agisse que d'une navigation de trente à quarante heures, Marcel, d'un simple voyage dont Oran doit fournir la première et peut-être l'unique étape, je ne le conteste pas. Mais, quand on part, sait-on toujours où l'on va ?...

— Assurément, Jean, lorsqu'un paquebot vous mène là où vous devez aller, et à moins d'accidents de mer...

— Eh ! qui te parle de cela, Marcel ? répondit Jean Taconnat d'un

LE PORT DE CETTE ET LE MONT SAINT-CLAIR.

ton dédaigneux. Des accidents de mer, une collision, un naufrage, une explosion de machine, une robinsonnade de quelque vingt ans sur une île déserte, la belle affaire!... Non! L'inconnu, dont je ne me préoccupe guère d'ailleurs, c'est l'X de l'existence, c'est ce secret du destin que, dans les temps antiques, les hommes gravaient sur la peau de la chèvre Amalthée, c'est ce qui est écrit dans le grand livre de là-haut et que les meilleures besicles ne nous permettent pas de lire, c'est l'urne dans laquelle sont déposés les bulletins de la vie et que tire la main du hasard...

— Mets une digue à ce torrent de métaphores, Jean, s'écria Marcel Lornans, ou tu vas me donner le mal de mer!

— C'est le décor mystérieux sur lequel va se lever le rideau d'avant-scène...

— Assez, dis-je, assez! Ne t'emballe pas ainsi dès le début!... Ne caracole pas sur le dada des chimères!... Ne chevauche pas à bride abattue...

— Eh!... là-bas!... Il me semble que te voici métaphorisant à ton tour!...

Tu as raison, Jean. Raisonnons froidement, et voyons les choses comme elles sont. Ce que nous voulons faire est dépourvu de tout aléa. Nous avons pris à Cette passage pour Oran, avec un millier de francs chacun dans notre poche, et nous allons nous engager au 7ᵉ chasseurs d'Afrique. Il n'y a rien là que de très sage, de très simple, et l'inconnu, avec ses fantaisistes perspectives, ne saurait apparaître en tout cela...

— Qui sait? » répondit Jean Taconnat en traçant de son index un point interrogatif.

Cette conversation, qui marque de certains traits distinctifs le caractère de ces deux jeunes gens, se tenait à l'arrière de la dunette. Du banc ajusté contre la rambarde à mailles de filet, leur regard, porté vers l'avant, n'était arrêté que par le rouffle de la passerelle, qui dominait le pont entre le grand mât et le mât de misaine du paquebot.

Une vingtaine de passagers occupaient les bancs latéraux et les pliants, que la tente, suspendue à l'araignée de sa drisse, abritait des rayons du soleil.

Au nombre de ces passagers figuraient M. Désirandelle et son fils. Le premier parcourait fébrilement le pont, les mains tantôt derrière le dos, tantôt levées vers le ciel. Puis il allait s'accouder sur la rambarde et contemplait le sillage de l'*Argelès*, comme si M. Dardentor, transformé en marsouin, eût été sur le point d'apparaitre au milieu des déchirures de la blanche écume du sillage.

Lui, Agathocle, persistait à montrer la plus absolue indifférence au mécompte dont ses parents éprouvaient tant de surprise et d'ennui.

Des autres voyageurs, les uns, les plus insensibles au roulis, qui d'ailleurs était faible, se promenaient, causant, fumant, se passant de main en main la longue-vue du bord, afin d'observer la côte fuyante, accidentée vers l'ouest d'une superbe crête des montagnes pyrénéennes. D'autres, moins assurés contre les oscillations de l'*Argelès*, étaient assis sur les fauteuils d'osier dans le coin qui aurait leur préférence pendant toute la traversée. Quelques voyageuses, enveloppées de châles, l'air résigné à d'inévitables malaises, la mine déconfite, avaient pris place à l'abri des roufles, plus rapprochées du centre où les balancements du tangage se font moins sentir, — des groupes familiaux de mères avec leurs enfants, très sympathiques à coup sûr, mais qui regrettaient de ne pas être plus âgées d'une cinquantaine d'heures.

Autour des passagères circulaient les femmes de chambre du paquebot; autour des passagers, les mousses du bord, guettant un geste, un signe pour accourir et offrir leurs services... indispensables et fructueux.

De ces divers voyageurs, combien viendraient s'asseoir à la table de la salle à manger, lorsque sonnerait la cloche du diner dans deux heures environ? C'était invariablement la question que se posait le docteur de l'*Argelès*, et il ne se trompait guère en évaluant de soixante à soixante-dix pour cent ceux qui manquent d'ordinaire à ce premier repas.

C'était un petit homme tout rond, tout guilleret, tout loquace, d'une inaltérable bonne humeur, d'une activité surprenante, en dépit de ses cinquante ans, bien mangeant, bien buvant, possédant une invraisemblable collection de formules et ordonnances contre le mal de mer, à l'efficacité desquelles il n'ajoutait aucune foi. Mais il était si prodigue de paroles consolantes, il persuadait si délicatement sa clientèle de passage, que les infortunées victimes de Neptune lui souriaient entre deux haut-le-cœur...

« Cela ne sera rien... répétait-il... Ayez soin seulement d'expirer quand vous vous sentirez monter et d'aspirer quand vous vous sentirez descendre... Dès que vous mettrez le pied sur la terre ferme, il n'y paraîtra plus... C'est votre santé à venir!... Cela vous épargne bien des maladies futures!... Une traversée vaut une saison à Vichy ou à Uriage!... »

Les deux jeunes gens avaient tout d'abord remarqué ce petit homme vif et pétillant, — il s'appelait le docteur Bruno, — et Marcel Lornans dit à Jean Taconnat :

« Voilà un facétieux docteur, qui ne doit pas mériter la qualification de morticole...

— Non, répondit Jean, mais uniquement pour cette raison qu'il ne vous soigne que d'une maladie dont on ne meurt pas! »

Et M. Eustache Oriental, qui n'avait pas reparu sur le pont, est-ce donc que son estomac éprouvait des subversions regrettables, ou, — pour employer une locution de l'argot des marins, — est-ce qu'il s'occupait de « compter ses chemises »? Il y a de ces malheureux qui en ont ainsi des douzaines, — pas dans leur valise.

Non! Le porteur de ce nom poétique n'était pas malade. Il ne l'avait jamais été sur mer, il ne le serait jamais. En pénétrant dans la salle à manger par le vestibule de la dunette, on l'eût aperçu au bon bout de la table, assis à cette place qu'il avait choisie et qu'il ne quitterait pas avant le dessert. Comment, dès lors, lui contester son droit de premier occupant?

Au reste, la présence du docteur Bruno eût suffi pour donner de l'animation à la dunette. Faire connaissance avec tout ce monde de passagers était à la fois son plaisir et son devoir. Avide d'apprendre d'où ils venaient, où ils allaient, curieux comme une fille d'Ève, bavard comme un couple de pies ou de merles, vrai furet introduit dans un terrier, il passait de l'un à l'autre, il les félicitait d'avoir pris passage sur l'*Argèlès*, le meilleur paquebot des lignes algériennes, le mieux aménagé, le plus confortable, un steamer commandé par le capitaine Bugarach et qui possédait, — il ne le disait pas, mais cela se devinait, — un docteur tel que le docteur Bruno..., etc., etc. Puis, s'adressant aux passagères, il les rassurait sur les incidents de la traversée... L'*Argèlès* en était encore à savoir ce que c'est qu'une tempête... Il filait sur la Méditerranée sans même mouiller le nez de son étrave... etc., etc. Et le docteur offrait des pastilles aux enfants... Ils n'avaient pas à se gêner, les chérubins!... La cale en était pleine... etc., etc.

Marcel Lornans et Jean Taconnat souriaient à tout ce manège. Ils connaissaient ce type de docteur, qui n'est pas rare dans le personnel des transports d'outre-mer... Une véritable gazette maritime et coloniale.

« Eh! messieurs, leur dit-il, lorsqu'il se fut assis près d'eux, le médecin du bord a le devoir de faire connaissance avec les passagers... Vous me permettrez donc...

— Très volontiers, docteur, répondit Jean Taconnat. Puisque nous sommes exposés à passer par vos mains — j'entends passer et non trépasser — il est convenable que nous les serrions... »

Et des poignées de main furent chaleureusement échangées de part et d'autre.

« Si mon flair ne me trompe pas, reprit le docteur Bruno, j'ai le plaisir de causer avec des Parisiens?...

— En effet, répliqua Marcel Lornans, des Parisiens... qui sont de Paris...

— De Paris... très bien... s'écria le docteur... de Paris même... et non de la banlieue... Du centre peut-être?...

— Du quartier de la Banque, répondit Jean Taconnat, et, si vous tenez à ce que je précise davantage, de la rue Montmartre, numéro 133, au quatrième étage, la porte à gauche...

— Eh, messieurs, répartit le docteur Bruno, il est possible que mes questions soient indiscrètes... mais cela tient à la fonction... un médecin a besoin de tout savoir, même ce qui ne le regarde pas... Vous excuserez donc...

— Vous êtes tout excusé, » répondit Marcel Lornans.

Et alors, le docteur Bruno d'ouvrir largement les ailes de son moulin à paroles. Sa langue battait comme un claquet. Et quels gestes et quelles phrases! racontant ce qu'il avait déjà pu apprendre des uns et des autres, riant de cette famille Désirandelle, de ce M. Dardentor qui lui avait fait faux bond, vantant d'avance le dîner qui serait excellent, assurant que l'*Argèlès* serait le lendemain en vue des Baléares, où il devait relâcher pendant quelques heures, relâche charmante pour les touristes; enfin, donnant libre cours à sa garrulité naturelle, ou, pour employer un mot qui peint mieux ce flux de verbiage, à sa logorrhée chronique.

« Et, avant d'embarquer, messieurs, vous avez eu le temps de voir Cette?... demanda-t-il en se levant.

— Non, docteur, à notre grand regret, répondit Marcel Lornans.

— C'est dommage!... La ville en vaut la peine!... Et vous avez déjà visité Oran?...

— Pas même en rêve! » répliqua Jean Taconnat.

Un des mousses vint, en ce moment, prévenir le docteur Bruno de se rendre près du capitaine Bugarach. Le docteur Bruno quitta les deux amis, non sans les accabler de nouvelles politesses, et se promettant de renouer une conversation où il lui restait tant de choses à apprendre.

Ce qu'il n'avait pas appris, relativement au passé et au présent de ces deux jeunes gens, il convient de le résumer en quelques succinctes lignes.

Marcel Lornans et Jean Taconnat étaient cousins germains par leurs mères, deux sœurs, Parisiennes de naissance. Dès le bas âge, privés chacun de son père, ils avaient été élevés dans d'assez maigres conditions de fortune. Externes au même lycée, leurs classes terminées, ils suivirent, Jean Taconnat, les cours des hautes études commerciales, et Marcel Lornans les cours de l'Ecole de droit. Ils appartenaient à la petite bourgeoisie du Paris commerçant, et modeste était leur ambition. Très unis, comme l'eussent été deux frères dans la maison commune, ils éprouvaient l'un pour l'autre la plus profonde affection, une amitié dont rien ne briserait les liens, bien qu'il y eût entre eux une grande dissemblance de caractère.

Marcel Lornans, réfléchi, attentif, discipliné, avait pris de bonne heure la vie par son côté sérieux.

Au contraire, Jean Taconnat, véritable gamin, jeune poulain échappé, d'une jovialité permanente, aimant peut-être un peu plus le plaisir que le travail, était le boute-en-train, le mouvement, le bruit de la maison. S'il s'attirait parfois des reproches pour ses vivacités intempestives, il savait si gentiment se faire pardonner! D'ailleurs, tout autant que son cousin, il montrait des qualités qui rachètent bien des défauts.

Tous deux avaient le cœur bon, ouvert, franc, honnête. Enfin l'un et l'autre adoraient leurs mères, et l'on excusera Mmes Lornans et Taconnat de les avoir aimés jusqu'à la faiblesse, puisqu'ils n'en avaient point abusé.

Lorsqu'ils eurent vingt ans, le service militaire les appela en qualité de dispensés, n'ayant qu'un an à passer sous les drapeaux. Ce temps, ils l'accomplirent dans un régiment de chasseurs d'une garnison voisine de Paris. Là encore, une bonne chance voulut qu'ils ne fussent séparés ni dans l'escadron ni dans la chambrée. Cette existence au quartier ne leur fut point autrement désagréable. Ils firent leur métier avec zèle et bonne humeur. C'étaient d'excellents sujets, remarqués de leurs chefs, aimés de leurs camarades, et auxquels le métier militaire n'eût peut-être pas déplu, si, dès l'enfance, leurs idées avaient été dirigées vers ce but. Bref, que, pendant leur congé, ils eussent attrapé quelques consignes, — on est mal vu au corps, paraît-il, quand on n'en attrape jamais, — ils n'en sortirent pas moins du régiment avec la note « bien ».

De retour à la maison maternelle, Marcel Lornans et Jean Taconnat, âgés de vingt et un ans, comprirent que l'heure était venue de se mettre au travail. D'accord avec leurs mères, il fut décidé que tous deux entreraient dans une maison de commerce de toute confiance. Là ils s'initieraient à la pratique des affaires, et prendraient plus tard un intérêt dans cette maison.

Mmes Lornans et Taconnat encourageaient leurs enfants à chercher la fortune sur cette voie. C'était l'avenir assuré pour ces deux fils qu'elles chérissaient. Elles se réjouissaient à la pensée que, dans quelques années, ils seraient établis, qu'ils se marieraient convenablement, que de simples employés ils deviendraient associés, puis patrons, quoique jeunes encore, que leur commerce prospérerait, que le nom honorable des grands-pères se continuerait dans les petits-enfants, etc., etc., enfin, ces rêves que font toutes les mères, et qui leur viennent du cœur.

Ces rêves, elles ne devaient pas en voir la réalisation. Quelques mois après leur retour du régiment, avant qu'ils fussent entrés dans la maison où ils voulaient débuter, un double malheur frappa les deux cousins dans leur plus profonde affection.

Une maladie épidémique, qui éprouva les quartiers du centre à Paris, emporta Mme Lornans et Mme Taconnat à quelques semaines d'intervalle.

Quelle douleur pour ces jeunes gens, atteints du même coup de foudre, la famille réduite maintenant à eux seuls! Ils furent atterrés, ne pouvant croire à la réalité d'un tel malheur!

Il fallait cependant songer à l'avenir. Ils héritaient chacun d'une centaine de mille francs, c'est-à-dire, avec la baisse de l'intérêt de l'argent, quelque chose comme trois mille à trois mille cinq cents francs de rente. Ce médiocre revenu ne permet guère de rester un inutile et un oisif. Ils ne l'eussent pas voulu, d'ailleurs. Mais conve-

L'*Argélès* avait pris le milieu de la passe. (Page 16.)

nait-il d'aventurer leur petite fortune dans les affaires, si difficiles à cette époque, de la risquer dans les aléas de l'industrie ou du commerce? En un mot, devaient-ils donner suite aux projets formés par leurs mères?... Mme Lornans et Mme Taconnat n'étaient plus là pour les y pousser...

Il y eut un vieil ami de la famille, un officier à la retraite, ancien chef d'escadron aux chasseurs d'Afrique, qui intervint alors et dont ils

« Qui sait? » répondit Jean Taconnat. (Page 18.)

subirent l'influence. Le commandant Beauregard leur dit carrément sa manière de voir : ne point exposer leur héritage, le placer en bonnes obligations de chemins de fer français, et s'engager, puisqu'ils n'avaient point conservé mauvais souvenir de leur passage au régiment... Ils arriveraient promptement sous-officiers... Des examens les feraient entrer à l'école de Saumur... Ils en sortiraient sous-lieutenants... Une belle, intéressante et noble carrière s'ouvrirait devant eux... Un officier, assuré de trois mille livres de rente, sans compter sa solde, était, à en croire le commandant Beauregard, dans la situation la plus enviable du monde?... Et puis l'avancement, et puis la croix, et puis la gloire... enfin, tout ce que peut dire un vieux soldat d'Afrique...

Marcel Lornans et Jean Taconnat furent-ils très convaincus que le métier militaire est de nature à satisfaire toutes les aspirations de l'esprit et du cœur?... Se répondirent-ils à ce sujet aussi « carrément » que s'était prononcé le commandant Beauregard?... Lorsqu'ils en causèrent seul à seul, se persuadèrent-ils que c'était là l'unique voie à suivre, et qu'en marchant sur la route de l'honneur, ils rencontreraient le bonheur en chemin?...

« Que risquons-nous d'essayer, Marcel? dit Jean Taconnat. Peut-être, après tout, notre bonne vieille culotte de peau a-t-elle raison?... Elle nous offre des recommandations pour le colonel du 7ᵉ chasseurs, à Oran... Partons pour Oran... Nous aurons tout le temps de réfléchir pendant le voyage... Et une fois sur la terre algérienne, nous signerons ou nous ne signerons pas...

— Ce qui nous aura valu une traversée... et j'ajouterai, une dépense inutile, fit observer le sage Marcel Lornans.

— D'accord, ô la raison même! répondit Jean Taconnat. Mais, au prix de quelques centaines de francs, nous aurons foulé le sol de l'autre France! Rien que cette belle phrase vaut l'argent, mon brave Marcel!... Et puis, qui sait?...

— Que veulent dire ces mots, Jean?...

— Ce qu'ils disent d'habitude, et rien de plus... »

Bref, Marcel Lornans se rendit sans trop de peine. Il fut convenu que les deux cousins partiraient pour Oran, munis des recommandations du vieux chef d'escadron pour son ami le colonel du 7ᵉ chasseurs. Une fois à Oran, ils se décideraient en connaissance de cause, et le commandant Beauregard ne doutait pas que leur décision fût conforme à ses avis.

Au total, si, à l'heure de contracter un engagement, leur résolution se modifiait, ils en seraient quittes pour regagner Paris, où ils choisiraient une autre carrière. Aussi, puisque, dans ce cas, leur voyage aurait été inutile, Jean Taconnat jugea qu'il devrait être « circulaire ». Et qu'entendait-il par ce mot dont Marcel Lornans ne comprit pas tout d'abord la signification?...

« J'entends, répliqua-t-il, que mieux vaut profiter de cette occasion pour voir du pays.

— Et comment?...

— En allant par une route et en revenant par une autre. Cela ne coûtera pas beaucoup plus cher, et cela sera infiniment plus agréable! Par exemple, on irait s'embarquer à Cette pour Oran, puis on irait à Alger prendre le bateau de Marseille…

— C'est une idée…

— Excellente, Marcel, et ce sont tout simplement Thalès, Pittacus, Bias, Cléobule, Périandre, Chilon, Solon, qui parlent par ma bouche! »

Marcel Lornans ne se fût pas permis de discuter une résolution si indubitablement dictée par les sept sages de la Grèce, et voilà pourquoi, à cette date du 27 avril, les deux cousins se trouvaient à bord de l'*Argèlès*.

Marcel Lornans avait vingt-deux ans, et Jean Taconnat quelques mois de moins. Le premier, d'une taille au-dessus de la moyenne, était plus grand que le second, — une différence de deux à trois centimètres seulement, — mais de tournure élégante, la figure aimable, les yeux un peu voilés, empreints d'une profonde douceur, la barbe blonde, tout disposé à la sacrifier pour se conformer à l'ordonnance.

Si Jean Taconnat ne possédait pas les qualités extérieures de son cousin, s'il ne représentait pas comme lui ce que, dans le monde bourgeois, on appelle un « beau cavalier », il ne faudrait pas croire qu'il ne fût agréable de sa personne, — un brun bien campé, la moustache en croc, la physionomie pétillante, les yeux d'une vivacité singulière, l'attitude gracieuse, et l'air si bon enfant!

On les connaît maintenant au physique et au moral, ces deux jeunes gens. Les voici partis pour un voyage qui n'a rien de très extraordinaire. Ils n'ont d'autre situation que celle de passagers de première classe sur ce paquebot à destination d'Oran. La changeront-ils, à leur arrivée, pour celle de cavaliers de deuxième classe au 7e chasseurs d'Afrique?...

« Qui sait? » avait dit Jean Taconnat, en homme convaincu que le hasard joue un rôle prépondérant dans la destinée humaine.

L'*Argelès*, en marche depuis vingt-cinq minutes, n'avait pas encore donné toute sa vitesse. Le brise-lames lui restait en arrière à un mille, et il se préparait à évoluer dans la direction du sud-ouest.

En ce moment, le docteur Bruno, qui se trouvait vers la dunette, saisit la longue-vue et la braqua du côté du port sur un objet mouvant, couronné par des volutes de fumée noire et de vapeurs blanches.

Fixer cet objet pendant quelques secondes, pousser une exclamation de surprise, courir vers l'escalier de tribord, s'affaler sur le pont, monter jusqu'à la passerelle où se tenait le capitaine Bugarach, l'interpeller d'une voix essoufflée et pressante, lui mettre la longue-vue entre les mains, ce fut pour le docteur Bruno l'affaire d'une demi-minute.

« Commandant, regardez! » dit-il en indiquant l'objet qui grossissait en se rapprochant.

Après l'avoir observé :

« Certainement c'est une chaloupe à vapeur, répondit le capitaine Bugarach.

— Et il me semble bien que cette chaloupe cherche à nous rattraper, ajouta le docteur Bruno.

— Ce n'est pas douteux, docteur, car, à l'avant, on fait des signaux...

— Allez-vous donner l'ordre de stopper?...

— Je ne sais trop si je le dois!... Que peut nous vouloir cette chaloupe?...

— Nous le saurons quand elle aura accosté...

— Peuh! » fit le capitaine Bugarach, qui ne semblait pas très désireux d'immobiliser son hélice.

Le docteur Bruno n'abandonna pas la partie.

« J'y pense, s'écria-t-il, si c'était le voyageur en retard, courant après l'*Argèlès*...

— Ce monsieur Dardentor... qui a manqué le départ?...

— Et qui se sera jeté dans cette chaloupe pour regagner notre bord!... »

Explication assez plausible, car il était certain que la chaloupe, forçant de vitesse, essayait de rejoindre le paquebot avant qu'il eût pris la haute mer. Et il pouvait se faire, en vérité, que ce fût pour le compte de ce retardataire dont la famille Désirandelle déplorait si amèrement l'absence.

Le capitaine Bugarach n'était point homme à sacrifier le prix d'une place de passager de première à l'ennui de s'arrêter pendant quelques minutes. Il lança bien trois ou quatre jurons d'une sonorité toute méridionale, mais il envoya dans la chambre des machines l'ordre de stopper.

Le paquebot courut sur son erre l'espace d'une encablure, sa marche diminua progressivement, et il s'arrêta. Toutefois, comme la houle du large le prenait par le travers, son roulis s'accentuait au grand dommage des passagers et passagères en proie déjà aux affres du mal de mer.

Cependant, la chaloupe gagnait avec une telle rapidité que le bas de son étrave sortait de l'eau écumante. On commençait à distinguer un personnage, placé à l'avant, agitant son chapeau.

En ce moment, M. Désirandelle se hasarda à monter sur la passerelle, et là, s'adressant au docteur Bruno, qui n'avait pas quitté le capitaine :

« Qu'attendez-vous?... demanda-t-il.

— Cette chaloupe, répondit le docteur.

— Et que veut-elle?...

— Nous gratifier d'un passager de plus... sans doute, celui qui s'est attardé...

— M. Dardentor ?...

— M. Dardentor, si tel est son nom. »

M. Désirandelle saisit la longue-vue que lui présentait le docteur, et, après nombre de tentatives infructueuses, parvint à encadrer la chaloupe dans l'objectif du trop mobile instrument.

« Lui... c'est bien lui ! » s'écria-t-il.

Et il se hâta d'aller apprendre la bonne nouvelle à la mère d'Agathocle.

La chaloupe n'était plus qu'à trois encablures de l'*Argèlès* que balançait une affadissante houle, tandis que le trop plein de la vapeur s'échappait des soupapes avec un bruit d'assourdissante crécelle.

La chaloupe arriva bord à bord à l'instant où M. Désirandelle, un peu pâle de la visite à sa femme, reparaissait sur le pont.

Aussitôt une échelle de corde à échelons de bois, déroulée par-dessus le bastingage, retomba contre le flanc du paquebot.

Le passager s'occupait alors de régler le patron de la chaloupe, et il est présumable qu'il le fit royalement, car il fut salué de l'un de ces « Merci, Votre Excellence ! » dont les lazzarones semblent seuls avoir le secret.

Quelques secondes plus tard, ledit personnage, suivi de son domestique qui portait une valise, enjambait le bastingage, sautait sur le pont, et, la physionomie joyeuse, souriant et se déhanchant avec grâce, saluait à la ronde.

Puis, avisant M. Désirandelle, qui se préparait à lui adresser des reproches :

« Et oui... me voilà, gros père ! » s'écria-t-il, en lui envoyant une bonne claque par le travers du ventre.

III

Dans lequel l'aimable héros de cette histoire commence à se poser au premier plan.

M. Dardentor, — de son prénom Clovis, — avait reçu le jour, quarante-cinq ans avant le début de cette histoire, place de la Loge, numéro 4, dans l'ancienne Ruscino, devenue capitale du Roussillon, aujourd'hui chef-lieu des Pyrénées-Orientales, la célèbre et patriotique Perpignan.

Le type de Clovis Dardentor n'est pas rare en cette bonne ville de province. Qu'on se figure un homme d'une taille au-dessus de la moyenne, carré des épaules, vigoureux de charpente, le système musculeux dominant le système nerveux, en parfaite eusthénie, — c'est-à-dire, pour ceux qui ont oublié le grec, en complet équilibre de ses forces, — la tête ronde, les cheveux ras poivre et sel, la barbe brune en éventail, le regard vif, la bouche grande, la denture superbe, le pied sûr, la main adroite, bien trempé moralement et physiquement, bon enfant quoique de nature impérieuse, de belle humeur, d'une faconde intarissable, très débrouillard, très expéditif, enfin méridional autant que peut l'être un individu qui n'est pas originaire de cette Provence dans laquelle tout le Midi français se résume et s'absorbe.

Clovis Dardentor était célibataire, et, vraiment, on ne concevrait pas un tel homme apparié dans les liens conjugaux, ni qu'une quelconque lune de miel se fût jamais levée sur son horizon. Ce n'est pas qu'il se montrât misogyne, car il se plaisait dans la société des femmes, mais il était misogame au plus haut degré. Cet ennemi du mariage ne concevait pas qu'un homme, sain d'esprit et de corps, lancé dans les affaires, eût le temps d'y songer. Le mariage! il ne l'admettait ni d'inclination, ni de convenance, ni d'intérêt, ni d'argent, ni de raison, ni sous le régime de la communauté, ni sous le régime de la séparation de biens, ni d'aucune des façons usitées en ce bas monde.

Au surplus, de ce qu'un homme soit resté célibataire, il ne s'en suit pas qu'il ait vécu dans l'oisiveté. Cela n'eût pas été à dire de Clovis Dardentor. S'il était riche de deux beaux millions, ils ne venaient ni de patrimoine ni d'héritages. Non ! il les avait bel et bien gagnés par son travail. Intéressé dans de nombreuses sociétés commerciales et industrielles, dans les tanneries, les marbreries, les bouchonneries, les vins de Rivesaltes, il avait toujours, avec une entente supérieure, réalisé des bénéfices considérables. Mais c'était à cette industrie de la tonnellerie, si importante dans la région, qu'il avait consacré le plus de son temps et de son intelligence. Retiré des affaires à quarante ans, après fortune faite, bien renté, il n'aurait pas voulu être de ces thésauriseurs soucieux d'économiser leurs rentes. Depuis sa retraite, il vivait largement, ne dédaignant pas les voyages, surtout celui de Paris, où il allait fréquemment. Doué d'une santé à toute épreuve, il possédait un de ces estomacs que lui eût envié le volatile si renommé sous ce rapport, parmi les coureurs de l'Afrique méridionale.

La famille de notre Perpignanais se réduisait à lui seul. La longue lignée de ses aïeux venait finir en sa personne. Pas un ascendant, pas un descendant, pas un collatéral, — à moins que ce ne fût au vingt-sixième ou au vingt-septième degré, puisque, disent les statisticiens, tous les Français le sont à ce degré-là, rien qu'en remontant à l'époque de François Ier. Mais, on en conviendra, de ces collatéraux il n'y a pas à se préoccuper. Et, d'ailleurs, chaque homme, en remontant au début de l'ère chrétienne, ne possède-t-il pas cent trente-neuf quatrillions d'aïeux — pas un de plus, pas un de moins?...

Clovis Dardentor n'en était pas autrement fier. Toutefois, s'il se trouvait aussi dépourvu de famille qu'on puisse l'être, il n'y voyait sans doute aucun inconvénient, vu que jamais il n'avait songé à s'en créer une par les procédés qui sont à la portée de tout le

Dardentor suivi de son domestique. (Page 3).)

monde. Bref, le voici embarqué pour Oran, et puisse-t-il débarquer sain et sauf dans le chef-lieu de la grande province algérienne !

Une des raisons majeures pour lesquelles il convenait que l'*Argélès* fût favorisé d'une navigation superbe, c'était la présence à son bord du Perpignanais. Jusqu'à ce jour, lorsqu'il allait en Algérie, — un pays qui lui plaisait, — il partait de Marseille, et c'était pour la première fois qu'il venait d'accorder sa préférence à la ligne de Cette.

Ayant fait l'honneur à l'un de ses paquebots de lui confier le transport de sa personne, il importait que ce voyage lui donnât toute satisfaction, en d'autres termes qu'il fût conduit à bon port, après une traversée aussi courte qu'heureuse.

Dès qu'il eut mis le pied sur le pont, Clovis Dardentor se retourna vers son domestique :

« Patrice, va t'assurer de la cabine 13, » dit-il.

Et Patrice de répondre :

« Monsieur sait qu'elle a été retenue par dépêche, et il ne doit concevoir aucune inquiétude à ce sujet.

— Eh bien, descends-y ma valise et choisis-moi une place à table aussi bonne que possible... pas trop loin du capitaine. J'ai déjà l'estomac dans les pattes! »

Cette locution sembla sans doute à Patrice médiocrement distinguée, et peut-être aurait-il préféré que son maître eût dit « dans les talons », car une moue désapprobative se dessina sur ses lèvres. Quoi qu'il en soit, il se dirigea vers la dunette.

En ce moment, Clovis Dardentor aperçut le commandant de l'*Argèlès* qui venait de quitter la passerelle, et il l'aborda sans façon en ces termes :

« Hé! hé! capitaine, comment n'avez-vous pas eu la patience d'attendre un de vos passagers en retard?... Sa machine lui démangeait donc, à votre paquebot, qu'il lui tardait de se gratter avec son hélice? »

Cette métaphore n'a rien de très maritime, mais Clovis Dardentor n'était pas marin, et, dans son langage imagé, il disait les choses comme elles lui venaient, en phrases tantôt abominablement pompeuses, tantôt regrettablement vulgaires.

« Monsieur, répondit le capitaine Bugarach, nos départs ont lieu à heure fixe, et les règlements de la Compagnie ne nous permettent pas d'attendre...

— Oh! je ne vous en veux pas! répliqua Clovis Dardentor en tendant la main au capitaine.

— Ni moi non plus, répondit celui-ci, bien que j'aie été forcé de stopper...

— Eh bien, stoppez là ! » s'écria notre Perpignanais.

Et il secoua la main du capitaine Bugarach avec la vigueur d'un ancien tonnelier qui a manié le davier et la doloire.

« Savez-vous bien, ajouta-t-il, que si ma chaloupe n'avait pu rattraper votre paquebot, elle eût continué jusqu'en Algérie... et que si je n'avais pas trouvé cette chaloupe, je me serais jeté à l'eau du haut du quai, et vous aurais suivi à la nage ! Voilà comme je suis, brave capitaine Bugarach ! »

Oui ! voilà comme était Clovis Dardentor, et les deux jeunes gens, qui prenaient plaisir à entendre cet original, furent honorés d'un salut qu'ils rendirent en souriant.

« Bon type ! » murmura Jean Taconnat.

En ce moment, l'*Argèlès* laissa arriver d'un quart et se mit en direction du cap d'Agde.

« A propos, capitaine Bugarach, une question de la plus haute importance ? reprit M. Dardentor.

— Parlez.

— A quelle heure le dîner ?...

— A cinq heures,

— Dans quarante-cinq minutes alors... Pas plus tôt, mais pas plus tard !... »

Et M. Dardentor fit une pirouette, après avoir consulté sa magnifique montre à répétition, qu'une épaisse chaine d'or rattachait à la boutonnière de son gilet en bonne étoffe diagonale à gros boutons métalliques.

Assurément, pour employer une locution justifiée par toute sa personne, ce Perpignanais avait « beaucoup de chic », avec son chapeau mou penché sur l'oreille droite, son mac-farlane quadrillé, sa jumelle en bandoulière, sa couverture de voyage tombant de son épaule à sa ceinture, sa culotte bouffante, ses guêtres à ardillons de cuivre, et ses bottines de chasse à double semelle.

Et voici sa voix coquelinesque qui retentit de nouveau disant :

« Si j'ai manqué le départ, je ne raterai pas le dîner, mon cher capitaine, et pour peu que votre maître-coq ait soigné son menu, vous me verrez le mastiquer en mesure... »

Soudain ce flux de paroles, se détournant de son cours, se dirigea vers un autre interlocuteur.

M. Désirandelle, qui était allé avertir Mme Désirandelle de l'arrivée de leur compagnon de voyage si malencontreusement retardé, venait d'apparaître.

« Eh! ce cher ami! s'écria Clovis Dardentor. Et madame Désirandelle?... Où est donc l'excellente dame?... Et le plus beau des Agathocles?... »

— Soyez sans crainte, Dardentor, répondit M. Désirandelle, nous n'étions pas en retard, et l'*Argèlès* n'a pas été obligé de partir sans nous!

— Des reproches, mon bon?...

— Ma foi... vous les méritez bien!... Quelle inquiétude vous nous avez causée!... Nous voyez-vous débarquant à Oran chez Mme Elissane... sans vous?...

— Eh! j'ai assez maronné, Désirandelle... C'est la faute à cet animal de Pigorin!... Il m'a retenu avec ses échantillons de vieux Rivesaltes... Il a fallu guster et déguster... et quand j'ai paru à l'extrémité du vieux bassin, l'*Argèlès* débouquait de la passe... Mais me voici, et il est inutile de récriminer sur la chose, ni de rouler des yeux de saumon expirant... Ça finirait par augmenter le roulis!... Et votre femme?...

— Elle est sur son cadre... un peu...

— Déjà?...

— Déjà, soupira M. Désirandelle, dont les paupières tremblotaient, et moi-même...

— Cher bon, un conseil d'ami! dit Clovis Dardentor. N'ouvrez pas la bouche comme vous le faites... Tenez-la fermée le plus possible... ou ce serait tenter le diable...

— Parbleu, balbutia M. Désirandelle, vous en parlez à votre aise!... Ah! cette traversée jusqu'à Oran!... Ni Mme Désirandelle ni moi nous ne nous y serions risqués, si l'avenir d'Agathocle n'eût été en jeu!... »

Il s'agissait, en effet, de son avenir à cet unique héritier des Désirandelle. Chaque soir, Clovis Dardentor, qui était un vieil ami de cette famille, venait faire son bésigue ou son piquet dans la maison de la rue de la Popinière. Il avait presque vu naître cet enfant, il l'avait vu grandir, — physiquement, du moins, — car l'intelligence était restée chez lui en arrière de la croissance. Agathocle fit au lycée ces mauvaises études qui sont le lot ordinaire des paresseux et des ineptes. De vocation pour ceci plutôt que pour cela, il n'en montrait aucune. Ne rien faire dans la vie lui paraissait être l'idéal d'une créature humaine. Avec ce qui lui reviendrait de ses parents, il devait un jour avoir une dizaine de mille francs de rente. C'est déjà quelque chose, mais on ne s'étonnera pas que M. et Mme Désirandelle eussent rêvé pour leur fils un avenir mieux renté. Ils connaissaient cette famille Elissane, qui, avant d'habiter l'Algérie, demeurait à Perpignan. Mme Elissane, veuve d'un ancien négociant, âgée de cinquante ans alors, jouissait d'une assez belle aisance, grâce à la fortune que lui avait laissée son mari, lequel, après s'être retiré des affaires, était allé se fixer en Algérie. La veuve n'avait qu'une fille de vingt ans. Un joli parti, Mlle Louise Elissane! disait-on, jusque dans le Sud-Oranais, et aussi dans les Pyrénées-Orientales, ou, du moins, dans la maison de la rue de la Popinière. Un mariage entre Agathocle Désirandelle et Louise Elissane, qu'aurait-on pu imaginer de mieux assorti?...

Or, avant de se marier, il faut se connaître, et, si Agathocle et Louise s'étaient vus enfants, ils n'avaient conservé nul souvenir l'un de l'autre. Donc, puisque Oran ne venait pas à Perpignan, Mme Elissane n'aimant point à se déplacer, c'était à Perpignan d'aller à Oran. De là, ce voyage, bien que Mme Désirandelle éprouvât les symptômes du mal de mer, rien qu'en regardant les lames déferler sur une grève, et que M. Désirandelle, en dépit de ses prétentions, n'eût pas le cœur plus solide. C'est alors qu'on songea à Clovis Dardentor. Ce Perpignanais avait l'habitude des voyages. Il ne refuserait pas d'accompagner ses amis. Peut-être ne se faisait-il pas d'illusion sur la valeur de ce garçon que l'on voulait marier. Mais, à son avis, quand il s'agit de se transformer en mari, tous les hommes se valent. Si Agathocle plaisait à la jeune héritière, cela irait tout seul. Il est vrai, Louise Elissane était charmante... Bref, lorsque les Désirandelle auront débarqué à Oran, il sera temps de la présenter au lecteur, et libre à lui de se mettre sur les rangs pour évincer Agathocle.

On sait maintenant à quel propos ce groupe perpignanais avait pris passage sur l'*Argèlès* et pourquoi il affrontait une traversée méditerranéenne.

En attendant l'heure du dîner, Clovis Dardentor monta sur la dunette où se trouvaient ceux des voyageurs de première classe que le roulis n'avait pas encore renvoyés dans leurs cabines. M. Désirandelle, dont la pâleur augmentait, l'y suivit et vint s'affaler sur un banc.

Agathocle s'approcha.

« Eh, mon garçon, tu as meilleure bobine que ton père! dit M. Dardentor. Ça boulote?... »

Agathocle répondit que « ça boulotait ».

« Tant mieux, et tâche d'aller jusqu'au bout du bout! Ne va pas déballer là-bas avec une physionomie de papier mâché ou une mine de citrouille en marmelade! »

Non!... Pas à craindre, cela!... La mer ne lui faisait rien, à ce garçon.

Clovis Dardentor n'avait pas jugé opportun de descendre à la cabine de Mme Désirandelle. La bonne dame savait qu'il était à bord, cela suffisait. Les consolations qu'il lui eût apportées n'auraient produit aucun effet salutaire. Et puis, M. Dardentor appartenait à cette catégorie de gens abominables, toujours enclins à plaisanter les victimes du mal de mer. Sous prétexte qu'ils ne l'ont pas, ils ne veulent pas admettre qu'on puisse l'avoir! On devrait les pendre tout bonnement à la grande vergue!

L'*Argèlès* se trouvait à la hauteur du cap d'Agde, lorsqu'un coup de cloche retentit à l'avant. On venait de piquer cinq heures, — l'heure du dîner.

Jusqu'alors, le tangage et le roulis du paquebot n'avaient pas été très accentués. La houle, quoique un peu courte, n'occasionnait qu'un balancement très supportable au plus grand nombre des passagers. L'*Argèlès*, la recevant presque par l'arrière, se déplaçait avec elle. Il y avait donc lieu d'espérer que les convives ne feraient pas défaut à la salle à manger.

Les passagers et même cinq ou six passagères descendirent par le double escalier de la dunette, et gagnèrent les places retenues à la table.

M. Eustache Oriental occupait la sienne, manifestant déjà une vive impatience. Depuis deux heures qu'il était là!... Tout donnait à croire, cependant, que, le dîner fini, cet accapareur de bonnes places remonterait sur le pont, et qu'il ne resterait pas rivé à cette chaise jusqu'à l'arrivée au port.

Le capitaine Bugarach et le docteur Bruno se tenaient au fond de la salle. Ils ne manquaient jamais à ce devoir d'en faire les honneurs. Clovis Dardentor, MM. Désirandelle père et fils, se dirigèrent vers le haut bout de la table. Marcel Lornans et Jean Taconnat, désireux d'étudier ces divers types de Perpignanais, se placèrent auprès de M. Dardentor. Les autres convives s'installèrent à leur convenance, — en tout une vingtaine, — quelques-uns dans le voisinage de M. Oriental, à proximité de l'office d'où venaient les plats sur les ordres du maître d'hôtel.

M. Clovis Dardentor fit immédiatement connaissance avec le docteur Bruno, et on peut être assuré que, grâce à ces deux enragés discoureurs, la conversation ne languirait pas autour du capitaine Bugarach.

« Docteur, dit M. Dardentor, je suis heureux... très heureux de

« Sa machine lui démangeait donc, à votre paquebot?... » (Page 34.)

vous serrer la main, fût-elle truffée de microbes comme celles de tous vos confrères...

— N'ayez crainte, monsieur Dardentor, répondit le docteur Bruno sur le même ton de belle humeur, je viens de me laver à l'eau boriquée.

— Bast! ce que je me moque des microbes et des microbiens! s'écria M. Dardentor. Jamais je n'ai été malade, ni un jour ni une

Agathocle s'approcha. (Page 38.)

heure, mon cher Esculape!... Jamais je n'ai été enrhumé, même cinq minutes!... Jamais je n'ai avalé ni une tisane ni une pilule!... Et vous me permettrez de croire que je ne commencerai pas à me médicamenter en vertu de vos ordonnances!... Oh! la compagnie des médecins m'est fort agréable!... Ce sont de braves gens, qui n'ont qu'un tort, celui de vous détraquer la santé rien qu'en vous tâtant le pouls ou en vous regardant la langue!... Ceci dit, enchanté de me mettre à table auprès de vous, et, si le dîner est bon, je lui ferai honneur à belles dents! »

Le docteur Bruno ne se tint pas pour battu, quoiqu'il eût trouvé plus loquace que lui. Il répliqua sans trop chercher à défendre le corps médical contre un adversaire si bien armé. Puis, le potage ayant fait son apparition, chacun ne songea plus qu'à satisfaire un appétit aiguisé par l'air vif de la mer.

Au début, les oscillations du paquebot ne furent point pour gêner les convives, à l'exception de M. Désirandelle, qui était devenu blanc comme sa serviette. On ne sentait ni ces mouvements d'escarpolette qui compromettent l'horizontalité, ni ces élévations et abaissements qui dérangent la verticalité. Si cet état de chose ne se modifiait point durant le repas, les divers services se succéderaient sans dommage jusqu'au dessert.

Mais, soudain, voici que le cliquetis de la vaisselle commença. Les suspensions de la salle à manger se balancèrent sur la tête des convives, à leur grand ennui. Roulis et tangage se combinèrent pour provoquer un désarroi général parmi les passagers, dont les sièges prenaient d'inquiétantes inclinaisons. Plus de sûreté dans le mouvement des bras et des mains. Les verres se portaient difficilement à la bouche, et, le plus souvent, les fourchettes piquaient les joues ou le menton...

La plupart des convives n'y purent résister. M. Désirandelle fut un des premiers à quitter la table avec une précipitation significative. Afin d'aller respirer l'air frais du dehors, nombre d'autres le suivirent, — une vraie débandade, malgré les avis du capitaine Bugarach, qui répétait :

« Cela ne sera rien, messieurs... cette embardée de l'*Argèlès* ne durera pas!... »

Et Clovis Dardentor de s'écrier :

« Les voilà qui se carapattent à la file indienne!

— C'est toujours comme cela! repartit le capitaine en clignant de l'œil.

— Non! reprit notre Perpignanais, je ne comprends pas que l'on n'ait pas plus de cœur au ventre! »

En admettant que cette expression ne soit pas contraire aux lois de l'organisme humain, et si véritablement le cœur peut se déplacer comme l'indique cette locution populaire, celui de ces braves gens ne tendait pas à descendre, mais à remonter plutôt vers leurs lèvres. Bref, au moment où le maître d'hôtel fit circuler les hors-d'œuvre la table ne comptait plus qu'une dizaine de convives intrépides. Parmi eux figuraient, sans parler du capitaine Bugarach et du docteur Bruno, habitués à ce remue-ménage des dining-rooms, Clovis Dardentor, fidèle au poste, Agathocle que la fuite de son père laissait fort indifférent, les deux cousins Marcel Lornans et Jean Taconnat, nullement troublés dans leurs fonctions digestives, et enfin, à l'autre bout, l'impassible M. Eustache Oriental, guettant les plats, interrogeant les garçons, ne songeant guère à se plaindre de ces inopportunes secousses de l'*Argèlès*, puisqu'il avait le choix des morceaux.

Cependant, après cet exode des convives dérangés dès le début du dîner, le capitaine Bugarach avait jeté un singulier regard au docteur Bruno, lequel lui répondit par un singulier sourire. Ce sourire et ce regard semblaient s'être compris, et, comme en un fidèle miroir, ils se réfléchissaient sur l'impassible figure du maître d'hôtel.

Et à cet instant, Jean Taconnat poussa son cousin du coude, et dit à voix basse :

« C'est le coup du « nez dans la plume »!...

— Ce que cela m'est égal, Jean!...

— Et à moi! » riposta Jean Taconnat en faisant glisser sur son assiette une savoureuse tranche de saumon d'un rose tendre, dont M. Oriental n'avait point disposé à son profit.

Ce « coup du nez dans la plume », voici en quoi il consiste très simplement :

Il est des capitaines — pas tous — mais il en est, paraît-il, qui, dans un but compréhensible, modifient quelque peu la direction du paquebot juste au commencement du repas — oh! un léger changement de la barre, rien de plus. Et, en vérité, pourrait-on leur en faire un reproche? Est-il donc interdit de mettre un navire debout à la lame pendant un demi-quart d'heure seulement?... Est-il défendu de conniver avec le roulis et le tangage pour réaliser une économie sensible sur les frais de table?... Non, et si cela se fait, il ne faut pas trop se récrier!

Du reste, ce remue-ménage ne se prolongea pas outre mesure. Il est vrai, les évincés ne furent point tentés de réintégrer leurs places à la table commune, bien que le paquebot eût repris une allure plus calme et, disons-le, plus honnête.

Le dîner, réduit à quelques convives de choix, allait donc se continuer dans des conditions excellentes, sans que personne s'inquiétât de ces malheureux chassés de la salle à manger, et groupés sur le pont en des attitudes aussi variées que lamentables.

IV

Dans lequel Clovis Dardentor dit des choses dont Jean Taconnat compte faire son profit.

« Que de vides à votre table, mon cher capitaine, s'écria Clovis Dardentor, alors que le maître d'hôtel surveillait la circulation des plats sans se départir de sa dignité habituelle.

— Peut-être est-il à craindre que ces vides s'augmentent encore, si la mer devient plus mauvaise... fit observer Marcel Lornans.

— Mauvaise?... Une mer d'huile! répondit le capitaine Bugarach. L'*Argèlès* est tombé dans un contre-courant où la lame est plus dure!... Cela arrive quelquefois...

— Souvent à l'heure du déjeuner et du dîner, répliqua Jean Taconnat le plus sérieusement du monde.

— En effet, ajouta négligemment Clovis Dardentor, j'en ai déjà fait la remarque, et si ces satanées compagnies maritimes y trouvent leur profit...

— Pourriez-vous croire?... s'écria le docteur Bruno.

— Je ne crois qu'une chose, riposta Clovis Dardentor, c'est que, pour mon compte, je n'y ai jamais perdu un coup de fourchette, et s'il ne doit rester qu'un passager à table...

— Vous serez celui-là ! repartit Jean Taconnat.

— Vous l'avez dit, monsieur Taconnat. »

Notre Perpignanais l'appelait déjà par son nom, comme s'il le connaissait depuis quarante-huit heures.

« Cependant, reprit alors Marcel Lornans, il est possible que quelques-uns de nos compagnons viennent se rasseoir à table... Le roulis est moins sensible...

— Je vous le répète, affirma le capitaine Bugarach... Ce n'était que momentané... Il a suffi d'une distraction du timonier... Maître d'hôtel, voyez donc si parmi nos convives...

— Entre autres, ton pauvre homme de père, Agathocle ! » recommanda Clovis Dardentor.

Mais le jeune Désirandelle hocha la tête, sachant bien que l'auteur de ses jours ne se déciderait point à revenir dans la salle à manger, et il ne bougea pas.

Quant au maître d'hôtel, il se dirigea sans conviction du côté de la porte, tout en sachant l'inutilité de sa démarche. Lorsqu'un passager a quitté la table, encore que les circonstances viennent à se modifier, il est rare qu'il consente à y reparaître. Et, de fait, les vides ne se comblèrent pas, — ce dont le digne capitaine et l'excellent docteur voulurent bien se montrer fort marris.

Un léger coup de barre avait rectifié la direction du paquebot, la houle ne le prenait plus par l'avant, et la tranquillité était assurée pour la dizaine de convives, demeurés à leur poste.

Du reste, mieux vaut ne pas être trop nombreux à table, — à ce que prétendait Clovis Dardentor. Le service y gagne, l'intimité aussi, et la conversation peut se généraliser.

C'est ce qui arriva. Le dé fut tenu par le héros de cette histoire, et de quelle façon! Le docteur Bruno, si beau parleur qu'il fût, trouvait à peine, de loin en loin, à placer son mot, — Jean Taconnat pas davantage, et Dieu sait s'il s'amusait à ouïr tout ce verbiage! Marcel Lornans se contentait de sourire, Agathocle de manger sans rien entendre, M. Eustache Oriental de déguster les bons morceaux en les arrosant d'une bouteille de pommard que le maître d'hôtel lui avait apportée dans un berceau d'une horizontalité rassurante. Des autres convives, il n'y avait pas lieu de s'occuper.

La suprématie du Midi sur le Nord, les mérites indiscutables de la cité perpignanaise, le rang qu'y possédait l'un de ses enfants des plus en vue, Clovis Dardentor en personne, la considération que lui valait sa fortune honorablement acquise, les voyages qu'il avait déjà faits, ceux qu'il méditait de faire, son dessein de visiter Oran dont les Désirandelle lui parlaient sans cesse, le projet qu'il avait formé de parcourir cette belle province algérienne... Enfin, il était parti, et ne s'inquiétait guère de savoir quand il reviendrait.

Ce serait une erreur de croire que ce flux de phrases échappées des lèvres de Clovis Dardentor empêchait le contenu de son assiette de monter jusqu'à sa bouche. Non! Ces entrées et ces sorties s'exécutaient simultanément avec une merveilleuse aisance. Ce type étonnant parlait et mangeait à la fois, sans oublier de vider son verre, afin de faciliter cette double opération.

« Quelle machine humaine! se disait Jean Taconnat. Comme elle fonctionne! Ce Dardentor est un des échantillons méridionaux les plus réussis que j'aie rencontrés! »

Le docteur Bruno ne l'admirait pas moins. Quel remarquable sujet de dissection formerait ledit échantillon, et quel avantage retirerait la physiologie à fouiller les mystères d'un tel organisme! Mais, étant donné que la proposition de se laisser ouvrir le ventre eût paru inopportune, sans doute, le docteur se borna à demander à M. Dardentor s'il s'était toujours montré ménager de sa santé.

« La santé... mon cher docteur?... Qu'entendez-vous, s'il vous plait, par ce mot?...

— J'entends ce que tout le monde s'accorde à entendre, répondit le docteur. C'est, suivant la définition admise, l'exercice permanent et facile de toutes les fonctions de l'économie...

— Et, en acceptant cette définition, déclara Marcel Lornans, nous désirons savoir si, chez vous, monsieur Dardentor, cet exercice est facile?...

— Et permanent? ajouta Jean Taconnat.

— Permanent, puisque je n'ai jamais été malade, déclara notre Perpignanais en se frappant le torse, et facile, puisqu'il s'opère sans que je m'en aperçoive!

— Eh bien, mon cher passager, demanda le capitaine Bugarach, êtes-vous maintenant fixé sur ce qu'on entend par ce mot santé, — ce qui nous permettrait de boire à la vôtre?...

— Si cela doit vous le permettre, je conviens que je suis absolument fixé, et, en effet, l'heure me parait venue de sabler le champagne sans attendre au dessert! »

Dans le Midi, l'expression « sabler le champagne » était toujours en usage, et, prononcée par Clovis Dardentor, il est certain qu'elle prenait une magnifique redondance méridionale.

Le Rœderer fut donc apporté, les flûtes se remplirent, couronnées d'écume blanche, et la conversation ne s'y noya pas, bien au contraire.

Ce fut le docteur Bruno qui rouvrit le feu en ces termes :

« Alors, monsieur Dardentor, je vous prierai de répondre à cette autre question : pour avoir conservé cet état de santé imperturbable, vous êtes-vous abstenu de tout excès?...

— Qu'entendez-vous par le mot excès?...

— Ah çà! demanda Marcel Lornans en souriant, le mot excès, comme le mot santé, est donc inconnu dans les Pyrénées-Orientales?...

— Inconnu… non, monsieur Lornans, mais, à proprement parler, je ne sais trop ce qu'il signifie…

— Monsieur Dardentor, reprit le docteur Bruno, commettre des excès, c'est abuser de soi, c'est user le corps non moins que l'esprit, en se montrant immodéré, intempérant, incontinent, en s'abandonnant surtout aux plaisirs de la table, déplorable passion qui ne tarde pas à détruire l'estomac…

— Quès aco, l'estomac?… demanda Clovis Dardentor du ton le plus sérieux.

— Ce que c'est?… s'écria le docteur Bruno. Eh parbleu! une machine qui sert à fabriquer les gastralgies, les gastrites, les gastrocèles, les gastro-entérites, les endogastrites, les exogastrites! »

Et, en défilant ce chapelet d'expressions qui ont le mot gaster pour radical, il paraissait tout heureux que l'estomac eût donné naissance à tant d'affections spéciales.

Bref, Clovis Dardentor persistant à soutenir que ce qui indiquait une détérioration quelconque de la santé lui était inconnu, puisqu'il refusait d'admettre que ces mots eussent une signification, Jean Taconnat, très amusé, employant la seule locution qui résume l'intempérance humaine, dit :

« Enfin… vous n'avez jamais fait la noce?…

— Non… puisque je ne me suis jamais marié! »

Et la voix claironnante de cet original se prolongea en de tels éclats que les verres tintèrent sur la table, comme si elle eût été secouée d'un coup de roulis.

On comprit qu'il serait impossible de savoir si cet invraisemblable Dardentor avait été ou non le prototype de la sobriété, s'il devait à sa tempérance habituelle l'insolente santé dont il jouissait, ou si elle était due à une constitution de fer que nul abus n'avait pu endommager.

« Allons, allons! confessa le capitaine Bugarach, je vois, monsieur Dardentor, que la nature vous a bâti pour devenir un de nos futurs centenaires!

Une vraie débandade. (Page 42.)

— Pourquoi pas, cher capitaine ?...

— Oui... pourquoi pas?... répéta Marcel Lornans.

— Quand une machine est solidement construite, reprit Clovis Dardentor, bien balancée, bien huilée, bien entretenue, il n'y a point de raison pour qu'elle ne dure pas toujours !

— En effet, conclut Jean Taconnat, et du moment qu'on n'est pas à court de combustible...

— Et ce n'est pas le combustible qui manquera! » s'écria Clovis Dardentor en agitant son gousset qui rendit un son métallique. Maintenant, chers messieurs, ajouta-t-il dans un éclat de rire, avez-vous fini de me pousser des colles?... »

— Non! » répliqua le docteur Bruno.

Et s'entêtant à vouloir mettre le Perpignanais au pied du mur :

« Erreur, monsieur, erreur! s'écria-t-il. Il n'est si bonne machine qui ne s'use, il n'est si bon mécanisme qui ne se détraque un jour ou l'autre...

— Cela dépend du mécanicien! riposta Clovis Dardentor, qui remplit son verre jusqu'au bord.

— Mais enfin, s'écria le docteur, vous finirez bien par mourir, je suppose?...

— Et pourquoi voulez-vous que je meure, puisque jamais je ne consulte de médecin? — A votre santé, messieurs! »

Et, au milieu de l'hilarité générale, levant son verre, il le choqua joyeusement contre les verres de ses compagnons de table, puis le vida d'un trait. Alors la conversation de continuer, bruyante, chaude, étourdissante, jusqu'au dessert, dont le menu varié remplaça les entremets du précédent service.

Que l'on juge de l'effet que ce tumulte épulatoire devait causer aux malheureux passagers des cabines, étendus sur leur cadre de douleur, et dont les haut-le-cœur ne pouvaient que s'accroître au voisinage de si gais propos.

A plusieurs reprises, M. Désirandelle était apparu sur le seuil de la salle à manger. Puisque son dîner et celui de sa femme étaient compris dans le coût du passage, quel désagrément de ne pouvoir en consommer sa part! Mais à peine la porte était-elle ouverte qu'il se sentait ébranlé par les vertiges stomacaux, et avec quelle hâte remontait-il sur le pont!

Sa seule consolation consistait à se dire :

« Par bonheur, notre fils Agathocle est en train de dévorer pour trois! »

Et, de fait, le garçon travaillait en conscience à récupérer le plus possible des déboursés paternels.

Cependant, après la dernière réponse de Clovis Dardentor, la conversation fut aiguillée sur un autre embranchement. Ne pourrait-on trouver le défaut de la cuirasse chez ce bon vivant, bon buvant et bon mangeant? Que sa constitution fût excellente, sa santé inaltérable, son organisme de premier choix, ce n'était pas discutable. Mais, quoi qu'il en eût dit, il finirait par quitter ce bas monde, comme les autres mortels, — disons presque tous, afin de ne décourager personne. Et, lorsque sonnerait cette heure fatale, à qui irait la grosse fortune?... Qui prendrait possession des maisons, des valeurs mobilières de l'ancien tonnelier de Perpignan, la nature ne lui ayant donné d'héritier ni direct ni indirect, pas un seul collatéral au degré successible?...

On lui en fit la remarque, et Marcel Lornans de dire :

« Pourquoi n'avoir point songé à vous créer des héritiers?

— Et comment?...

— Comme cela se fait, pardieu! s'écria Jean Taconnat, en devenant le mari d'une femme, jeune, belle, bien portante, digne de vous...

— Moi... me marier?...

— Sans doute!

— Voilà une idée qui ne m'est jamais venue!

— Elle aurait dû vous venir, monsieur Dardentor, déclara le capitaine Bugarach, et il est encore temps...

— Êtes-vous marié, mon cher capitaine?...

— Non.

— Et vous, docteur?...

— Point.

— Et vous, messieurs?...

— Nullement, répondit Marcel Lornans, et, à notre âge, cela n'a rien de surprenant!

— Eh bien, si vous n'êtes pas mariés, pourquoi voulez-vous que je le sois?...

— Mais pour avoir une famille, répliqua Jean Taconnat.

— Et avec la famille les soucis qu'elle comporte!

— Pour avoir des enfants... des petits-enfants...

— Et avec eux les tourments qu'ils causent!

— Enfin pour avoir des descendants naturels, qui s'affligeront de votre mort...

— Ou qui s'en réjouiront!

— Croyez-vous donc, reprit Marcel Lornans, que l'État ne se réjouira pas s'il hérite de vous?...

— L'État... hériter de ma fortune... qu'il mangerait comme un dissipateur qu'il est!

— Cela n'est pas répondre, monsieur Dardentor, dit Marcel Lornans, et il est dans la destinée de l'homme de se créer une famille, de se perpétuer dans ses enfants...

— D'accord, mais l'homme peut en avoir sans se marier...

— Comment l'entendez-vous?... demanda le docteur.

— Je l'entends ainsi qu'on doit l'entendre, messieurs, et, pour mon compte, je préférerais ceux qui sont tout venus.

— Des enfants adoptifs?... riposta Jean Taconnat.

— Assurément! Est-ce que cela ne vaut pas cent fois mieux?... Est-ce que cela n'est pas plus sage?... On a le choix!... On peut les prendre sains d'esprit et de corps, après qu'ils ont passé l'âge des coqueluches, des scarlatines et des rougeoles!... On peut s'en offrir qui sont blonds ou bruns, bêtes ou intelligents!... On peut se les donner fille ou garçon, suivant le sexe que l'on désire!... On peut en avoir un, deux, trois, quatre, et même une douzaine, selon qu'on a, plus ou moins développée, cette bosse de la paternité adoptive!... Enfin, libre à soi de se fabriquer une famille d'héritiers dans des conditions excellentes de garantie physique et morale, sans attendre que Dieu daigne bénir votre union!... On se bénit soi-même... à son heure et à son gré!...

— Bravo, monsieur Dardentor, bravo! s'écria Jean Taconnat. A la santé de vos adoptifs! »

Et les verres se choquèrent encore une fois.

Ce que les convives attablés dans la salle à manger de l'*Argèlès* auraient perdu s'ils n'eussent entendu l'expansif Perpignanais lancer la dernière phrase de sa tirade, impossible de s'en faire une idée ! Il avait été magnifique !

« Cependant, crut devoir ajouter le capitaine Bugarach, que votre méthode ait du bon, mon cher passager, soit ! Mais si tout le monde s'y conformait, s'il n'y avait que des pères adoptifs, songez-y, il n'y aurait bientôt plus d'enfants à adopter...

— Non point, mon capitaine, non point ! répondit Clovis Dardentor. Il ne manquera jamais de braves gens pour se marier... des milliers et des millions...

— Ce qui est heureux, conclut le docteur Bruno, faute de quoi le monde ne tarderait pas à finir ! »

Et la conversation de se poursuivre de plus belle, sans être parvenue à distraire ni M. Eustache Oriental, dégustant son café à l'autre bout de la table, ni Agathocle Désirandelle, pillant les assiettes du dessert.

C'est alors que Marcel Lornans, se remémorant un certain titre VIII du code civil, amena la question sur le terrain du droit.

« Monsieur Dardentor, dit-il, lorsque l'on veut adopter quelqu'un, il est indispensable de remplir certaines conditions.

— Je ne l'ignore pas, monsieur Lornans, et m'est avis que j'en remplis déjà quelques-unes.

— En effet, répliqua Marcel Lornans, et, tout d'abord, vous êtes Français de l'un ou l'autre sexe...

— Plus particulièrement du sexe masculin, si vous voulez bien m'en croire, messieurs.

— Nous vous croyons sur parole, affirma Jean Taconnat, et sans en être autrement surpris.

— En outre, reprit Marcel Lornans, la loi oblige la personne qui veut adopter à n'avoir ni enfants ni descendants légitimes.

— C'est précisément mon cas, monsieur le juriste, répondit Clovis Dardentor, et j'ajoute que je n'ai point d'ascendants...

— L'ascendant n'est pas interdit.

— Enfin je n'en ai même pas.

— Mais il y a aussi quelque chose que vous n'avez pas, monsieur Dardentor!

— Qu'est-ce donc?...

— Cinquante ans d'âge! Il faut être âgé de cinquante ans pour que la loi permette d'adopter...

— Je les aurai dans cinq ans, si Dieu me prête vie, et pourquoi se refuserait-il à me prêter...

— Il aurait tort, répartit Jean Taconnat, car il ne trouverait pas meilleur placement.

— C'est mon avis, monsieur Taconnat. Aussi attendrai-je mes cinquante ans révolus pour faire acte d'adoptant, si l'occasion s'en présente, une bonne occasion, comme on dit en affaires...

— A la condition, répliqua Marcel Lornans, que celui ou celle sur qui vous aurez jeté vos vues n'ait pas plus de trente-cinq ans, car la loi exige que l'adoptant ait au moins quinze ans de plus que l'adopté.

— Eh! croyez-vous donc, s'écria M. Dardentor, que je songe à me gratifier d'un vieux garçon ou d'une vieille fille? Non, pardieu! Et ce n'est ni à trente-cinq ans, ni à trente que j'irai les choisir, mais au début de leur majorité, puisque le code stipule qu'ils soient majeurs.

— Tout cela est bien, monsieur Dardentor, répondit Marcel Lornans. Il est constant que vous remplissez ces conditions... Mais — j'en suis très fâché pour vos projets de paternité adoptive — il en est une qui vous manque, je le parierais...

— Ce n'est toujours pas parce que je ne jouis pas d'une bonne réputation!... Quelqu'un se permettrait-il de suspecter l'honneur de Clovis Dardentor, de Perpignan, Pyrénées-Orientales, dans sa vie publique ou sa vie privée?...

— Oh! personne... s'écria le capitaine Bugarach.

— Personne, ajouta le docteur Bruno.

— Non... personne, proclama Jean Taconnat.

— Personne assurément, surenchérit Marcel Lornans. Aussi, n'est-ce pas de cela que j'ai voulu parler.

— Et de quoi donc?... demanda Clovis Dardentor.

— D'une certaine condition imposée par le code, une condition que vous avez sans doute négligée...

— Laquelle, s'il vous plaît?...

— Celle qui exige que l'adoptant ait donné à l'adopté, tandis que celui-ci était mineur, des soins non interrompus pendant une période de six ans...

— Elle dit ça, la loi?...

— Formellement.

— Et quel est l'animal qui a fourré cela dans le code?...

— Peu importe, l'animal!

— Eh bien, monsieur Dardentor, demanda le docteur Bruno en insistant, avez-vous donné ces soins à quelque mineur de votre connaissance?...

— Pas que je sache!

— Alors, déclara Jean Taconnat, vous n'aurez plus que la ressource d'employer votre fortune à fonder un établissement de bienfaisance qui portera votre nom!...

— Ainsi la loi veut?... reprit le Perpignanais.

— Elle le veut, » affirma Marcel Lornans.

Clovis Dardentor n'avait point caché le désappointement que lui causait cette exigence du code. Cela lui eût été si facile de pourvoir aux besoins, à l'éducation d'un mineur pendant six ans! Et ne pas s'être avisé de cela! Il est vrai, comment être assuré de faire un bon choix, quand on s'adresse à des adolescents qui n'offrent pas la moindre garantie pour l'avenir!... Enfin il n'y avait aucunement pensé!... Mais était-ce donc indispensable, et Marcel Lornans ne se trompait-il pas?...

« Vous me certifiez que le code civil?... demanda-t-il une seconde fois.

— Je vous le certifie, répondit Marcel Lornans. Consultez le code,

— titre de l'adoption, article 345. Il fait de cela une condition essentielle... à moins que...

— A moins que... » répéta Clovis Dardentor.

Et sa figure se rasséréna.

« Allez donc... allez donc! s'écria-t-il. Vous me faites languir avec vos bricoles, vos à moins que...

— A moins, reprit Marcel Lornans, que l'individu qu'il s'agit d'adopter n'ait sauvé la vie de l'adoptant, soit dans un combat, soit en le tirant des flammes ou des flots... conformément à la loi.

— Mais je ne suis pas tombé et ne tomberai jamais à l'eau! répondit Clovis Dardentor.

— Cela peut vous arriver comme à tout le monde! déclara Jean Taconnat.

— J'espère bien que le feu ne prendra pas à ma maison...

— Votre maison risque de brûler aussi bien qu'une autre, et, si ce n'est votre maison, un théâtre où vous seriez... ce paquebot même, si un incendie se déclarait à bord...

— Soit, messieurs, le feu et l'eau. Quant au combat, je serais bien étonné si j'avais jamais besoin d'être secouru! J'ai deux bons bras et deux bonnes jambes qui ne réclament aide et assistance de personne!

— Qui sait? » répondit Jean Taconnat.

Quoi qu'il pût arriver, Marcel Lornans, au cours de cette conversation, avait nettement établi les dispositions de la loi, telles que les présente le titre VIII du code civil. Pour les autres, s'il n'en avait pas parlé, c'est que c'était inutile. Aussi n'avait-il rien dit de l'obligation, dans le cas où l'adoptant est marié, que son conjoint donne son consentement à l'adoption — Clovis Dardentor était célibataire, — ni rien dit de l'acquiescement qui est exigé des parents de l'adopté, si celui-ci n'a pas atteint la majorité de vingt-cinq ans.

D'ailleurs, il paraissait difficile, à présent, que Clovis Dardentor parvînt à réaliser son rêve et se créer une famille d'enfants adoptifs. Sans doute, il pouvait encore faire choix d'un adolescent, lui donner

« A VOTRE SANTÉ, MESSIEURS ! » (Page 50.)

des soins pendant six années consécutives, l'élever à la brochette, puis lui attribuer avec son nom tous les droits d'un héritier légitime. Mais quelle chance à courir! Et, pourtant, s'il ne s'y décidait pas, il en serait réduit aux trois cas prescrits par le code. Il faudrait qu'on le sauvât d'un combat, des flots ou des flammes. Or, y avait-il apparence que l'une de ces circonstances pût se rencontrer avec un homme tel que Clovis Dardentor?... Il ne le croyait pas, et personne ne l'aurait cru.

Les passagers de la table échangèrent quelques dernières réparties, abondamment arrosées de champagne. La plaisanterie n'épargna guère notre Perpignanais, qui était le premier à en rire. S'il ne voulait pas que sa fortune tombât en déshérence, s'il se refusait à faire de l'État son unique héritier, force lui serait de suivre l'avis de Jean Taconnat, de consacrer son avoir à quelque fondation charitable. Après tout, libre à lui de donner son héritage au premier venu. Mais non!... il tenait à ses idées!... Bref, ce mémorable repas fini, les convives remontèrent sur la dunette.

Il était près de sept heures, car la durée du dîner avait dépassé toute mesure. Belle soirée annonçant une belle nuit. La tente avait été serrée. On respirait l'air pur, fouetté par la brise. La terre, noyée de crépuscule, n'apparaissait plus que comme une estompe confuse à l'horizon de l'ouest.

Clovis Dardentor et ses compagnons, tout en causant, se promenaient de long en large au milieu de la fumée de cigares excellents dont le Perpignanais était largement approvisionné et qu'il offrait avec une libéralité charmante.

Vers neuf heures et demie on se sépara, après avoir pris rendez-vous pour le lendemain.

Clovis Dardentor, lorsqu'il eut aidé M. Désirandelle à regagner la cabine de Mme Désirandelle, se dirigea vers la sienne, où ni les bruits ni les agitations du bord ne devaient troubler son sommeil.

Et alors Jean Taconnat de dire à son cousin :

« J'ai une idée.

— Laquelle?...

— Si nous nous faisions adopter par ce bonhomme-là!...

— Nous?...

— Toi et moi... ou bien toi ou moi!...

— Tu es fou, Jean!...

— La nuit porte conseil, Marcel, et, de quel conseil elle m'aura favorisé, je te le dirai demain! »

V

Dans lequel Patrice continue à trouver que son maître manque parfois de distinction.

Le lendemain, à huit heures, il n'y avait encore personne sur la dunette. L'état de la mer n'était point cependant pour obliger les passagers à se chambrer dans leurs cabines. A peine les courtes houles méditerranéennes imprimaient-elles un faible balancement à l'*Argèlès*. A cette paisible nuit allait succéder une journée splendide. Si donc les passagers n'avaient point quitté leur cadre au lever du soleil, c'est que la paresse les y retenait, les uns sous l'empire d'un reste de sommeil, les autres rêvassant tout éveillés, ceux-ci comme ceux-là s'abandonnant à ce roulis de l'enfant dans son berceau.

Il ne s'agit ici que de ces privilégiés qui ne sont jamais malades en mer, même par mauvais temps, et non de ces malchanceux qui le sont toujours, même par beau temps. A ranger dans cette dernière catégorie les Désirandelle et nombre d'autres, qui ne recouvreraient leur aplomb moral et physique qu'au mouillage du paquebot dans le port.

L'atmosphère, très claire et très pure, s'échauffait de rayons lumineux que réverbérait le léger clapotis à la surface des eaux. L'*Argèlès* marchait à une vitesse de dix milles à l'heure, cap au sud-sud-est, dans la direction de l'archipel des Baléares. Quelques bâtiments passaient au large à contre-bord, déroulant leur panache de fumée ou arrondissant leur blanche voilure sur le fond un peu brumeux de l'horizon.

D'un bout à l'autre du pont allait le capitaine Bugarach pour les besoins du service.

En ce moment, Marcel Lornans et Jean Taconnat parurent à l'entrée de la dunette. Aussitôt le capitaine s'approcha pour leur serrer la main, disant :

« Vous avez joui d'une bonne nuit, messieurs?...

— Plus que bonne, capitaine, répondit Marcel Lornans, et il serait difficile d'en imaginer une meilleure. Je ne connais pas de chambre d'hôtel qui vaille une cabine de l'*Argèlès*.

— Je suis de votre avis, monsieur Lornans, reprit le capitaine Bugarach, et je ne comprends pas qu'on puisse vivre ailleurs qu'à bord d'un navire.

— Allez dire cela à M. Désirandelle, observa le jeune homme, et s'il partage votre goût...

— Pas plus à ce terrien qu'à ses pareils, incapables d'apprécier les charmes d'une traversée!... s'écria le capitaine. De vrais colis à fond de cale!... Ces passagers-là, c'est la honte des paquebots!... En somme, comme ils paient passage...

— Voilà! » répliqua Marcel Lornans.

Jean Taconnat, d'habitude si loquace, si expansif, s'était contenté de serrer la main du capitaine et n'avait point pris part à la conversation. Il paraissait préoccupé.

Marcel Lornans, continuant d'interroger le capitaine Bugarach, lui dit alors :

« Quand serons-nous en vue de Majorque?...

— En vue de Majorque?... Vers une heure de l'après-midi. Pour ce qui est de relever les premières hauteurs des Baléares, cela ne tardera guère.

— Et nous resterons en relâche à Palma?...

— Jusqu'à huit heures du soir, le temps d'embarquer des marchandises à destination d'Oran.

— Nous aurons tout le loisir de visiter l'île?...

— L'île... non pas, mais la ville de Palma, qui en vaut la peine, dit-on...

— Comment... dit-on?... Capitaine, est-ce que vous n'êtes pas déjà venu à Majorque?...

— Trente ou quarante fois, à bien compter.

— Sans l'avoir jamais explorée?...

— Et le temps, monsieur Lornans, et le temps?... Est-ce que je l'ai eu?..

— Ni le temps... ni le goût, peut-être?...

— Ni le goût, en effet! J'ai le mal de terre, quand je ne suis plus sur mer! »

Et, là-dessus, le capitaine Bugarach, de quitter son interlocuteur pour monter sur la passerelle.

Marcel Lornans se retourna vers son cousin :

« Eh bien, Jean, dit-il, tu es muet, ce matin, comme un Harpocrate?

— C'est que je pense, Marcel.

— A quoi?...

— A ce que je t'ai dit hier.

— Que m'as-tu dit?...

— Que nous avions une occasion unique de nous faire adopter par ce citoyen de Perpignan.

— Tu y songes encore?...

— Oui... après y avoir rêvé toute la nuit.

— C'est sérieux?...

— Très sérieux... Il désire des enfants adoptifs... Qu'il nous prenne... Il ne trouvera pas mieux!

— Aussi modeste que fantaisiste, Jean!

— Vois-tu, Marcel, d'être soldat, c'est très beau! De s'engager au 7e chasseurs d'Afrique, c'est très honorable. Pourtant, je crains bien que le métier des armes ne soit plus ce qu'il était autrefois. Au bon temps jadis, on avait une guerre tous les trois ou quatre ans. C'était l'avancement assuré, des grades, des croix. Mais la guerre, — une guerre européenne, s'entend, — on l'a rendue à peu près impossible avec les énormes contingents qui se chiffrent par millions d'hommes à armer, à conduire, à nourrir. Nos jeunes officiers n'ont plus à entrevoir, dans l'avenir, que d'être retraités capitaines, au moins la plupart. La carrière militaire, même avec beaucoup de chance, ne donnera jamais ce qu'elle donnait, il y a quelque trente ans. On a remplacé les grandes guerres par les grandes manœuvres. C'est le progrès, sans doute, au point de vue social, mais...

— Jean, fit observer Marcel Lornans, il fallait raisonner ainsi avant de se mettre en route pour l'Algérie...

— Comprenons-nous, Marcel. Je suis toujours disposé, comme tu l'es, à m'engager. Cependant, si la déesse aux mains pleines se décidait à les ouvrir sur notre passage...

— Tu es fou?

— Parbleu!

— Tu vois déjà dans ce M. Dardentor...

— Un père!

— Tu oublies donc que, pour t'adopter, il faudrait, qu'il t'eût donné des soins pendant six ans de ta minorité... Est-ce qu'il l'aurait fait, par hasard?...

— Pas que je sache, répondit Jean Taconnat, ou, en tout cas, je ne m'en suis point aperçu.

— Je vois que la raison te revient, mon cher Jean, puisque tu plaisantes...

— Je plaisante et je ne plaisante pas.

— Eh bien, est-ce que, toi, tu aurais sauvé ce digne homme des flots, des flammes ou dans un combat?...

— Non... mais je le sauverai... ou plutôt, toi et moi, nous le sauverons...

— Comment?...

— Je ne m'en doute même pas.

— Sera-ce sur terre, sur mer, dans l'espace?...

— Ce sera selon que l'occasion se présentera, et il n'est pas impossible qu'elle se présente...

— Quand tu devrais la faire naître?...

— Pourquoi non?... Nous sommes à bord de l'*Argèlès*, et à supposer que M. Dardentor tombe à la mer...

— Tu n'as pas l'intention de le jeter par-dessus le bord...

— Enfin... admettons qu'il tombe!... Toi ou moi, nous nous précipitons à sa suite, comme un héroïque terre-neuve, il est sauvé par ledit terre-neuve, et, dudit terre-neuve il fait un chien... non... un enfant adoptif...

— Parle pour toi, qui sais nager, Jean! Moi, je ne le sais pas, et si je n'ai jamais que cette occasion de me faire adopter par cet excellent monsieur...

— Entendu, Marcel! A moi d'opérer sur mer, et à toi d'opérer sur terre! Mais, que ce soit bien convenu entre nous : si c'est toi qui deviens Marcel Dardentor, je n'en serai pas jaloux, et si c'est moi auquel revient ce nom magnifique... à moins que tous les deux...

— Je ne veux même pas te répondre, mon pauvre Jean!

— Je t'en dispense, à la condition que tu me laisses agir... que tu ne me contrecarres pas...

— Ce qui m'inquiète, Jean, répliqua Marcel Lornans, c'est que tu défiles ce chapelet de folies avec une gravité qui n'est pas dans tes habitudes...

— Parce que cela est très grave. Au surplus, tranquillise-toi, je prendrai les choses par leur côté gai, et, si j'échoue, je ne me brûlerai pas la cervelle...

— Est-ce qu'il t'en reste?

— Encore quelques grammes!

— Je te le répète... tu es fou!

— Parbleu! »

Tous deux en demeurèrent là de cette conversation, à laquelle, d'ailleurs, Marcel Lornans ne voulait attacher aucune importance, et, en fumant de conserve, ils parcoururent la dunette de l'avant à l'arrière.

Lorsqu'ils s'approchaient de la rambarde, ils pouvaient apercevoir le domestique de Clovis Dardentor, qui se tenait immobile près du capot de la machine, vêtu de sa livrée de voyage d'une irréprochable correction.

Que faisait-il là et qu'attendait-il, sans donner aucun signe d'impatience? Il attendait le réveil de son maître. Tel était l'original au service de M. Clovis Dardentor, non moins original que lui. Entre ces deux personnages, il est vrai, quelle différence de tempérament et de caractère !

Patrice, — il s'appelait ainsi, bien qu'il ne fût point d'origine écossaise, et il méritait ce nom qui vient des patriciens de l'ancienne Rome.

C'était un homme d'une quarantaine d'années, on ne peut plus « comme il faut ». Ses manières distinguées contrastaient avec les allures sans façon du Perpignanais, qu'il avait à la fois la bonne et la mauvaise fortune de servir. Les traits de son visage glabre, toujours rasé de frais, son front qui fuyait légèrement, son regard empreint d'une certaine fierté, sa bouche dont les lèvres mi-closes laissaient voir de belles dents, sa chevelure blonde soigneusement entretenue, sa voix posée, sa noble prestance, permettaient de le ranger dans ce type dont la tête, d'après les physiologistes, forme le « rond allongé ». Il avait l'air d'un membre de la Chambre-Haute d'Angleterre. Depuis quinze ans déjà en cette place, ce n'est pas qu'il n'eût eu maintes fois l'envie de la quitter. Inversement, Clovis Dardentor avait eu non moins souvent l'idée de lui montrer la porte. A la vérité, ils ne pouvaient se passer l'un de l'autre, bien qu'il eût été difficile d'imaginer deux natures plus opposées. Ce qui enchaînait Patrice à la maison de Perpignan, ce n'étaient pas ses gages, quoiqu'ils fussent élevés, c'était la certitude que son maître avait en lui une confiance absolue, d'ailleurs méritée. Mais

64 CLOVIS DARDENTOR.

On respirait l'air pur, fouetté par la brise. (Page 57.)

combien Patrice se sentait blessé dans son amour-propre à voir cette familiarité, cette loquacité, cette exubérance de méridional ! A ses yeux, M. Dardentor manquait de tenue. Il se départissait de la dignité que lui commandaient sa situation sociale. Tout l'ancien tonnelier reparaissait dans ses façons de saluer, de se présenter, de s'exprimer. Les belles manières lui faisaient défaut, et comment aurait-il pu les acquérir à fabriquer, à cercler, à rouler des milliers

Le domestique immobile près du capot... (Page 63.)

de futailles à travers ses magasins?... Non! ce n'était pas cela, et Patrice ne se privait pas de le lui dire.

Quelquefois, Clovis Dardentor, qui, — on l'a noté déjà, — avait la manie de « faire des phrases », voulait bien accepter les observations de son domestique. Il en riait, il se moquait de ce mentor en livrée, il prenait plaisir à le surexciter par ses réparties. Quelquefois aussi, dans ses jours de mauvaise humeur, il se fâchait, il envoyait promener le malencontreux conseilleur, et il lui donnait ces traditionnels huit jours dont le huitième n'arrivait jamais.

Au fond, si Patrice était marri d'être au service d'un maître si peu gentleman, Clovis Dardentor était fier d'avoir un serviteur si distingué.

Or, ce jour-là, Patrice n'avait pas lieu d'être satisfait. Il tenait du maître d'hôtel que, pendant le dîner de la veille, M. Clovis Dardentor s'était abandonné à de regrettables intempérances de langage, qu'il avait parlé à tort et à travers, laissant ainsi aux convives une piètre idée d'un natif des Pyrénées-Orientales.

Non! Patrice n'était pas content, et il entendait ne point le cacher. C'est pourquoi, d'assez bonne heure, avant d'avoir été appelé, il s'était permis de frapper à la porte de la cabine 13.

A un premier coup sans réponse, succéda un second coup plus accentué.

« Qui est là?... grogna une voix brouillée de sommeil.

— Patrice...

— Va-t'en au diable! »

Sans aller où on l'envoyait, Patrice s'était aussitôt retiré, très froissé de cette réponse peu parlementaire, à laquelle, pourtant, il aurait dû être habitué.

« Je ne ferai jamais rien d'un pareil homme! » avait-il murmuré en obéissant.

Et, toujours digne, toujours noble, toujours « lord anglais », il était revenu sur le pont afin d'y attendre patiemment l'apparition de son maître.

L'attente dura une grande heure, car M. Dardentor n'éprouvait aucune hâte de quitter son cadre. Enfin la porte de la cabine cria, puis la porte de la dunette s'ouvrit et livra passage au principal personnage de cette histoire.

A ce moment, Jean Taconnat et Marcel Lornans, appuyés sur la rambarde, l'aperçurent.

« Fixe!... notre père! » dit Jean Taconnat.

Et, à entendre cette qualification aussi saugrenue que prématurée, Marcel Lornans ne put se garder d'un magnifique éclat de rire.

Cependant, d'un pas mesuré, la figure sévère, la physionomie désapprobative, Patrice, assez mal disposé à recevoir les ordres de son maître, s'avança vers M. Dardentor.

« Ah ! c'est toi, Patrice... c'est toi qui es venu me réveiller en plein sommeil, lorsque je me berçais dans des rêves dorés sur tranches ?...

— Monsieur conviendra que mon devoir...

— Ton devoir était d'attendre que je t'eusse sonné.

— Monsieur se croit sans doute à Perpignan, dans sa maison de la place de la Loge...

— Je me crois où je suis, répliqua M. Dardentor, et si j'avais eu besoin de toi, on serait venu te chercher de ma part... espèce de réveille-matin mal remonté ! »

La face de Patrice se contracta légèrement, et il dit d'un ton grave :

« Je préfère ne pas entendre monsieur, lorsque monsieur exprime sa pensée fort désobligeante en de pareils termes. En outre, je ferai observer à monsieur que le béret dont il a cru devoir se coiffer ne me paraît pas convenable pour un passager de première classe. »

Et, en effet, le béret, posé en arrière sur la nuque de Clovis Dardentor, manquait de distinction.

« Ainsi, mon béret ne te plaît pas, Patrice ?...

— Pas plus que la vareuse dont monsieur s'est affublé, sous pretexte qu'il faut avoir l'air marin, lorsqu'on navigue !

— Vraiment !

— Si j'avais été reçu par monsieur, j'eusse certainement empêché monsieur de se vêtir de la sorte.

— Tu m'aurais empêché, Patrice ?...

— J'ai l'habitude de ne point cacher mon opinion à monsieur, même quand cela doit le contrarier, et ce que je fais à Perpignan, dans la maison de monsieur, il est naturel que je le fasse à bord de ce paquebot.

— Quand il vous conviendra d'avoir fini, monsieur Patrice ?...

— Bien que cette formule soit d'une parfaite politesse, continua Patrice, je dois avouer que je n'ai point dit tout ce que j'ai à dire, et d'abord, que monsieur aurait dû hier pendant le dîner s'observer plus qu'il ne l'a fait...

— M'observer... sur la nourriture?...

— Et sur les libations qui ont quelque peu dépassé la mesure... Enfin, suivant ce que m'a rapporté le maître d'hôtel... un homme très comme il faut...

— Et que vous a rapporté cet homme très comme il faut? demanda Clovis Dardentor, qui ne tutoyait plus Patrice, indice d'un agacement montant vers ses dernières limites.

— Que monsieur avait parlé... parlé... et de choses qu'il vaut mieux taire, à mon avis, lorsqu'on ne connaît pas les gens devant qui l'on parle... C'est non seulement une question de prudence, mais aussi une question de dignité...

— Monsieur Patrice...

— Monsieur m'interroge?...

— Êtes-vous allé où je vous ai envoyé ce matin, lorsque vous avez si incongrûment cogné à la porte de ma cabine?...

— Ma mémoire ne me rappelle pas...

— Eh bien! je vais vous la rafraîchir!... Au diable... c'est au diable que je vous ai dit d'aller, et, avec tous les égards qui vous sont dus, je me permettrai de vous y envoyer une seconde fois, et restez-y jusqu'à ce que je vous sonne! »

Patrice ferma les yeux à demi, ses lèvres se pincèrent; puis, tournant les talons, il se dirigea vers l'avant, au moment où M. Désirandelle sortait de la dunette.

« Ah! cet excellent bon ami! » s'écria Clovis Dardentor en l'apercevant.

M. Désirandelle s'était hasardé sur le pont, afin de respirer un oxygène plus pur que celui des cabines.

« Eh bien, mon cher Désirandelle, reprit le Perpignanais, comment cela va-t-il depuis hier?...

— Cela ne va pas.

— Du courage, mon ami, du courage!... Vous avez bien encore la figure pâle comme un linge, l'œil vitreux, les lèvres crémeuses... mais cela ne sera rien, et cette traversée s'achèvera...

— Mal, Dardentor!

— Quel pessimiste vous êtes!... Allons! *Sursum corda*, ainsi qu'on chante aux fêtes carillonnées! »

Heureuse citation, en vérité, à propos d'un homme que détraquaient précisément les haut-le-cœur!

« D'ailleurs, reprit Clovis Dardentor, dans quelques heures, vous pourrez mettre le pied sur la terre ferme. L'*Argèlès* aura jeté l'ancre à Palma...

— Où il ne restera qu'une demi-journée, soupira M. Désirandelle, et, le soir venu, il faudra se rembarquer sur cette abominable escarpolette!... Ah! s'il ne s'était agi de l'avenir d'Agathocle!...

— Sans doute, Désirandelle, et cela méritait bien ce léger dérangement. Ah! mon vieil ami, il me semble que je vois là-bas cette charmante fille, la lampe à la main, comme Héro attendant Léandre, je veux dire Agathocle, sur la rive algérienne... Et encore non!... La comparaison ne vaut pas chipette, puisque, dans la légende, paraît-il, ce malheureux Léandre s'est noyé en route... Serez-vous de notre déjeuner aujourd'hui?...

— Oh!... Dardentor, dans l'état où je suis...

— Regrettable... fort regrettable!... Le dîner d'hier a été particulièrement gai de réparties et excellent de menu!... Les mets étaient dignes des convives!... Le docteur Bruno!... Ce brave docteur, l'ai-je arrangé à la provençale!... Et ces deux jeunes gens... quels aimables compagnons de voyage!... Et de quelle manière a fonctionné cet étonnant Agathocle!... S'il n'a pas ouvert la bouche pour parler, du moins l'a-t-il ouverte pour manger... Il s'en est fourré jusqu'au menton...

— Il a eu bien raison.

— Certes!... Ah çà! Mme Désirandelle, est-ce que nous ne la verrons pas ce matin?...

— Je ne le crois pas... ni ce matin... ni plus tard...

— Quoi!... pas même à Palma?...

— Elle est incapable de se lever.

— La chère femme!... Comme je la plains... et comme je l'admire!... Tout ce bouleversement pour son Agathocle!... Elle a véritablement des entrailles de mère... et un cœur... Mais ne parlons pas de son cœur!... Montez-vous sur la dunette?...

— Non... je ne le pourrais, Dardentor! Je préfère rester dans le salon! C'est plus sûr!... Ah! quand fabriquera-t-on des bateaux qui ne dansent pas, et pourquoi s'obstiner à faire naviguer de pareilles machines!...

— Il est certain, Désirandelle, que, sur terre, les navires se ficheraient du roulis et du tangage... Nous n'en sommes pas encore là... Cela viendra... cela viendra! »

Mais, en attendant la réalisation de ce progrès, M. Désirandelle dut se résigner à s'étendre sur un des canapés du salon qu'il ne devait quitter qu'à l'arrivée aux Baléares. Clovis Dardentor, qui l'avait accompagné, lui serra la main, puis, revenant sur le pont, il gravit l'escalier de la dunette, avec l'aplomb d'un vieux loup de mer, le béret crânement rejeté en arrière, la face rayonnante, sa vareuse déployée à la brise comme le pavillon d'un amiral.

Les deux cousins vinrent à lui. De sympathiques salutations furent échangées de part et d'autre, puis des demandes sur les santés réciproques... M. Clovis Dardentor avait-il bien dormi, après les bonnes heures passées à table?... Parfaitement... un sommeil ininterrompu et réparateur entre les bras de Morphée... ce qu'on appelle : taper des deux yeux!

Oh! si Patrice eût entendu de telles locutions sortir de la bouche de son maître!...

« Et ces messieurs... avaient-ils parfaitement dormi?...

— Tout d'un somme, et même comme une paire de sabots! » répondit Jean Taconnat, qui désirait se tenir au diapason de Clovis Dardentor.

Heureusement, Patrice n'était pas là. Il se dépensait alors en phrases élégantes près de son nouvel ami, le maître d'hôtel. Vrai, il n'aurait pas eu bonne opinion d'un jeune Parisien, qui s'exprimait de cette façon vulgaire !

Et la conversation de s'établir dans un cordial abandon. M. Clovis Dardentor ne pouvait que se féliciter de ses relations avec ces deux jeunes gens... Et eux, donc, quelle chance heureuse d'avoir fait la connaissance d'un compagnon de voyage aussi sympathique que Clovis Dardentor !... Il y avait lieu d'espérer qu'on n'en resterait pas là !... On se retrouverait à Oran !... Ces messieurs comptaient-ils y prolonger leur séjour ?...

« Sans doute, répondit Marcel Lornans, car notre intention est de nous engager...

— Vous engager... au théâtre ?...

— Non, monsieur Dardentor, au 7ᵉ chasseurs d'Afrique.

— Beau régiment, messieurs, beau régiment, et vous saurez y faire votre chemin !... Ainsi... c'est un projet arrêté...

— A m'oins, crut devoir insinuer Jean Taconnat, que certaines circonstances surviennent...

— Messieurs, répondit Clovis Dardentor, quelle que soit la carrière que vous embrassiez, j'ai la certitude que vous lui ferez honneur ! »

Ah ! si cette phrase fût venue jusqu'aux oreilles de Patrice !... Mais en compagnie du maître d'hôtel, il était descendu à l'office, où le café au lait fumait dans les vastes tasses du bord.

Enfin, ce qui était acquis, c'est que MM. Clovis Dardentor, Jean Taconnat et Marcel Lornans avaient eu grand plaisir à se rencontrer ; ils espéraient même que le débarquement à Oran n'entraînerait pas une brusque séparation, ainsi qu'il advient d'ordinaire entre passagers...

« Et, dit Clovis Dardentor, si vous ne voyez aucun inconvénient à ce que nous descendions au même hôtel ?...

— Aucun inconvénient, se hâta de répondre Jean Taconnat, et cela présente même des avantages indiscutables.

— C'est convenu, messieurs. »

Nouvel échange de poignées de main, auxquelles Jean Taconnat trouvait quelque chose de paternel et de filial.

« Et, pensait-il, si, par quelque heureux hasard, le feu prenait à cet hôtel, quelle occasion de sauver des flammes cet excellent homme ! »

Vers onze heures, on signala les contours lointains encore de l'archipel des Baléares dans le sud-est. Avant trois heures, le paquebot serait en vue de Majorque. Sur cette mer favorable, qui le prenait par l'arrière, il ne subirait aucun retard, il arriverait à Palma avec l'exactitude d'un express.

Ceux des passagers qui avaient été du diner de la veille descendirent dans la salle à manger.

La première personne qu'ils aperçurent fut M. Eustache Oriental, toujours assis au bon bout de la table.

Au vrai, quel était donc ce personnage si obstiné, si peu sociable, ce chronomètre en chair et en os, dont les aiguilles ne marquaient que les heures des repas?

« Est-ce qu'il a passé la nuit à cette place?... demanda Marcel Lornans.

— Probablement, répondit Jean Taconnat.

— On aura oublié de lui dévisser son écrou! » ajouta notre Perpignanais.

Le capitaine Bugarach, qui attendait ses convives, leur souhaita le bonjour, en formulant l'espoir que le déjeuner mériterait tous leurs éloges.

Puis ce fut le docteur Bruno qui salua à la ronde. Il avait une faim de loup, — de loup marin s'entend, — et cela trois fois par jour. Il s'informa plus particulièrement de l'extravagante santé de M. Clovis Dardentor.

M. Clovis Dardentor ne s'était jamais mieux porté, tout en le regrettant pour le docteur, dont il n'aurait sans doute pas à utiliser les précieux services.

M. Désirandelle dut se résigner à s'étendre. (Page 70.)

« Il ne faut jamais jurer de rien, monsieur Dardentor, répondit le docteur Bruno. Bien des hommes aussi solides que vous l'êtes, après avoir résisté toute une traversée, ont failli juste en vue du port!

— Allons donc, docteur! C'est comme si vous disiez à un marsouin de prendre garde au mal de mer...

— Mais j'ai vu des marsouins l'avoir, riposta le docteur... lorsqu'on les tirait de l'eau au bout d'un harpon! »

Agathocle occupait sa place de la veille. Trois ou quatre nouveaux convives vinrent s'asseoir à la table. Peut-être le capitaine Bugarach fit-il la grimace? Ces estomacs, à la diète depuis la veille, devaient être d'un vide à horrifier la nature. Quelle brèche au menu du déjeuner!

Pendant ce repas, et en dépit des observations qu'avait formulées Patrice, le dé de la conversation ne cessa de s'agiter entre les doigts de M. Dardentor. Mais, cette fois, notre Perpignanais parla moins de son passé et plus de son avenir, et par l'avenir, il entendait son séjour à Oran. Il comptait visiter toute la province, peut-être toute l'Algérie, peut-être s'aventurer jusqu'au désert... pourquoi pas?... Et, à ce propos, il demanda s'il y avait toujours des Arabes en Algérie.

« Quelques-uns, dit Marcel Lornans. On les conserve pour la couleur locale.

— Et des lions?...

— Une bonne demi-douzaine, répliqua Jean Taconnat, et encore sont-ils en peau de mouton avec des roulettes aux pattes...

— Ne vous y fiez pas, messieurs! » crut devoir affirmer le capitaine Bugarach.

On mangea bien, on but mieux. Les nouveaux convives se rattrapèrent. On eût dit des tonneaux de Danaïdes attablés jusqu'à la bonde. Ah! si M. Désirandelle eût été là... D'ailleurs, mieux valait qu'il n'y fût pas, car, à plusieurs reprises, les verres tintèrent contre les couverts, et les assiettes rendirent un son strident de vaisselle agitée.

Bref, midi avait déjà sonné, lorsque, le café bu, les liqueurs et pousse-liqueurs absorbés, toute la tablée se leva, quitta la salle à manger et vint chercher abri sous la tente de la dunette.

Seul, M. Oriental resta à sa place, ce qui amena Clovis Dardentor à demander quel était ce passager, si ponctuel à l'heure des repas, si désireux de se tenir à l'écart.

« Je l'ignore, répondit le capitaine Bugarach, et ne sais qu'une chose, c'est qu'il s'appelle M. Eustache Oriental.

— Et où va-t-il ?... et d'où vient-il ?... et quelle est sa profession ?...

— Personne ne le sait, j'imagine, »

Patrice s'avançait pour offrir ses services, si besoin était. Or, comme il avait entendu la série des questions posées par son maître, il crut pouvoir se permettre de dire :

« Si monsieur m'y autorise, je suis à même de le renseigner sur le passager dont il s'agit...

— Tu le connais ?...

— Non, mais j'ai appris du maître d'hôtel, qui l'avait appris par le commissionnaire de l'hôtel à Cette...

— Mets une sourdine à ta musette, Patrice, et dégoise en trois mots ce qu'il est, ce particulier-là...

— Président de la Société astronomique de Montélimar, » répondit Patrice d'un ton sec.

Un astronome, M. Eustache Oriental était un astronome. Cela expliquait la longue-vue qu'il portait en bandoulière et dont il se servait pour interroger les divers points de l'horizon, lorsqu'il se décidait à paraître sur la dunette. Dans tous les cas, il ne semblait point d'humeur à se lier avec personne.

« C'est sans doute son astronomie qui l'absorbe ! » se contenta de répondre Clovis Dardentor.

Vers une heure, Majorque montra les ondulations variées de son littoral et les pittoresques hauteurs qui le dominent.

L'*Argèlès* modifia sa direction afin de contourner l'île, et, sous l'abri de la terre, trouva la mer plus calme, — ce qui fit sortir nombre de passagers de leurs cabines.

Le paquebot doubla bientôt le rocher dangereux de la Dragonera, sur lequel se dresse un phare, et il donna dans l'étroite passe de Friou, entre le parement des falaises abruptes. Puis, le cap Calanguera ayant été laissé sur bâbord, l'*Argèlès* évolua à l'entrée de la baie de Palma, et, longeant le môle, vint s'amarrer au quai, où les curieux se pressaient en foule.

VI

Où les incidents multiples de cette histoire se poursuivent à travers la ville de Palma.

S'il est une contrée que l'on puisse connaître à fond sans l'avoir jamais visitée, c'est ce magnifique archipel des Baléares. Assurément, il mérite d'attirer les touristes, qui n'auront point à regretter d'avoir passé d'une ile à l'autre, lors même que les flots bleus de la Méditerranée auraient été blancs de fureur. Après Majorque, Minorque, après Minorque, ce sauvage ilot de Cabrera, l'ilot des Chèvres. Et, après les Baléares, qui forment le groupe principal, Ivitza, Formentera, Conigliera, avec leurs profondes forêts de pins, connues sous le nom de Pityuses.

Oui! si ce qui a été fait pour ces oasis de la mer méditerranéenne l'était pour n'importe quel autre pays des deux continents, il serait inutile de se déranger, de quitter sa maison, de se mettre en route, inutile d'aller *de visu* admirer les merveilles naturelles recommandées aux voyageurs. Il suffirait de s'enfermer dans une bibliothèque, à la condition que cette bibliothèque possédât l'ouvrage de Son Altesse l'archiduc Louis-Salvator d'Autriche [1] sur les Baléares, d'en lire le texte si complet et si précis, d'en regarder les gravures en couleurs, les vues, les dessins, les croquis, les plans, les cartes, qui font de cette publication une œuvre sans rivale.

C'est, en effet, un travail incomparable pour la beauté de l'exécution, pour sa valeur géographique, ethnique, statistique, artistique...

---

1. Louis-Salvator d'Autriche, neveu de l'Empereur, dernier frère de Ferdinand IV, grand-duc de Toscane, et dont le frère, alors qu'il naviguait sous le nom de Jean Orth, n'est jamais revenu d'un voyage dans les mers du Sud-Amérique.

Malheureusement, ce chef-d'œuvre de librairie n'est pas dans le commerce.

Donc, Clovis Dardentor ne le connaissait point, ni Marcel Lornans, ni Jean Taconnat. Toutefois, puisque, grâce à la relâche de l'*Argèlès*, ils avaient débarqué sur la principale île de l'archipel, du moins allaient-ils pouvoir faire acte de présence dans sa capitale, pénétrer au cœur de cette cité charmante entre toutes, en fixer le souvenir par leurs notes. Et, probablement, après avoir salué au fond du port le steam-yacht *Nixe* de l'archiduc Louis-Salvator, ils ne pourraient que l'envier d'avoir établi sa résidence en cette ile admirable.

Un certain nombre de passagers débarquèrent dès que le paquebot eut porté ses amarres à quai dans le port artificiel de Palma. Les uns, encore tout secoués des agitations de cette traversée pourtant si tranquille, — plus particulièrement les dames, — ne voyaient là que la satisfaction de sentir la terre ferme sous leurs pieds durant quelques heures. Les autres, restés valides, comptaient mettre à profit cette relâche pour visiter la capitale de l'île et ses environs, si le temps le permettait, entre deux heures et huit heures du soir. En effet, l'*Argèlès* devait reprendre la mer à la nuit tombante, et, dans l'intérêt des excursionnistes, le dîner avait été reculé jusqu'après le départ.

Parmi ceux-ci, on ne s'étonnera pas de compter Clovis Dardentor, Marcel Lornans, Jean Taconnat. Prirent terre également M. Oriental, sa longue-vue en bandoulière, MM. Désirandelle père et fils, qui laissèrent Mme Désirandelle dans sa cabine, où elle dormait d'un sommeil réparateur.

« Bonne idée, mon excellent ami! dit Clovis Dardentor à M. Désirandelle. Quelques heures à Palma, cela fera du bien à votre machine un peu détraquée!... Quelle occasion de se dérouiller en nous balladant à travers la ville, *pedibus cum jambis!*... Vous êtes des nôtres?...

— Merci, Dardentor, répondit M. Désirandelle, dont la figure commençait à se remonter en couleur. Il me serait impossible de vous suivre, et je préfère m'installer dans un café, en attendant votre retour. »

Et c'est ce qu'il fit, tandis qu'Agathocle allait flâner à gauche, et M. Eustache Oriental à droite. Il ne semblait pas que ni l'un ni l'autre fussent possédés de la manie du tourisme.

Patrice, qui avait quitté le paquebot sur les talons de son maître, vint d'une voix grave lui demander ses ordres :

« Accompagnerai-je monsieur?...

— Plutôt deux fois qu'une, répondit Clovis Dardentor. Il est possible que je trouve un objet à mon goût, un bibelot du pays, et je n'ai pas l'intention de me trimballer avec!... »

En effet, il n'est pas de touriste déambulant le long des rues de Palma, qui ne s'offre quelque poterie d'origine majorquaine, une de ces vives faïences qui soutiennent la comparaison avec les porcelaines de Chine, ces curieuses majoliques, ainsi appelées du nom de l'île renommée pour cette fabrication.

« Si vous le permettez, dit Jean Taconnat, nous excursionnerons de conserve, monsieur Dardentor...

— Comment donc, monsieur Taconnat... j'allais vous en prier, ou plutôt vous demander de m'accepter pour compagnon pendant ces trop courtes heures. »

Patrice trouva cette réponse convenablement tournée et l'approuva d'un léger signe de tête. Il ne doutait pas que son maître ne pût que gagner dans la société de ces deux Parisiens qui, à son avis, devaient appartenir au meilleur monde.

Et, tandis que Clovis Dardentor et Jean Taconnat échangeaient ces quelques politesses, Marcel Lornans, devinant à quel but elles tendaient de la part de son fantaisiste ami, ne pouvait s'empêcher de sourire.

« Eh bien... oui!... lui dit celui-ci à part. Pourquoi l'occasion ne se présenterait-elle pas?...

— Oui... oui!... l'occasion... Jean... la fameuse occasion exigée par le code... le combat, le feu, les flots...

— Qui sait?... »

D'être entraîné par les flots, d'être enveloppé par les flammes, rien à craindre de ce genre pendant la promenade de M. Dardentor par les rues de la ville, ni une attaque pendant sa promenade en pleine campagne. Par malheur pour Jean Taconnat, il n'y avait ni animaux féroces ni malfaiteurs d'aucune sorte dans ces îles fortunées des Baléares.

Et, maintenant, point de temps à perdre, si l'on voulait mettre à profit les heures de relâche.

A l'entrée de l'*Argèlès* dans la baie de Palma, les passagers avaient pu remarquer trois édifices qui dominent d'une façon pittoresque les maisons du port. C'étaient la cathédrale, un palais qui y attient, et sur la gauche, près du quai, une construction de belle carrure, dont les tourelles se mirent dans les flots. Au-dessus des courtines blanches de l'enceinte bastionnée pointaient des clochers d'églises et se démenaient des grandes ailes de moulins, animées par la brise du large.

Le mieux, quand on ne connaît pas un pays, c'est de consulter le *Guide des Voyageurs,* et, si l'on n'a pas ce petit livre à sa disposition, de prendre un guide en chair et en os. Ce fut ce dernier que le Perpignanais et ses compagnons rencontrèrent sous la forme d'un gaillard d'une trentaine d'années, la taille élevée, l'allure engageante, la physionomie empreinte de douceur. Une sorte de cape brune drapée sur l'épaule, un pantalon bouffant aux genoux, un simple mouchoir rouge lui ceignant la tête et le front comme un bandeau, il avait bon air.

Au prix de quelques douros, convention fut faite entre le Perpignanais et ce Majorquain de parcourir la ville à pied, de visiter ses principaux édifices, de compléter cette exploration par une excursion en voiture aux alentours.

Ce qui séduisit tout d'abord Clovis Dardentor, c'est que ce guide parlait intelligiblement le français avec cet accent du Midi de la France, qui distingue les natifs des environs de Montpellier. Or, entre Montpellier et Perpignan, chacun le sait, la distance n'est pas grande.

Voici donc nos trois touristes en route, écoutant les indications de

Le paquebot donne dans l'étroite passe de Friou. (Page 75.)

ce guide, doublé d'un cicerone, qui faisait volontiers usage de phrases aussi pompeuses que descriptives.

L'archipel des Baléares vaut, d'ailleurs, que l'on connaisse son histoire, si magistralement racontée par la voix de ses monuments et de ses légendes.

Ce qu'il est à cette heure ne marque rien de ce qu'il fut autrefois. En effet, très florissant jusqu'au seizième siècle, sinon au point de

« Nous excursionnerons de conserve. » (Page 78.)

vue industriel, du moins au point de vue commercial, son admirable situation au milieu du bassin occidental de la Méditerranée, la facilité de ses communications maritimes avec les trois grands pays d'Europe, France, Italie, Espagne, le voisinage du littoral africain, lui valurent d'être un centre de relâche pour toute la marine marchande. Sous la domination du roi don Jayme Ier, le Conquistador, dont la mémoire est si vénérée, il atteignit son apogée, grâce au génie de ses audacieux armateurs, qui comptaient dans leurs rangs les membres les plus qualifiés de la noblesse majorquaine.

Aujourd'hui, le commerce est réduit à l'exportation des produits du sol, huiles, amandes, câpres, citrons, légumes. Son industrie se borne à l'élevage des porcs, qui sont expédiés à Barcelone. Quant aux oranges, leur récolte, moins abondante qu'on le croit, ne justifierait plus le nom de Jardin des Hespérides encore attribué aux îles Baléares.

Mais ce que cet archipel n'a point perdu, ce que Majorque ne pouvait perdre, cette île la plus étendue du groupe, d'une superficie de trois mille quatre cents kilomètres carrés pour une population qui dépasse deux cent mille habitants, c'est son climat enchanteur d'une douceur infinie, son atmosphère fine, salubre, vivifiante, ses merveilles naturelles, la splendeur de ses paysages, la lumineuse coloration de son ciel, justifiant un autre de ses noms mythologiques, celui de l'île du Bon Génie.

En contournant le port de manière à prendre direction vers le monument qui avait tout d'abord attiré l'attention des passagers, le guide fit en conscience son métier de cicerone — un vrai phonographe à rotation continue, un perroquet babillard, répétant pour la centième fois les phrases de son répertoire. Il raconta que la fondation de Palma, d'un siècle antérieure à l'ère chrétienne, datait de l'époque où les Romains occupaient l'île, après l'avoir longtemps disputée aux habitants déjà célèbres par leur habileté à manier la fronde.

Clovis Dardentor voulut bien admettre que le nom de Baléares fût dû à cet exercice dans lequel s'était illustré David, et même que le pain de la journée n'était donné aux enfants qu'après qu'ils avaient atteint le but d'un coup de leur fronde. Mais, lorsque le guide affirma que les balles, lancées par ce primitif engin de projection, fondaient en traversant l'air, tant leur vitesse était considérable, il honora d'un regard significatif les deux jeunes gens.

« Ah çà! est-ce qu'il se fiche de nous, cet insulaire baléarien? murmura-t-il.

— Oh!... dans le Midi! » répliqua Marcel Lornans.

Toutefois ils acceptèrent comme authentique ce point d'histoire : c'est que le Carthaginois Hamilcar relâcha sur l'île de Majorque pendant sa traversée de l'Afrique à la Catalogne, et que là vint au monde son fils généralement connu sous le nom d'Annibal.

Quant à tenir pour avéré que la famille Bonaparte fût originaire de l'île de Majorque, qu'elle y résidait dès le quinzième siècle, Clovis Dardentor s'y refusa obstinément. La Corse, bien! Les Baléares, jamais!

Si Palma fut le théâtre de nombreux combats, d'abord quand elle se défendit contre les soldats de don Jayme, ensuite au temps où les paysans propriétaires se soulevèrent contre la noblesse qui les écrasait d'impôts, enfin lorsqu'elle dut résister aux corsaires barbaresques, ces jours-là étaient passés. La cité jouissait à présent d'un calme qui devait enlever à Jean Taconnat tout espoir d'intervenir dans une agression dont son père en expectative aurait été l'objet.

Le guide, remontant ensuite au début de ce quinzième siècle, raconta que le torrent de la Riera, soulevé par une crue extraordinaire, avait occasionné la mort de seize cent trente-trois personnes. D'où cette question de Jean Taconnat :

« Où donc est ce torrent?...

— Il traverse la ville.

— L'y rencontrerons-nous?...

— Sans doute.

— Et... il a beaucoup d'eau?...

— Pas de quoi noyer une souris.

— Voilà qui est fait pour moi! » glissa le pauvre jeune homme à l'oreille de son cousin.

Tout en causant, les trois touristes prenaient un premier aperçu de la basse ville, en suivant les quais, ou plutôt ces terrasses que supporte l'enceinte bastionnée le long de la mer.

Quelques maisons présentaient les dispositions fantaisistes de l'architecture mauresque, — ce qui tient à ce que les Arabes ont habité l'île pendant une période de quatre cents ans. Les portes entr'ouvertes laissaient voir des cours centrales, des patios, des cortiles, entourés de légères colonnades, le puits traditionnel surmonté de son élégante armature de fer, l'escalier à révolutions gracieuses, le péristyle orné de plantes grimpantes en pleine floraison, les fenêtres avec leurs meneaux de pierre d'une incomparable sveltesse, doublées parfois de moucharabys ou de miradors à la mode espagnole.

Enfin, Clovis Dardentor et ses compagnons arrivèrent devant un bâtiment flanqué de quatre tours octogonales, qui apportait sa note gothique au milieu de ces premiers essais de la Renaissance.

« Quelle est cette bâtisse? » demanda M. Dardentor.

Et, ne fût-ce que pour ne point choquer Patrice, il aurait pu employer un mot plus *select*.

C'était la « fonda », l'ancienne Bourse, un magnifique monument, superbes fenêtres crénelées, corniche artistement découpée, fines dentelures faisant honneur aux ornemanistes du temps.

« Entrons, » dit Marcel Lornans, qui ne laissait pas de s'intéresser à ces curiosités archéologiques.

Ils entrèrent en franchissant une arcade, qu'un solide pilier partageait en son milieu. A l'intérieur, salle spacieuse, — d'une capacité à contenir un millier de personnes, — dont la voûte était soutenue par les spirales de fluettes colonnes. Il n'y manquait alors que le brouhaha du commerce, le tumulte des marchands, tels qu'ils l'emplissaient en des époques plus prospères.

C'est ce que fit observer notre Perpignanais. Cette fonda, il aurait voulu pouvoir la transporter dans sa ville natale, et là, rien qu'à lui seul, il lui aurait rendu son animation d'autrefois.

Il va sans dire que Patrice admirait ces belles choses avec le flegme d'un Anglais en voyage, donnant au guide l'impression d'un gentleman discret et réservé.

Quant à Jean Taconnat, il faut bien avouer qu'il ne prenait qu'un médiocre intérêt à ces pharamineux boniments du cicerone. Non pas qu'il fût insensible aux charmes du grand art de l'architecture ; mais, sous l'obsession d'une idée fixe, ses pensées suivaient un autre cours, et il regrettait « qu'il n'y eût rien à faire dans cette fonda. »

Après une visite qui fut nécessairement brève, le guide prit la rue de la Riena. Les passants y affluaient. Très remarqués les hommes d'un beau type, de tournure élégante, d'allure avenante, le caleçon bouffant, la ceinture enroulée à la taille, la veste en peau de chèvre, poil en dehors. Très belles les femmes à chaude carnation, yeux profonds et noirs, physionomie expansive, le jupon aux couleurs éclatantes, le tablier court, le corsage échancré, les bras nus, quelques jeunes filles gracieusement coiffées du « rebosillo », lequel, malgré ce qu'il a d'un peu monacal, n'enlève rien au charme de la figure et à la vivacité du regard.

Mais il n'y avait pas lieu de se dépenser en échange de compliments et de salutations, bien qu'il soit si doux, si frais, si mélodieux, le parler des jeunes Majorquaines. Pressant le pas, les touristes longèrent la muraille du Palacio Real, bâti dans le voisinage de la cathédrale, et qui, vu d'un certain côté, — de la baie par exemple, — semble se confondre avec elle.

C'est une vaste habitation, à tours carrées, précédée d'un portique largement évidé sur ses pilastres, et que surmonte un ange de l'époque gothique, bien qu'elle reproduise dans sa construction hybride ce mélange de style roman et de style mauresque de l'architecture baléarienne.

A quelques centaines de pas, le groupe des excursionnistes atteignit une place assez étendue, d'un dessin très irrégulier, et à laquelle s'amorcent plusieurs rues remontant vers l'intérieur de la ville.

« Quelle est cette place?... s'enquit Marcel Lornans.

— La place d'Isabelle II, répondit le guide.

— Et cette large rue que bordent des habitations de belle apparence?...

— Le paseo del Borne. »

C'était une rue de pittoresque aspect, avec ses maisons aux façades variées, les verdures qui encadrent leurs fenêtres, les tentes multicolores abritant leurs larges balcons en saillie, les miradors à vitres coloriées plaqués aux murailles, quelques arbres poussés çà et là. Ce paseo del Borne conduit à la place oblongue de la Constitucion, bordée par l'édifice de la Hacienda publica.

« Remontons-nous par le paseo del Borne ? demanda Clovis Dardentor.

— Nous le descendrons en revenant, répondit le guide. Il est préférable de se rendre à la cathédrale, dont nous ne sommes pas éloignés.

— Va pour la cathédrale, répliqua le Perpignanais, et je ne serais pas fâché de grimper à l'une de ses tours, afin d'avoir une vue d'ensemble...

— Je vous proposerai plutôt, reprit le guide, d'aller visiter le château de Bellver, en dehors de la ville, d'où l'on domine la plaine environnante.

— En aurons-nous le temps? observa Marcel Lornans. L'*Argèlès* part à huit heures... »

Jean Taconnat venait de se raccrocher à un vague espoir. Peut-être une excursion à travers la campagne offrirait-elle l'occasion qu'il cherchait en vain dans les rues de la cité?...

« Vous aurez tout le temps, messieurs, affirma le guide. Le château de Bellver n'est pas loin, et aucun voyageur ne se pardonnerait de quitter Palma sans s'y être transporté...

— Et de quelle façon irons-nous?...

— En prenant une voiture à la porte de Jésus.

— Eh bien, à la cathédrale, » dit Marcel Lornans.

Le guide tourna à main droite, enfila une étroite rue, la calle de la Seo, se rabattit vers la place du même nom sur laquelle s'élève la cathédrale, dominant de sa façade occidentale le mur d'enceinte par-dessus la calle de Mirador.

Le guide conduisit d'abord les touristes devant le portail de la Mer.

Ce portail est de cette admirable époque de l'architecture ogivale, où la disposition flamboyante des fenêtres et des rosaces laisse pressentir les fantaisies prochaines de la Renaissance. Des statues peuplent ses niches latérales, et son tympan reproduit, entre les guirlandes de pierre, des scènes bibliques finement dessinées, d'une naïve et délicieuse composition.

Lorsqu'on se trouve devant la porte d'un édifice, la pensée vient tout d'abord que l'on pénètre dans cet édifice par cette porte. Clovis Dardentor se disposait donc à repousser l'un des battants, quand le guide l'arrêta.

« Le portail est muré, dit-il.

— Et pour quelle raison?...

— Parce que le vent du large s'y engouffrait d'une telle violence que les fidèles pouvaient se croire déjà dans la vallée de Josaphat sous les coups de la tempête du jugement dernier. »

Une phrase que le guide servait invariablement à tous les étrangers, phrase dont il était très fier, et qui plut à Patrice.

En contournant le monument, achevé en 1601, on put en admirer l'extérieur, ses deux flèches très ornementées, ses multiples pinacles assez frustes, dressés à chaque angle des arcs-boutants. Cette cathédrale, en somme, rivalise avec les plus renommées de la péninsule ibérique.

On entra par la porte majeure, ménagée au milieu de la façade principale.

Très sombre au dedans, cette église, comme toutes celles de l'Espagne. Pas une chaise ni dans la nef ni dans les bas-côtés. Çà et là quelques rares bancs de bois. Rien que les froides dalles sur lesquelles les fidèles s'agenouillent, — ce qui donne un caractère particulier aux cérémonies religieuses.

Clovis Dardentor et les deux jeunes gens remontèrent la nef entre sa double rangée de piliers, dont les arêtes prismatiques vont se souder à la retombée de la voûte. Ils allèrent ainsi jusqu'à l'extrémité du vaisseau. Il y eut lieu de s'arrêter devant la chapelle royale. d'admirer un retable magnifique, de pénétrer dans le chœur, qui est assez singulièrement situé au milieu de l'édifice. Mais le temps eût manqué pour examiner en détail le riche trésor de la cathédrale, ses merveilles artistiques, ses reliques sacrées, en extrême vénération à Majorque, — particulièrement le squelette du roi don Jayme d'Aragon, renfermé depuis trois siècles dans son sarcophage de marbre noir.

Peut-être, pendant cette courte séance, les visiteurs n'eurent-ils guère le loisir de faire une prière. Dans tous les cas, si Jean Taconnat eût prié pour Clovis Dardentor, ce n'eût été qu'à la condition d'être l'unique auteur de son salut dans ce monde en attendant l'autre.

« Et où allons-nous maintenant?... demanda Marcel Lornans.

— A l'Ayuntamiento, répondit le guide.

— Par quelle rue ?...

— Par la calle de Palacio. »

Le groupe revint sur ses pas en remontant cette rue sur une longueur de trois cents mètres, — soit environ seize cents palmos, pour compter à la mode majorquaine. La rue accède à une place moins spacieuse que la plaza d'Isabelle II, et d'un dessin non moins irrégulier. Du reste, ce n'est pas aux Baléares que se rencontrent des villes où le cordeau rectiligne et l'équerre rectangulaire tracent des cases d'échiquier comme dans les cités américaines.

Valait-il la peine de visiter l'Ayuntamiento, autrement dit la casa Consistorial? Assurément, et pas un étranger ne viendrait à Palma sans vouloir admirer un monument que son architecte a doté d'une si remarquable façade, les deux portes ouvertes entre deux fenêtres chacune et qui offrent accès à l'intérieur, la tribune, cette charmante « loggia » qui s'évide au centre. Puis, il y a le premier étage dont les sept fenêtres donnent sur un balcon courant tout le long de l'édifice, le deuxième étage protégé par la saillie d'une toiture de chalet, et ses caissons à rosaces que supportent d'infatigables cariatides de pierre. Enfin cette casa Consistorial est regardée comme un chef-d'œuvre de la Renaissance italienne.

C'est dans la « sala », ornée de peintures représentant les notabi-

Une sorte de cape brune drapée sur l'épaule. (Page 79.)

lités locales, — sans parler d'un remarquable *Saint-Sébastien* de Van Dyck, — que siège le gouvernement de l'archipel. Là les massiers, à figure glabre, à longue houppelande, se promènent d'un air grave et d'un pas mesuré. Là se prennent les décisions proclamées dans la ville par les superbes tamboreros de l'Ayuntamiento, en costumes traditionnels dont les coutures sont brodées de passementeries rouges, l'or étant réservé à leur chef, le tamborero mayor.

Clovis Dardentor aurait volontiers sacrifié quelques douros pour apercevoir dans toute sa splendeur ce personnage, dont le guide parlait avec une vanité vraiment baléarienne; mais ledit personnage n'était pas visible.

Une heure était déjà dépensée sur les six accordées à la relâche. Si l'on voulait faire la promenade au château de Bellver, il convenait de se hâter.

Donc, par un enchevêtrement de rues et de carrefours, où Dédale se fût perdu même avec le fil d'Ariane, le guide remonta de la place de Cort à la place de Mercado, et, cent cinquante mètres plus loin, les touristes débouchèrent sur la place du Théâtre.

Clovis Dardentor put faire alors quelques emplettes, une couple de majoliques à un prix suffisamment rémunérateur. Patrice, ayant reçu l'ordre de rapporter ces divers objets à bord du paquebot et de les déposer, à l'abri de tout choc, dans la cabine de son maître, redescendit vers le port.

Au delà du théâtre, les visiteurs prirent une large voie, le paseo de la Rambla, qui, sur une longueur de trois mille mètres, va rejoindre la plaza de Jésus. Le paseo est bordé d'églises, de couvents, entre autres le couvent des religieuses de la Madeleine, qui fait face au quartier de l'infanterie.

Au fond de la place de Jésus se découpe la porte de ce nom, percée dans la courtine bastionnée, au-dessus de laquelle se tendent les fils télégraphiques. De chaque côté, des maisons toutes coloriées par les bannes des balcons ou les persiennes verdâtres des fenêtres. A gauche, quelques arbres, agrémentant ce joli coin de place ensoleillé de la lumière après-midienne.

A travers la porte grande ouverte apparaissait la plaine verdoyante, traversée d'une route qui s'abaisse vers le Terreno et conduit au château de Bellver.

VII

Dans lequel Clovis Dardentor revient du château de Bellver plus vite
qu'il n'y est allé.

Il était quatre heures et demie. Restait donc assez de temps pour prolonger l'excursion jusqu'à ce castillo, dont le guide avait vanté l'heureuse situation, pour en visiter l'intérieur, pour monter à la plate-forme de sa grande tour, pour prendre une vue du littoral autour de la baie de Palma.

En effet, une voiture peut faire le trajet en moins de quarante minutes, si son attelage ne flâne pas sur ces chemins montueux. Cela, d'ailleurs, n'est qu'une question de douros, et il serait facile de la résoudre au mieux des intérêts des trois excursionnistes que le capitaine Bugarach n'attendrait pas, s'ils étaient en retard. Le Perpignanais en savait quelque chose.

Précisément, à cette porte de Jésus, stationnaient une demi-douzaine de galeras, qui ne demandaient qu'à s'élancer sur la route extra-urbaine au galop de leurs fringantes mules. Telle est l'habitude de ces voitures de construction légère, bien roulantes, qui, en palier, en pentes comme en rampes, ne connaissent que l'allure du galop.

Le guide avisa l'un de ces véhicules, dont Clovis Dardentor, — il s'y connaissait, — jugea l'attelage fort convenable. Souvent il conduisait dans les rues de Perpignan, et n'en eût pas été à son coup d'essai, s'il lui avait fallu faire office de cocher.

Mais l'occasion ne se présentait pas de mettre ses talents de sportman à profit et il y avait lieu de laisser au cocher en titre les rênes de la galera.

Dans ces conditions, il était évident que le trajet s'opérerait sans dommage, et Jean Taconnat verrait s'envoler ses espérances « d'adoption traumatique », comme disait Marcel Lornans.

« Ainsi, messieurs, demanda le guide, cette galera paraît vous suffire?...

— De tous points, répondit Marcel Lornans, et si M. Dardentor veut y prendre place...

— A l'instant, mes jeunes amis. A vous l'honneur, monsieur Marcel.

— Après vous, monsieur Dardentor.

— Je n'en ferai rien. »

Ne voulant point allonger cet échange de politesses, Marcel Lornans se décida.

« Et vous, monsieur Taconnat, dit Clovis Dardentor. Mais qu'avez-vous donc!... Quel air préoccupé... Qu'est devenue votre bonne humeur habituelle?...

— Moi... monsieur Dardentor?... Je n'ai rien... je vous assure... rien...

— Vous n'imaginez pas qu'il puisse nous arriver un accident avec ce véhicule?...

— Un accident, monsieur Dardentor! répliqua Jean Taconnat, qui haussa les épaules. Et pourquoi arriverait-il un accident?... Je ne crois pas aux accidents!

— Ni moi non plus, jeune homme, et je vous garantis que notre galera ne chavirera point en route...

— Et, d'ailleurs, ajouta Jean Taconnat, si elle chavirait, encore conviendrait-il que ce fût dans une rivière, un lac, un étang, une cuvette... ou ça ne compterait pas.

— Comment... ça ne compterait pas! Elle est forte, celle-là!... s'écria M. Dardentor, en ouvrant de grands yeux.

— Je veux dire, reprit Jean Taconnat, que le texte du code est formel... Il faut... Enfin, je m'entends! »

Et Marcel Lornans de rire aux explications embarrassées de son cousin, en quête de paternité adoptive.

« Ça ne compterait pas... ça ne compterait pas !... répétait le Perpignanais. Vrai, c'est une des meilleures réparties que j'aie jamais entendues !... Allons, en route ! »

Jean Taconnat monta près de son cousin et prit place sur la seconde banquette. M. Clovis Dardentor s'assit devant, à côté du cocher, et le guide, invité à le suivre, s'accrocha par derrière au marchepied de la voiture.

La porte de Jésus fut franchie d'une roue rapide, et, de cet endroit, les touristes aperçurent le castillo de Bellver, carrément campé sur sa verdoyante colline.

Ce n'était pas la rase campagne que la galera allait traverser en sortant de l'enceinte. On doit suivre d'abord le Terreno, sorte de faubourg de la capitale baléarienne. C'est à juste titre que ce faubourg est considéré comme une station balnéaire à proximité de Palma, dont les cottages élégants et les jolies alquerías s'abritent sous le frais ombrage des arbres, plus particulièrement de vieux figuiers fantaisistement contournés par l'âge.

Cet ensemble de maisons blanches est disposé sur une éminence dont la base rocheuse est bordée des frémissantes écumes du ressac. Après avoir laissé en arrière ce gracieux Terreno, Clovis Dardentor et les deux Parisiens purent, en se retournant, embrasser du regard la ville de Palma, sa baie azurée jusqu'aux extrêmes limites de la haute mer, les festons capricieux de son littoral.

La galera chemina alors le long d'une route ascendante, perdue sous les profondeurs d'une forêt de pins d'Alep, qui entoure le village et tapisse la colline couronnée par les murs du castillo de Bellver.

Mais, en s'élevant, que d'échappées à la surface de la campagne ! Les maisons éparses tranchent sur la teinte des palmiers, des orangers, des grenadiers, des figuiers, des câpriers, des oliviers. Clovis Dardentor, toujours expansif, ne ménageait point ses phrases admiratives, bien qu'il dût être familiarisé avec les paysages similaires du Midi de la France. Il est vrai, en ce qui concerne les oliviers, jamais il n'en avait vu de plus déjetés, plus grimaçants, plus gibbeux, plus bossués de nodosités, et d'une taille à les classer parmi les géants de l'espèce. Puis, ces chaumières des paysans, des « pagesés », entourées de champs à légumes, s'épanouissant hors des buissons de myrtes et de cytises, encorbeillées de fleurs à profusion, entre autres ces « lagrymas » au nom poétique et triste, combien elles réjouissaient les yeux, grâce à leurs toits en auvents, égayés des grappes de piment rouge par centaines !

Jusqu'alors le parcours s'était effectué à souhait, et les passagers de la galera n'avaient pas eu à s'écrier :

« Que diable sommes-nous venus faire dans cette galère ? »

Non ! La galère ne marchait pas à l'aide d'une double rangée de rames sur le perfide élément. A travers cette campagne, aucune agression de pirates barbaresques ne la menaçait. Elle avait heureusement navigué sur cette route moins capricieuse que la mer, et il était cinq heures, lorsqu'elle arriva à bon port, — autrement dit devant le pont du castillo de Bellver.

Si ce château fort a été édifié en cette position, c'est qu'il était destiné à défendre la baie et la ville de Palma. Aussi, avec ses douves profondes, ses épaisses murailles de pierre, la tour qui le domine, offre-t-il cet aspect militaire, commun aux forteresses du moyen âge.

Quatre tourelles flanquent son enceinte circulaire, à l'intérieur de laquelle se superposent deux étages d'un double style roman et gothique. En dehors de cette enceinte se dresse la « Tour de l'homenaje », — de l'hommage, en bon français, — et dont on ne saurait méconnaître l'aspect féodal.

C'est à la plate-forme de ce donjon que Clovis Dardentor, Marcel Lornans et Jean Taconnat allaient monter, afin de prendre une vue générale de la campagne et de la ville, — vue plus complète qu'ils ne l'auraient eue de l'une des flèches de la cathédrale.

La galera resta devant le pont de pierre jeté sur la douve, et le cocher eut ordre d'attendre les visiteurs, qui pénétrèrent dans le castillo avec le guide.

Leur visite ne pouvait être longue. En réalité, il s'agissait moins de fouiller les coins et recoins de cette vieille bâtisse que de promener un regard sur son lointain horizon.

Aussi, après avoir entrevu les chambres basses au niveau de la cour, Clovis Dardentor crut-t-il devoir dire :

« Eh bien, grimpons-nous là-haut, jeunes gens ?

— Quand vous voudrez, répondit Marcel Lornans, mais ne nous y attardons pas. Quelle aventure, si M. Dardentor, après avoir manqué une première fois le départ de l'*Argèlès*...

— Le manquait une seconde ! répliqua notre Perpignanais. Et ce serait d'autant plus impardonnable que je ne trouverais pas à Palma une chaloupe à vapeur pour courir après le paquebot !... Et que deviendrait ce pauvre Désirandelle ? »

On se dirigea donc vers la Tour de l'homenaje, élevée en dehors de l'enceinte, et que deux ponts raccordent au castillo.

Cette tour, ronde et massive, d'un ton chaud de pierres cuites, a pour base le fond d'un fossé. Sa partie sud-ouest est percée d'une porte rougeâtre, à la hauteur de la crête du fossé. Au-dessus se dessinent une fenêtre en plein cintre, dominée elle-même par deux étroites meurtrières, puis les consoles qui supportent le parapet de la plate-forme supérieure.

A la suite du guide, Clovis Dardentor et ses compagnons prirent un escalier en colimaçon, ménagé dans l'épaisseur de la muraille faiblement éclairé par les meurtrières. Enfin, après une ascension assez raide, ils débouchèrent sur la plate-forme.

A vrai dire, le guide ne pouvait être accusé d'exagération. De cette hauteur, la vue était magnifique, et telle que voici :

Au pied du castillo, s'abaisse la colline, revêtue de son noir manteau de pins d'Alep. Au delà se groupe le charmant faubourg de Terreno. Plus bas, s'arrondit la baie toute bleue, tachetée de petits points blancs qu'on eût crus des oiseaux de mer et qui ne sont que des voiles de tartanes. Plus loin, se développe la ville en amphithéâtre, sa cathédrale, ses palais, ses églises, ensemble éclatant, baigné dans cette atmosphère lumineuse que le soleil crible de rayons dorés, lorsqu'il décline vers l'horizon. Enfin, au large, resplendit la mer immense, avec çà et là des navires déployant leur blanche voilure, des steamers balayant le ciel de leur longue queue fuligineuse. Rien de Minorque dans l'est, rien d'Ivitza dans le sud-ouest, mais, au sud, l'îlot abrupt de Cabrera, où tant de soldats français périrent misérablement pendant les guerres du premier Empire.

De cette tour du castillo de Bellver, la partie occidentale de l'île donne une idée de ce qu'est Majorque, la seule de l'archipel à posséder de véritables sierras plantées de chênes-verts et de micocouliers, au-dessus desquelles pointent des aiguilles porphyritiques, dioritiques ou calcaires. Du reste, la plaine n'en est pas moins semée de tumescences qui portent le nom de « puys » aux Baléares comme en France, et l'on n'en trouverait pas une qui ne fût couronnée d'un château, d'une église ou d'un ermitage en ruines. Ajoutez que partout sinuent des torrents tumultueux, et, au dire du guide, leur nombre dépasse deux cents dans l'île.

« Deux cents occasions pour M. Dardentor d'y tomber, pensa Jean Taconnat, et vous verrez qu'il n'y tombera pas! »

Ce qu'on apercevait de très moderne, par exemple, c'était le chemin de fer qui dessert la partie centrale de Majorque. Il va de Palma à Alcudia par les districts de Santa-Maria et de Benisalem, et il est question de jeter de nouveaux embranchements à travers les vallées capricieuses de la chaine qui dresse le plus haut de ses pics à mille mètres d'altitude.

Suivant son habitude, Clovis Dardentor s'enthousiasmait à contempler ce merveilleux spectacle. Marcel Lornans et Jean Taconnat, d'ailleurs, partageaient cette admiration très justifiée. Il était vraiment dommage que la halte au château de Bellver ne pût se prolonger, qu'il ne fût pas possible d'y revenir, que la relâche de l'*Argèlès* dût prendre fin dans quelques heures.

« Oui! déclara le Perpignanais, il faudrait séjourner ici des semaines... des mois...

CLOVIS DARDENTOR PUT FAIRE QUELQUES EMPLETTES. (Page 90.)

— Eh! répondit le guide, très fourni d'anecdotes, c'est précisément ce qui est arrivé à l'un de vos compatriotes, messieurs, un peu malgré lui, par exemple...

— Qui se nommait?... demanda Marcel Lornans.

— François Arago.

— Arago... Arago... s'écria Clovis Dardentor, l'une des gloires de la France savante! »

Effectivement, l'illustre astronome était venu en 1808 aux Baléares, dans le but de compléter la mesure d'un arc du méridien entre Dunkerque et Formentera. Suspecté par la population majorquaine, menacé même de mort, il fut emprisonné dans le château de Bellver pendant deux mois. Et combien de temps eût duré son emprisonnement, s'il n'avait réussi à s'échapper par une des fenêtres du castillo, puis à fréter une barque qui le conduisit à Alger.

« Arago, répétait Clovis Dardentor, Arago, le célèbre enfant d'Estagel, le glorieux fils de l'arrondissement de mon Perpignan, de mes Pyrénées-Orientales! »

Cependant l'heure pressait de quitter cette plate-forme, d'où, comme de la nacelle d'un aérostat, on dominait ce pays incomparable. Clovis Dardentor ne pouvait s'arracher à ce spectacle. Il allait, venait, se penchait sur le parapet de la tour.

« Eh! prenez garde, lui cria Jean Taconnat, en le retenant par le collet de son veston.

— Prendre garde?...

— Sans doute... un peu plus, vous alliez tomber!... A quoi bon nous causer cette frayeur... »

Frayeur très légitime, car si le digne homme eût culbuté par-dessus le parapet, Jean Taconnat n'aurait pu qu'assister, sans être en mesure de lui porter secours, à la chute de son père adoptif dans les profondeurs de la douve.

En somme, ce qu'il y avait de regrettable, c'était que le temps, trop parcimonieusement compté, ne permit pas d'organiser la complète exploration de cette admirable Majorque. Il ne suffit pas d'avoir parcouru les divers quartiers de sa capitale, il faut visiter les autres villes, et quelles plus dignes d'attirer les touristes, Soller, Ynca, Pollensa, Manacor, Valldmosa! Et ces grottes naturelles d'Artá et du Drach, considérées comme les plus belles du monde, avec leurs lacs légendaires, leurs chapelles à stalactites, leurs bains aux eaux limpides et fraîches, leur théâtre, leur enfer, — dénominations fantaisistes si l'on veut, mais que méritent les merveilles de ces immensités souterraines !

Et que dire de Miramar, l'incomparable domaine de l'archiduc Louis Salvator, des forêts millénaires dont ce prince savant et artiste a voulu respecter les antiques futaies, et de son château édifié sur une terrasse qui surplombe le littoral au milieu d'un site enchanteur, et de l' « hospederia », cette hôtellerie entretenue aux frais de Son Altesse, ouverte à tous ceux qui passent, qui leur offre le lit et la table pendant deux jours à titre gratuit, et où même ceux qui le désirent essayent vainement de reconnaître par une gratification aux gens de l'archiduc ce généreux accueil !

Et n'est-elle pas à visiter aussi, cette Chartreuse de Valldmosa, maintenant déserte, silencieuse, abandonnée, dans laquelle Georges Sand et Chopin vécurent toute une saison, — ce qui nous a valu ces belles inspirations du grand artiste et du grand romancier, le récit d'*Un Hiver à Majorque* et l'étrange roman de *Spiridion!*

C'est là ce que narrait le guide, au cours de sa faconde intarissable, en phrases stéréotypées depuis longtemps dans son cerveau de cicerone. Qu'on ne soit donc pas surpris si Clovis Dardentor exprimait ses regrets de quitter cette oasis méditerranéenne, s'il se promettait de revenir aux Baléares, en compagnie de ses jeunes et nouveaux amis, pour peu qu'ils en eussent jamais le loisir...

« Il est six heures, fit observer Jean Taconnat.

— Et s'il est six heures, ajouta Marcel Lornans, nous ne pouvons différer davantage notre départ. Il reste encore à parcourir un quartier de Palma avant de rentrer à bord...

— Partons donc ! » répondit Clovis Dardentor d'une voix soupirante.

Un dernier regard fut jeté à ces multiples paysages de la côte occidentale, à ce soleil dont le disque déclinant se balançait au-dessus de l'horizon et dorait de ses rayons obliques les blanches villas de Terreno.

Clovis Dardentor, Marcel Lornans et Jean Taconnat s'engagèrent dans l'étroite vis, qui se tordait à travers le mur, franchirent le pont, rentrèrent dans la cour et sortirent par la poterne.

La galera attendait à l'endroit où on l'avait laissée, le cocher flânant le long de la douve.

Le guide l'ayant appelé, il rejoignit de ce pas calme et géométrique, — le pas de ces mortels privilégiés qui ne mettent aucune hâte à rien en ce pays bien heureux dans lequel l'existence n'exige jamais que l'on soit pressé.

M. Dardentor monta le premier dans le véhicule, avant que le cocher fût venu prendre place sur la banquette de devant.

Mais ne voilà-t-il pas à l'instant où Marcel Lornans et Jean Taconnat allaient s'élancer sur le marchepied, que la galera s'ébranle d'un coup brusque et les oblige à reculer rapidement pour éviter le choc de l'essieu.

Le cocher s'est vite jeté à la tête de l'attelage, afin de le maintenir. Impossible! Les mules se cabrent, renversent l'homme, et c'est miracle qu'il ne soit pas écrasé par la roue de la voiture qui part à fond de train.

Cris simultanés du cocher et du guide. Tous deux se précipitent sur le sentier de Bellver que la galera dévale au grand galop, avec le risque ou de choir dans les précipices latéraux, ou de s'éventrer contre les sapins de la sombre futaie.

« Monsieur Dardentor... Monsieur Dardentor! clamait Marcel Lornans de toute la force de ses poumons. Il va se tuer!... Courons, Jean, courons!

— Oui, répondit Jean Taconnat et, pourtant, si cette occasion ne doit pas compter... »

Quoiqu'il en fût de cette occasion, il fallait la prendre aux cheveux... aux chevaux, pourrait-on dire, s'il ne s'agissait de mules. Mais, mules ou chevaux, l'attelage détalait avec une rapidité qui laissait peu d'espoir de le rattraper.

Enfin, le cocher, le cicerone, les deux jeunes gens, quelques paysans joints à eux, s'étaient lancés à leur maximum de vitesse.

Cependant Clovis Dardentor, que son sang-froid n'abandonnait jamais en n'importe quelle circonstance, avait saisi les guides d'une main vigoureuse, et, tirant à lui, essayait de maîtriser l'attelage. C'eût été vouloir retenir un projectile à l'instant où il s'échappe de la bouche à feu, et, pour les passants qui l'essayèrent, c'était vouloir arrêter ledit projectile au passage.

Le chemin fut descendu follement, le torrent traversé rageusement. Clovis Dardentor, toujours en possession de lui-même, ayant pu maintenir sa galera en droite ligne, se disait que cet emballement finirait sans doute devant l'enceinte bastionnée, que le véhicule n'en franchirait pas l'une des portes. Quant à lâcher les guides, à sauter hors du véhicule, il savait trop à quoi l'on s'expose, et que mieux vaut rester dans sa machine, dût-elle verser, les quatre roues en l'air, ou se briser contre un obstacle.

Et ces maudites mules irrésistiblement emportées, et d'un train que, de mémoire de Baléarien, on n'avait jamais vu à Majorque ni en aucune des îles de l'archipel!

Après Terreno, la galera suivit la muraille extérieure, se livrant à une série de zigzags des plus regrettables, capricant comme une chèvre, sursautant comme un kangourou, passant devant les portes de l'enceinte jusqu'au moment où elle atteignit la puerta Pintada, à l'angle nord-est de la ville.

Il faut admettre que les deux mules connaissaient particulièrement cette porte, car elles la franchirent sans la moindre hésitation. On peut tenir pour certain qu'elles n'obéissaient alors ni à la voix ni à la main de Clovis Dardentor. C'étaient elles qui dirigeaient la galera, s'excitant de plus belle, au triple galop, sans prendre garde aux passants qui hurlaient, se rejetaient sous les portes, se dispersaient à travers les rues avoisinantes. Les malicieuses bêtes avaient l'air de se dire à l'oreille : Nous irons ainsi tant qu'il nous plaira, et à moins qu'elle ne chavire, vogue la galera!

Et au milieu du dédale qui s'enchevêtre en ce coin de ville, — un véritable labyrinthe, — l'attelage surexcité se lança avec une ardeur redoublante.

A l'intérieur des maisons, au fond des boutiques, les gens s'époumonaient à crier. Des têtes effarées apparaissaient aux fenêtres. Le quartier s'agitait comme autrefois, à quelques siècles de là, lorsque retentissait le cri : « Voilà les Maures!... Voilà les Maures! » Et comment ne se produisit-il pas d'accident dans ces rues étroites, tortueuses, qui aboutissent à la calle des Capuchinos!

Clovis Dardentor essayait de manœuvrer, cependant. Afin de modérer cette galopade insensée, il tirait sur les guides au risque de les rompre ou de se démancher les bras. En réalité, c'étaient bien les guides qui tiraient sur lui, menaçant de l'extraire de la voiture dans des conditions assez fâcheuses.

« Ah! les coquines, quel train d'enfer! se disait-il. Je ne vois aucune raison pour qu'elles s'arrêtent, tant qu'elles auront quatre jambes chacune!... Et ça descend... ça descend! »

Ça descendait, en effet, et même depuis le castillo de Bellver, et cela descendrait jusqu'au port, où la galera ferait peut-être un plongeon dans les eaux de la baie, — ce qui calmerait certainement son attelage.

Bref, elle prit à droite, elle prit à gauche, elle déboucha sur la plaza de Olivar, dont elle fit le tour, comme les antiques chars romains sur la piste du Colisée, et, pourtant, il n'y avait ni concurrence à battre, ni prix à remporter!

En vain, sur cette place, trois ou quatre agents de la ville se jetèrent-ils sur les mules, qui luttaient d'émulation!... En vain voulurent-ils prévenir une catastrophe impossible à éviter... Leur dévouement fut inefficace. L'un, renversé, ne se releva pas sans blessures; les autres durent lâcher prise. Bref, la galera continua à dévaler avec une rapidité croissante, comme si elle eût été soumise aux lois de la chute des corps.

Il y eut lieu de croire, néanmoins, que cet emballement allait finir, — de façon désastreuse, il est vrai, — lorsque l'attelage enfila la calle de Olivar.

En effet, vers le milieu de cette rue très en pente, est ménagé un escalier d'une quinzaine de marches, et si rue n'est point carrossable, c'est bien celle-là.

Les clameurs redoublèrent alors, auxquelles se joignirent les aboiements des chiens. Bah! si violentes qu'elles fussent, les mules ne s'inquiétaient guère de quelques marches! Et voici les roues de la galera qui s'engagent sur l'escalier, cahotant la caisse à la disloquer, à mettre le véhicule en pièces…

Eh bien non! elles ne se rompirent pas. L'avant-train resta fixé à l'arrière-train malgré ces chocs multipliés, la caisse résista, les brancards résistèrent, et les deux mains de Clovis Dardentor ne lâchèrent point les guides pendant cette dégringolade extraordinaire!

Et derrière la galera s'amassait une foule de plus en plus nombreuse, dans laquelle Marcel Lornans, Jean Taconnat, le cicerone, le cocher, toujours en arrière, ne figuraient pas encore.

Après la calle de Olivar, ce fut la calle de San Miguel, à laquelle succède la plaza de Abastos, où l'une des mules, après être tombée, se releva saine et sauve, puis la calle de la Plateria, puis la plaza de Sainte-Eulalie.

« Il est évident, se dit Clovis Dardentor, que la galera ira ainsi jusqu'à ce que le terrain lui manque, et je ne vois guère que la baie de Palma où il puisse lui manquer définitivement! »

Sur la place Sainte-Eulalie s'élève l'église dédiée à cette martyre, qui est, pour les Baléariens, l'objet d'une vénération particulière. Il n'y avait pas longtemps, ladite église servait même de lieu d'asile, et les malfaiteurs qui parvenaient à s'y réfugier échappaient aux griffes de la police.

Cette fois, ce ne fut pas un malfaiteur que sa bonne chance y entraîna, ce fut Clovis Dardentor, inébranlable sur la banquette de son véhicule.

Oui! à ce moment, le magnifique portail de Sainte-Eulalie était grand ouvert. Les fidèles remplissaient l'église. On y faisait l'office du salut, qui touchait à sa fin, et l'officiant, retourné vers la pieuse assemblée, levait les mains pour lui donner la bénédiction.

Quel tumulte, quel remuement de foule, quels cris d'épouvante, lorsque la galera bondit et rebondit sur les dalles de la nef médiane! Mais aussi, quel prodigieux effet, lorsque l'attelage s'abattit enfin devant les degrés de l'autel, à l'instant où le prêtre prononçait :

« *Et spiritu sancto!...* »

— *Amen!* » répondit une voix sonore.

C'était la voix du Perpignanais, lequel venait de recevoir une bénédiction bien méritée.

De croire au miracle, après ce dénouement inattendu, cela ne saurait surprendre en ces pays si profondément religieux, et il ne serait pas étonnant que l'on célébrât désormais, chaque année, à cette date du 28 avril, dans l'église de Sainte-Eulalie, la fête de *Santa Galera de Salud*.

Une heure plus tard, Marcel Lornans et Jean Taconnat avaient rejoint Clovis Dardentor près d'une fonda de la calle de Miramar, où ce maître homme alla se reposer de ses émotions et de ses fatigues. Et encore ne faut-il point parler d'émotions, lorsqu'il s'agit d'un caractère de si forte trempe.

« Monsieur Dardentor! s'écria Jean Taconnat.

— Ah! mes jeunes amis, répondit le héros du jour, voilà une course de voiture qui m'a un brin secoué...

— Vous êtes sain et sauf?... demanda Marcel Lornans.

— Oui... au complet, et je crois même que je ne me suis jamais mieux porté!... A votre santé, messieurs! »

Et les deux jeunes gens durent vider quelques verres de cet excellent vin de Benisalem, dont la renommée dépasse l'archipel des Baléares.

Puis, dès que Jean Taconnat put prendre son cousin à part :

Jamais il n'avait vu d'oliviers plus déjetés. (Page 93.)

« Une occasion manquée! dit-il.

— Mais non, Jean!

— Mais si, Marcel, car, enfin, si j'avais sauvé M. Dardentor, si j'avais arrêté sa galera, bien que je ne l'eusse tiré ni des flots, ni des flammes, ni d'un combat, tu ne me feras pas croire que...

— Belle thèse à plaider devant un tribunal civil! » se contenta de répondre Marcel Lornans.

Les mules se cabrent. (Page 99.)

Bref, à huit heures du soir, tous les débarqués de l'*Argèlès* étaient de retour à bord.

Pas un n'était en retard, cette fois, ni MM. Désirandelle père et fils, ni M. Eustache Oriental.

Quant à cet astronome, avait-il donc passé son temps à observer le soleil sur l'horizon des Baléares? Personne ne l'eût pu dire. En tout cas, il rapportait divers paquets renfermant des produits comestibles spéciaux à ces îles, des « encimadas », sortes de gâteaux feuilletés dans lesquels le beurre est remplacé par la graisse et qui n'en sont pas moins savoureux, et aussi une demi-douzaine de « tourds », poissons très recherchés des pêcheurs du cap Formentor, et que le maître d'hôtel reçut ordre de faire apprêter avec un soin particulier pour son usage.

En vérité, ce président de la Société astronomique de Montélimar se servait plus de sa bouche que de ses yeux, — du moins depuis le départ de France.

Vers huit heures et demie furent larguées les amarres, et l'*Argèlès* quitta le port de Palma, sans que le capitaine Bugarach eût accordé à ses passagers la nuit complète dans la cité majorquaine. Et c'est pourquoi Clovis Dardentor n'entendit point la voix des « serenos » et leurs chants nocturnes, ni les refrains des « habaneras » et des « jotas » nationales, accompagnés des grincements mélodieux de la guitare, dont les patios des maisons baléariennes s'emplissent jusqu'au lever du jour.

VIII

Dans lequel la famille Désirandelle vient prendre contact avec la famille Elissane.

« Aujourd'hui, nous retarderons le diner jusqu'à huit heures, dit Mme Elissane. M. et Mme Désirandelle avec leur fils, et très probablement ce M. Dardentor, cela fera quatre couverts.

— Oui, madame, répondit la femme de chambre.

— Nos amis auront grand besoin de se refaire, Manuela, et je crains bien que cette pauvre Mme Désirandelle ait eu à souffrir d'une si pénible traversée. Veille à ce que sa chambre soit prête, car il est possible qu'elle préfère se coucher en arrivant.

— C'est entendu, madame.

— Où est ma fille ?...

— A l'office, madame, où elle prépare le dessert. »

Manuela, au service de Mme Elissane depuis son installation, était une de ces Espagnoles parmi lesquelles se recrute principalement le personnel domestique des familles oranaises.

Mme Elissane habitait une assez jolie maison dans cette rue du Vieux-Château, où les habitations ont conservé une physionomie mi-espagnole, mi-mauresque. Un petit jardin y montrait ses deux corbeilles de volubilis, sa pelouse encore verte à ce début de la saison chaude, quelques arbres, — entre autres ces « bella-ombra, » au nom de bon augure, dont la promenade de l'Étang possède de si beaux spécimens.

La maison, comprenant un rez-de-chaussée et un étage, était suffisante pour que la famille Désirandelle y trouvât une confortable hospitalité. Ni les chambres ni les égards ne lui manqueraient pendant son séjour à Oran.

C'est déjà une fort belle ville, cette capitale de la province. Elle est agréablement située entre les talus d'un ravin, au fond duquel l'oued Rehhi promène ses eaux vives, que recouvre en partie la chaussée du boulevard Oudinot. Coupée par les fortifications du Château-Neuf, elle apparaît, comme toutes ces cités, ancienne d'un côté, nouvelle de l'autre. L'ancienne, la vieille ville espagnole, avec sa kasbah, ses maisons étagées, son port, située à l'ouest, a conservé d'antiques remparts. A l'est, la nouvelle, avec ses maisons juives et mauresques, est défendue par une muraille crénelée depuis le château jusqu'au fort Saint-André.

Cette cité, la Gouharan des Arabes, que bâtirent au dixième siècle les Maures de l'Andalousie, est dominée par une assez haute montagne dont le fort La Moune occupe le flanc abrupt. Cinq fois plus étendue qu'à l'époque de sa fondation, sa superficie n'est pas inférieure à soixante-douze hectares, et plusieurs rues, tracées en dehors de ses murs, se prolongent de deux kilomètres vers la mer. En poursuivant sa promenade au delà de la ceinture des forts, dans la direction du nord et de l'est, un touriste atteindrait des annexes de création récente, tels les faubourgs de Gambetta et de Noiseux-Eckmülh.

On rencontrerait malaisément une ville algérienne où la diversité des types soit plus intéressante à étudier. Parmi ses quarante-sept mille habitants, on ne reconnaît que dix-sept mille Français et Juifs naturalisés, en face de dix-huit mille étrangers, la plupart Espagnols, puis des Italiens, des Anglais, des Anglo-Maltais. Ajoutez-y environ quatre mille Arabes, agglomérés au sud de la ville, dans le faubourg des Djalis, appelé aussi le village nègre, d'où l'on tire les balayeurs de la rue et les porte-faix du port; divisez ce mélange de races en vingt-sept mille fidèles de la religion catholique, sept mille adeptes de la religion israélite, un millier de croyants de la religion musulmane, et vous aurez, à ce point de vue, le départ à peu près exact de cette population hybride de la capitale oranaise.

Quant au climat de la province, il est généralement dur, sec, brûlant. Le vent y soulève des tourbillons de poussière. En ce qui concerne la ville, l'arrosage quotidien, entre les mains de la municipalité, devrait être plus régulier et plus abondant qu'il ne l'est entre les mains du maire céleste.

Telle est la ville où M. Elissane s'était retiré, après avoir fait le commerce à Perpignan pendant une quinzaine d'années et avec assez de bonheur pour avoir acquis une douzaine de mille livres de rentes, lesquelles n'avaient point diminué sous la prudente administration de sa veuve.

Mme Elissane, alors âgée de quarante-quatre ans, n'avait jamais dû être aussi jolie que l'était sa fille, ni aussi gracieuse, ni aussi charmante. Femme positive à un rare degré, pesant ses paroles comme son sucre, elle présentait le type bien connu du comptable féminin, chiffrant les sentiments, tenant son existence en partie double à la manière de ses livres, en balançant le doit et l'avoir avec le perpétuel souci que son compte courant fût toujours créditeur. On connaît ces figures aux traits arrêtés, dont les courbes sont dures, les bosses frontales proéminentes, le regard aigu, la bouche sévère, — tout ce qui, chez le sexe réputé faible, indique des habitudes de concentration et d'opiniâtreté. Mme Elissane avait organisé sa maison très correctement, sans dépenses oiseuses. Elle faisait des économies qu'elle savait employer en placements sûrs et fructueux. Cependant elle n'y regardait pas, lorsqu'il s'agissait de sa fille sur laquelle reposaient toutes ses affections. Vêtue presque de façon monacale, elle voulait que Louise fût élégante, et elle ne négligeait rien à cet égard. Au fond, c'était au bonheur de son enfant que tendaient ses seuls désirs, et elle ne doutait pas que ce bonheur ne fût assuré, grâce à l'union projetée avec la famille Désirandelle. La douzaine de mille francs de rentes qu'Agathocle aurait un jour, joints à la fortune dont Louise hériterait après sa mère, c'est là une base métallique que nombre de gens trouvent suffisamment solide pour y établir un avenir de tout repos.

Louise, toutefois, se rappelait à peine ce qu'était Agathocle. Mais sa mère l'avait élevée dans cette idée qu'elle deviendrait un jour Mme Désirandelle jeune. En somme, cela lui paraissait assez naturel, à la condition que ce fiancé lui plût, et pourquoi n'aurait-il pas tout ce qu'il faut pour plaire ?

Après avoir donné ses derniers ordres, Mme Elissane passa dans le salon où sa fille vint la rejoindre.

« Ton dessert est prêt, mon enfant ?... demanda-t-elle.

— Oui, mère.

— Il est fâcheux que le paquebot arrive un peu tard, presque à la tombée de la nuit !... Sois habillée pour six heures, Louise, mets ta robe à petits carreaux, et nous descendrons au port, où l'on aura peut-être signalé l'*Agathoclès*... »

Mme Elissane, se trompant de nom, ajoutait un accent grave à un *e* qui n'en devait pas avoir.

« Tu veux dire l'*Argèlès*, répondit Louise en riant. Et puis, il ne s'appelle point Agathoclès, mais Agathocle, mon prétendu!...

— Bon!... répliqua Mme Elissane, *Argèlès*... Agathocle... Cela n'a point d'importance! Tu peux être certaine qu'il ne se trompera pas, lui, en prononçant le nom de Louise...

— Est-ce bien sûr?... répondit la jeune fille un peu railleuse. M. Agathocle ne me connaît guère, et j'avoue que je ne le connais pas davantage...

— Oh! nous vous laisserons tout le temps de faire connaissance avant de rien décider...

— C'est trop juste!

— D'ailleurs, je suis sûre que tu lui plairas, mon enfant, et il y a tout lieu de penser qu'il saura te plaire... Mme Désirandelle en fait un éloge!... Et alors nous arrêterons les conditions du mariage...

— Et le compte sera balancé, mère?...

— Oui, moqueuse, à ton profit!... Ah! n'oublions pas que leur ami, M. Clovis Dardentor, accompagne les Désirandelle... tu sais, ce riche Perpignanais dont ils sont si fiers, et, à les en croire, le meilleur homme qui soit au monde. M. et Mme Désirandelle n'ayant pas l'habitude de la navigation, il a bien voulu les piloter jusqu'à Oran. C'est très bien de sa part, et nous lui ferons bon accueil, Louise...

— Tout l'accueil qu'il mérite, et même s'il avait l'idée de demander ma main... Mais non, j'oublie que je dois être... que je serai Mme Agathocle... un beau nom, quoique un peu de l'antiquité grecque!

— Voyons, Louise, sois donc sérieuse! »

Sérieuse, elle l'était, cette jeune fille, et d'humeur gaie et charmante. Et ce n'est point parce qu'il en est toujours ainsi de l'héroïne d'un roman. Non, elle l'était, en réalité, dans l'épanouissement de sa vingtième année, sa nature franche, sa physionomie vive et mobile, ses yeux veloutés et brillants dont la prunelle s'ouvrait sur un iris azuré, sa chevelure d'un blond foncé si abondante, sa démarche gracieuse, — disons même soyeuse, pour employer une épithète que Pierre Loti — avant d'être académicien — n'a pas craint d'appliquer au vol de l'hirondelle.

Ce léger coup de crayon suffit à peindre Louise Elissane, et, le lecteur s'en aperçoit, elle ne laissait pas de contraster quelque peu avec le benêt qu'on lui expédiait de Cette en même temps que les autres colis de l'*Argèlès*.

Lorsque l'heure fut arrivée, après que le dernier coup d'œil de la maîtresse de maison eut été donné aux chambres de la famille Désirandelle, Mme Elissane appela sa fille, et toutes deux se dirigèrent du côté du port. Elles voulurent s'arrêter d'abord dans le jardin en amphithéâtre qui domine la rade. De cet endroit, la vue s'étend largement jusqu'à la pleine mer. Le ciel était magnifique, l'horizon d'une pureté parfaite. Déjà le soleil déclinait vers la pointe de Mers-el-Kébir, — ce *Portus divinus* des Anciens, dans lequel cuirassés et croiseurs peuvent trouver un excellent abri contre les fréquentes bourrasques de l'ouest.

Quelques voiles blanches se détachaient vers le nord. De lointaines fumées indiquaient les steamers de ces nombreuses lignes qui desservent la Méditerranée et rallient volontiers la terre africaine. Deux ou trois de ces paquebots étaient sans doute à destination d'Oran, et l'un d'eux ne se trouvait pas à plus de trois milles. Était-ce l'*Argèlès*, impatiemment attendu, du moins par la mère si ce n'est par sa fille. Car, enfin, Louise ne le connaissait pas, ce garçon que chaque tour d'hélice rapprochait d'elle, et peut-être aurait-il mieux valu que l'*Argèlès* eût fait machine en arrière...

« Il va être six heures et demie, observa Mme Elissane. Descendons.

— Je te suis, mère, » répondit Louise.

Et par cette large rue qui aboutit au quai, la mère et la fille descendirent vers le bassin où les paquebots prennent d'ordinaire leur mouillage.

A l'un des officiers de port qui se promenait au quai, Mme Elissane demanda si l'*Argèlès* était signalé.

Et voici les roues qui s'engagent sur l'escalier. (Page 102.)

« Oui, madame, répondit l'officier, et dans une demi-heure il entrera. »

Mme Elissane et sa fille contournèrent le port, dont les hauteurs vers le nord leur cachaient maintenant la vue du large.

Vingt minutes plus tard, des coups de sifflet prolongés retentirent. Le paquebot doublait le môle à l'extrémité de cette jetée, longue d'un kilomètre, qui s'amorce au pied du fort de La Moune, et, après

« Amen. » répondit une voix sonore. (Page 103.)

quelques évolutions, il vint prendre son poste, l'arrière au quai.

Dès que la communication fut établie, Mme Elissane et Louise montèrent à bord. Les bras de la première s'ouvrirent pour serrer Mme Désirandelle, remise dès son entrée au port, puis M. Désirandelle, puis Agathocle Désirandelle, tandis que Louise se tenait sur une réserve que comprendront toutes les jeunes filles.

« Eh bien, et moi, chère et excellente dame?... Est-ce que nous ne nous sommes pas connus autrefois à Perpignan?... Je me rappelle bien Mme Elissane et mademoiselle Louise aussi... un peu grandie, par exemple!... Ah çà! n'y aurait-il pas un baiser et même deux pour ce bon garçon de Dardentor?... »

Si Patrice avait espéré que, dans l'entrevue de début, son maître apporterait la réserve d'un homme du monde, il dut être cruellement déçu par cette familière entrée de jeu. Il se retira donc, sévère mais juste, au moment où les lèvres de Clovis Dardentor claquaient sur les joues sèches de Mme Elissane comme la baguette sur la peau du tambour.

Il va de soi que Louise n'avait pas évité l'étreinte du ménage Désirandelle. Toutefois, et si sans-gêne qu'il fût, M. Dardentor n'alla point jusqu'à gratifier la jeune fille de baisers paternels, qu'elle eût sans doute acceptés de bonne grâce.

Quant au jeune Agathocle, après s'être avancé vers Louise, il l'avait honorée d'un salut mécanique auquel sa tête seule prit part, grâce au jeu des muscles du cou, et il recula sans prononcer une parole.

La jeune fille ne put retenir une moue assez dédaigneuse dont Clovis Dardentor ne s'aperçut pas, mais qui n'échappa ni à Marcel Lornans ni à Jean Taconnat.

« Eh! fit le premier, je ne m'attendais pas à voir une si jolie personne!

— Jolie, en effet, ajouta le second.

— Et elle épouserait ce nigaud?... dit Marcel Lornans.

— Elle! s'écria Jean Taconnat. Dieu me pardonne, si je n'aimerais pas mieux, pour l'en empêcher, trahir le serment que j'ai fait de ne jamais me marier! »

Oui! Jean Taconnat avait fait ce serment-là, — il le disait du moins. Après tout, c'est de son âge, et cela vaut ce que valent tant d'autres qu'on ne tient guère. Observons, d'ailleurs, que Marcel Lornans, lui, n'avait rien juré de semblable. Qu'importait! L'un et l'autre étaient venus à Oran avec l'intention de s'engager au 7e chasseurs d'Afrique, non pour épouser Mlle Louise Elissane.

Mentionnons, afin de n'y plus revenir, que la traversée de l'*Argèlès* entre Palma et Oran s'était accomplie dans des conditions de bien-être extraordinaires. Une mer d'huile, comme on dit, à faire croire que toutes les huiles de la Provence avaient été « filées » à sa surface, une brise du nord-est qui prenait le paquebot par sa hanche de bâbord, et avait permis de l'appuyer de sa trinquette, de ses focs et de sa brigantine. Pas une lame n'avait déferlé pendant ces vingt-trois heures de navigation. Aussi, depuis le départ de Palma, la presque totalité des voyageurs avait repris place à la table commune, et, en fin de compte, la compagnie maritime eût été mal venue à se plaindre de ce nombre inusité de convives.

Quant à M. Oriental, il va sans dire que les tourds, accommodés à la mode napolitaine, lui avaient paru délicieux, et qu'il s'était régalé des encimadas avec la sensualité d'un gourmet professionnel.

On s'expliquera ainsi que tout le monde fût arrivé en bonne santé à Oran, même Mme Désirandelle, si éprouvée jusqu'à l'archipel des Baléares.

Toutefois, bien qu'il eût reconquis son aplomb physique et moral pendant cette seconde partie du voyage, M. Désirandelle n'avait pas lié connaissance avec les deux Parisiens. Ces jeunes gens le laissaient indifférent. Il les estimait très inférieurs à son fils Agathocle, malgré leur esprit, qui lui paraissait de mauvais goût. Libre à Dardentor de trouver leur commerce agréable, leur conversation amusante. A son avis, cela prendrait fin au mouillage de l'*Argèlès*.

On l'imagine, M. Désirandelle ne songea donc point à présenter les deux cousins à Mme Elissane non plus qu'à sa fille. Mais, avec le sans-façon du méridional et l'habitude qu'il avait de suivre son premier mouvement, Clovis Dardentor, lui, n'hésita point.

« M. Marcel Lornans et M. Jean Taconnat, de Paris, dit-il, deux jeunes amis pour lesquels j'éprouve une vive sympathie qu'ils me rendent, et j'ai l'espoir que notre amitié durera plus que cette trop courte traversée. »

Quel contraste chez ce Perpignanais! Voilà des sentiments exprimés dans une bonne langue. Il était regrettable que Patrice n'eût pas été là pour l'entendre.

Les deux jeunes gens s'inclinèrent devant Mme Elissane qui leur rendit un salut discret.

« Madame, dit Marcel Lornans, nous sommes très sensibles à cette attention de M. Dardentor... Nous avons pu l'apprécier comme il le méritait... Nous croyons aussi à la durée d'une amitié...

— Paternelle de sa part et filiale de la nôtre! » ajouta Jean Taconnat.

Mme Désirandelle, ennuyée de toutes ces politesses, regardait son fils, lequel n'avait pas encore desserré les lèvres. Du reste, Mme Elissane, qui aurait peut-être dû dire à ces jeunes Parisiens qu'elle les recevrait avec plaisir pendant leur séjour à Oran, ne le fit pas, — ce dont la mère d'Agathocle lui sut gré *in petto*. Dans leur instinct maternel, ces deux dames ne se disaient-elles pas que mieux valait garder une prudente réserve à l'égard de ces étrangers.

Mme Elissane prévint alors M. Dardentor que son couvert était mis, chez elle, et qu'elle serait heureuse de l'avoir à dîner dès ce premier jour avec la famille Désirandelle.

« Le temps de me faire conduire à l'hôtel, répondit le Perpignanais, d'y fabriquer un bout de toilette, de changer mon veston et mon béret de marin pour une tenue plus convenable, et j'irai manger votre soupe, chère madame! »

Ceci convenu, Clovis Dardentor, Jean Taconnat et Marcel Lornans prirent congé du capitaine Bugarach et du docteur Bruno. Si jamais ils devaient se rembarquer sur l'*Argèlès*, ce serait une vive satisfaction pour eux d'y retrouver cet aimable docteur et cet attentionné commandant. Ceux-ci répondirent qu'ils avaient rarement rencontré des passagers plus agréables, et l'on se sépara très satisfaits les uns des autres.

M. Eustache Oriental avait déjà mis pied sur le sol africain, sa longue-vue au dos dans un étui de cuir, son sac de voyage à la main, et il suivait un commissionnaire porteur d'une lourde valise. Comme il s'était toujours tenu à l'écart pendant la traversée, personne ne s'inquiéta de le saluer à son départ.

Clovis Dardentor et les Parisiens débarquèrent, laissant la famille Désirandelle s'occuper du transport de ses bagages à la maison de la rue du Vieux-Château. Puis, montant dans la même voiture, chargée de leurs valises, ils se dirigèrent vers un excellent hôtel de la place de la République que le docteur Bruno leur avait spécialement recommandé. Là, au premier étage, un salon, une chambre, un cabinet réservé à Patrice, furent mis à la disposition de Clovis Dardentor. Marcel Lornans et Jean Taconnat retinrent deux chambres à l'étage au-dessus, avec fenêtres ouvrant sur la place.

Or, il se trouva que M. Oriental avait également fait choix de cet hôtel. Aussi, lorsque ses compagnons de traversée y arrivèrent, l'aperçurent-ils installé dans la salle à manger, méditant le menu du repas qu'il allait se faire servir.

« Singulier astronome ! observa Jean Taconnat. Ce qui m'étonne, c'est qu'il ne commande pas pour son dîner une omelette aux étoiles brouillées ou un canard aux petites planètes ! »

Bref, une demi-heure après, Clovis Dardentor quittait sa chambre, dans une toilette soignée dont Patrice avait surveillé les moindres détails.

Dès qu'il rencontra les deux cousins à la porte du hall :

« Eh bien, mes jeunes amis, s'écria-t-il, nous nous sommes amenés à Oran !...

— Amenés est le mot, répondit Jean Taconnat.

— Ah çà ! j'espère bien que vous ne songez pas à vous engager dès aujourd'hui au 7ᵉ chasseurs...

— Eh ! monsieur Dardentor, cela ne saurait tarder, répondit Marcel Lornans.

— Vous êtes donc bien pressés d'endosser la veste bleue, d'enfiler le pantalon rouge à basane, de coiffer la calotte d'ordonnance...

— Quand on a pris un parti...

— Bon... bon !... Attendez au moins que nous ayons visité ensemble la ville et ses environs. — A demain...

— A demain ! » dit Jean Taconnat.

Et Clovis Dardentor se fit conduire chez Mme Elissane.

« Oui, comme dit cet aimable homme, nous voici à Oran ! répéta Marcel Lornans.

— Et lorsqu'on est quelque part, ajouta Jean Taconnat, la question est de savoir ce qu'on y va faire...

— Il me semble, Jean, que cette question est depuis longtemps résolue... Notre engagement à signer...

— Sans doute, Marcel... mais...

— Comment... est-ce que tu songerais toujours à l'article 345 du Code civil ?...

— Quel est cet article ?...

— Celui qui traite des conditions de l'adoption...

— Si cet article est l'article 345, répondit Jean Taconnat, oui... je songe à l'article 345. L'occasion qui ne s'est pas présentée à Palma peut se présenter à Oran...

— Avec une chance de moins, dit Marcel Lornans en riant. Tu n'as plus de flots à ta disposition, mon pauvre Jean, et te voilà réduit aux combats ou aux flammes ! Par exemple, si, cette nuit, le feu prend à l'hôtel, je te préviens que je chercherai à te sauver d'abord, et à me sauver ensuite...

— C'est d'un véritable ami, Marcel.

— Quant à M. Dardentor, il me paraît homme à se sauver tout seul. Il possède un sang-froid de première qualité... nous en savons quelque chose...

— D'accord, Marcel, et il en a donné la preuve lorsqu'il est entré à Sainte-Eulalie pour y recevoir la bénédiction. Cependant, s'il ne se doutait pas d'un danger... s'il était surpris par le feu... s'il ne pouvait être secouru que du dehors...

— Ainsi, Jean, tu n'abandonnes pas l'idée que M. Dardentor devienne notre père adoptif ?...

— Parfaitement... notre père adoptif!

— Soit!... Tu n'entends pas renoncer...

— Jamais!

— Alors, je ne plaisanterai plus à ce sujet, Jean, mais à une condition...

— Laquelle?...

— C'est que tu vas en finir avec ton air sombre et préoccupé, retrouver ta belle et bonne humeur d'autrefois, prendre les choses en riant...

— Convenu, Marcel... en riant, si je parviens à sauver M. Dardentor d'un des dangers prévus par le Code, en riant, si l'occasion ne s'offre pas de l'en tirer, en riant, si je réussis, en riant, si j'échoue, en riant partout et toujours!

— A la bonne heure, voilà que tu es redevenu fantaisiste!... Quant à notre engagement...

— Rien ne presse, Marcel, et, avant d'aller au bureau du sous-intendant, je demande un délai...

— Et quel délai?...

— Un délai d'une quinzaine de jours! Que diable! Lorsqu'on va s'enrôler pour la vie, on peut bien s'octroyer quinze jours de bonne liberté...

— Accordée, la quinzaine, Jean, et, d'ici-là, si tu ne t'es pas procuré un père dans la personne de M. Dardentor...

— Moi ou toi, Marcel...

— Ou moi... je veux bien... nous irons coiffer la calotte à gros gland...

— C'est entendu, Marcel.

— Mais tu seras gai, Jean?...

— Gai comme le plus pinsonnant des pinsons! »

ORAN. — LE PORT.

IX

Dans lequel le délai s'écoule sans résultat ni pour Marcel Lornans ni pour Jean Taconnat.

Un coq n'est pas plus joyeux aux premières lueurs de l'aube que ne l'était Jean Taconnat lorsqu'il sauta hors de son lit en réveillant

Agathocle recula sans prononcer une parole. (Page 114.)

Marcel Lornans par ses roulades matinales. Quinze jours, il avait quinze jours devant lui pour transformer en leur père adoptif ce brave homme doublé d'un bi-millionnaire.

Il était certain, d'ailleurs, que Clovis Dardentor ne quitterait pas Oran avant que n'eût été célébré le mariage d'Agathocle Désirandelle et de Louise Élissane. Ne devait-il pas servir de témoin au fils de ses vieux amis de Perpignan? Or, à tout le moins, de quatre à cinq semaines s'écouleraient jusqu'à l'accomplissement de cette cérémonie nuptiale... si elle s'accomplissait... Mais, à vrai dire, s'accomplirait-elle?...

Ce « si » et ce « mais » voltigeaient volontiers à travers le cerveau de Marcel Lornans. Il lui semblait invraisemblable que ce garçon devînt le mari de cette adorable jeune fille, car, si peu qu'il l'eût aperçue sur le pont de l'*Argèlès,* il trouvait que c'eût été manquer à ses devoirs que de ne pas l'adorer. Que M. et Mme Désirandelle vissent dans leur Agathocle un époux parfaitement convenable pour Louise, cela s'explique. De tout temps, un père et une mère ont été doués d'un « coup de rétine » spécial, comme dirait M. Dardentor, à l'égard de leur progéniture. Mais il était inadmissible que — tôt plutôt que tard — le Perpignanais ne se rendît pas compte de la nullité d'Agathocle et ne reconnût que deux êtres si différents n'étaient point faits l'un pour l'autre.

A huit heures et demie, M. Dardentor et les Parisiens se rencontrèrent dans la salle à manger de l'hôtel, devant la table du premier déjeuner.

Clovis Dardentor se sentait de joyeuse humeur. Il avait bien dîné la veille, il avait bien dormi la nuit. Avec un excellent estomac, un excellent sommeil, une conscience tranquille, si l'on n'est pas sûr du lendemain, pourra-t-on jamais l'être?

« Jeunes gens, dit M. Dardentor, en trempant sa brioche dans une tasse de chocolat meniérien de qualité extra-supérieure, nous ne nous sommes pas vus depuis hier au soir, et cette séparation m'a paru longue.

— Vous nous êtes apparu en rêve, monsieur Dardentor, répliqua Jean Taconnat, la tête entourée d'un nimbe...

— Un saint, quoi!

— Quelque chose comme le patron des Pyrénées-Orientales!

— Ah! ah! monsieur Jean, vous avez donc repigé votre gaîté naturelle?...

— Repigé... comme vous dites, affirma Marcel Lornans, mais il est exposé à la reperdre.

— Et pourquoi?...

— Parce qu'il va falloir nous séparer de nouveau, monsieur Dardentor, aller, vous, d'un côté, nous, d'un autre...

— Comment... nous séparer?...

— Sans doute, puisque la famille Désirandelle réclamera votre personne...

— Eh! là-bas... pas de ça, Lisette! En voilà une pommée!... Je ne permets point que l'on m'accapare de la sorte! Que de temps en temps j'accepte de casser une croûte chez Mme Elissane, soit! mais que l'on me tienne en laisse, jamais! L'avant-midi et l'après-midi, je me les réserve, et j'espère que nous les emploierons à courir la ville de conserve... la ville et ses alentours...

— A la bonne heure, monsieur Dardentor! s'exclama Jean Taconnat. Je voudrais ne pas vous quitter d'une semelle...

— Ni d'une semelle ni d'une semaine! riposta notre Perpignanais en s'esclaffant. J'aime la jeunesse, moi, et il me semble que je me suis débarrassé de la moitié de mon âge, lorsque je suis avec des amis de moitié plus jeunes que moi! Et pourtant... tout bien compté, je serais aisément votre père à tous deux...

— Ah! monsieur Dardentor! s'écria Jean Taconnat, qui ne put retenir ce cri du cœur.

— Restons donc ensemble, jeunes gens! Ce sera trop tôt de se séparer les paumes, lorsque je partirai d'Oran pour aller... ma foi, je ne sais où...

— Après le mariage?... observa Marcel Lornans.

— Quel mariage?...

— Celui du fils Désirandelle...

— C'est juste... Je n'y pensais déjà plus... Hein! quelle belle jeune fille, Mlle Louise Elissane!

— Nous l'avons trouvée telle, dès son arrivée à bord de l'*Argélès*... ajouta Marcel Lornans.

— Et moi aussi, mes amis. Mais, depuis que je l'ai contemplée chez sa mère, si gracieuse, si attentionnée, si... enfin si... elle a gagné cent pour cent dans mon esprit! En vérité, ce roublard d'Agathocle ne sera point à plaindre...

— S'il plaît à Mlle Elissane, crut devoir insinuer Marcel Lornans.

— Sans doute, mais il plaira, ce garçon!... Tous deux se sont connus dès leur naissance...

— Et même avant! dit Jean Taconnat.

— Agathocle est une bonne nature, en somme, peut-être un peu... un peu...

— Un peu... beaucoup... dit Marcel Lornans.

— Et même pas du tout... » dit Jean Taconnat.

Et il murmura à part lui :

« Pas du tout ce qui convient à Mlle Elissane! »

Toutefois il ne crut pas l'heure venue d'affirmer cette opinion devant M. Dardentor, qui reprit sa phrase :

« Oui... il est un peu... j'en conviens... Bon! il se dégourdira... comme une marmotte après l'hiver...

— Et n'en restera pas moins marmotte! ne put retenir Marcel Lornans.

— De l'indulgence, jeunes gens, de l'indulgence! reprit M. Dardentor. Si Agathocle vivait seulement avec des Parisiens comme vous, il serait dépantouflé avant deux mois!... Vous devriez lui donner des leçons...

— Des leçons d'esprit... à cent sols le cachet! s'écria Jean Taconnat. Ce serait vouloir lui voler son argent... »

M. Dardentor ne consentait point à se rendre. Que le fils Désirandelle fût fin comme une lame de plomb, il s'en doutait, à vrai dire. Mais il ajouta :

« Riez... riez, messieurs! Vous oubliez que l'amour, s'il ôte de l'esprit aux plus malins, en donne aux plus bêtes... et il en comblera le jeune...

— Gagathocle! » acheva Jean Taconnat.

Ma foi, M. Dardentor ne put s'empêcher d'éclater de rire à cette calembredaine.

Puis, Marcel Lornans reparla de Mme Elissane. Il demanda quelques renseignements sur la vie qu'elle menait à Oran. Comment M. Dardentor avait-il trouvé sa maison?...

« Jolie habitation, répondit celui-ci, jolie cage, animée par la présence d'un charmant oiseau. Vous y viendrez...

— S'il n'y a pas indiscrétion... observa Marcel Lornans.

— Présentés par moi, cela ira tout seul. Pas aujourd'hui, pourtant... Il faut laisser Agathocle prendre pied... Nous verrons demain... Maintenant ne nous occupons que de promenades. La ville... son port... ses monuments...

— Et notre engagement?... dit Marcel Lornans.

— Ce n'est pas aujourd'hui que vous allez y ficher votre paraphe, ni demain... ni après-demain!... Attendez au moins jusqu'après la noce...

— Ce serait peut-être attendre que nous ayons l'âge d'être mis à la retraite...

— Non... non!... Ça ne traînera pas! »

Quel déballage d'expressions qui eussent choqué les délicatesses de Patrice!

« Donc, reprit M. Dardentor, qu'il ne soit plus question d'engagement...

— Rassurez-vous, dit Jean Taconnat. Nous nous sommes offert un sursis de quinze jours! D'ici là, si notre situation ne s'est pas modifiée... si des intérêts nouveaux...

— Bien, mes amis,... ne discutons point! s'écria Clovis Dardentor. Vous vous êtes réservé quinze jours... je les prends et vous en donne reçu!... Vous m'appartiendrez pendant cette période... Vrai, je ne me suis embarqué sur l'*Argèlès* que parce que je savais vous y trouver... à bord...

— Et encore avez-vous manqué le départ, monsieur Dardentor! » répliqua Jean Taconnat.

Au comble de la bonne humeur, notre Perpignanais se leva de table et passa dans le hall.

Patrice était là.

« Monsieur a-t-il des ordres à me donner?...

— Des ordres... non, mais je te donne « campo » toute la journée ! Campe-toi ça dans la cervelle, et ne rapplique qu'au coup de dix heures ! »

Moue dédaigneuse de Patrice, qui ne sut aucunement gré à son maître de ce congé accordé en de pareils termes.

« Ainsi, monsieur ne désire pas que je l'accompagne?...

— Ce que je désire, Patrice, c'est ne point t'avoir sur mes talons, et je te prie de me tourner les tiens !

— Monsieur me permettra peut-être de lui faire une recommandation...

— Oui... si tu disparais après l'avoir faite.

— Eh bien, le conseil dont monsieur voudra bien tenir compte, c'est de ne plus monter dans une voiture avant que le cocher soit sur son siège... Cela pourrait ne pas finir par une bénédiction, mais par une culbute...

— Retourne au diable ! »

Et Clovis Dardentor descendit le perron de l'hôtel, entre les deux Parisiens.

« Un bon type de domestique que vous avez là ! dit Marcel Lornans. Quelle correction... quelle distinction...

— Et quel raseur avec ses manières ! Mais c'est un garçon honnête, qui se flanquerait dans le feu pour me sauver...

— Il ne serait pas le seul, monsieur Dardentor, » s'écria Jean Taconnat, qui, le cas échéant, eût tenté de souffler à Patrice ce rôle de sauveteur.

Pendant cette matinée, Clovis Dardentor et les deux cousins déambulèrent le long des quais de la basse ville. Le port d'Oran a été conquis sur la mer. Une longue jetée le couvre, et des jetées transversales le divisent en bassins, — le tout sur une superficie de vingt-quatre hectares.

Si les deux jeunes cousins ne prirent point grand goût au mouvement commercial, qui donne à Oran le premier rang entre les villes algériennes, l'ancien industriel de Perpignan témoigna d'un vif intérêt. Le chargement des alfas, qui sont l'objet d'une exploitation considérable, et que fournissent en abondance de vastes territoires du sud de la province, l'expédition des bestiaux, des céréales, des sucres bruts, l'embarquement des minerais tirés de la région montagneuse, cela était pour plaire à M. Dardentor.

« Pour sûr, disait-il, je passerais des journées au milieu du brouhaha de ces affaires! Je me retrouve ici comme autrefois dans mes magasins encombrés de futailles! Il n'est pas possible qu'Oran puisse rien offrir de plus curieux...

— Si ce n'est ses monuments, sa cathédrale, ses mosquées, répondit Marcel Lornans.

— Eh! fit Jean Taconnat, qui voulait flatter les intérêts de son père en expectative, je ne serais pas éloigné de penser comme M. Dardentor! Ce va-et-vient est des plus intéressants, ces navires qui entrent et sortent, ces camions chargés de marchandises, ces légions de porte-faix au type arabe... A l'intérieur de la ville, il y a certainement des édifices à voir et nous les verrons. Mais ce port, la mer qui remplit ses bassins, cette eau azurée où se reflètent les mâtures... »

Marcel Lornans lui lança un regard moqueur.

« Bravo! s'écria M. Dardentor. Voyez-vous! quand il n'y a pas d'eau dans un paysage, il me semble qu'il lui manque je ne sais quoi! Je possède plusieurs toiles de maitres dans ma maison de la place de la Loge, et toujours de l'eau au premier plan... Sans cela, je n'achèterais pas...

— Eh! vous êtes connaisseur, monsieur Dardentor! répondit Marcel Lornans. Aussi, allons-nous chercher des endroits où il y ait de l'eau... Tenez-vous à ce qu'elle soit douce?...

— Peu m'importe, puisqu'il ne s'agit pas de la boire!

— Et toi, Jean?...

— Pas davantage... pour ce que je voudrais en faire! répondit Jean Taconnat en regardant son ami.

— Eh bien, reprit Marcel Lornans, nous trouverons de l'eau

ailleurs que dans le port, et, d'après le Joanne, il y a le torrent du Rehhi, qui est en partie recouvert par le boulevard Oudinot. »

Enfin, quoi qu'en eût Marcel Lornans, cette matinée fut employée à courir les quais du port. Aussi la visite avait-elle été complète, lorsque M. Dardentor et les deux Parisiens revinrent déjeuner à l'hôtel. Après deux heures consacrées à la sieste et à la lecture des journaux, Clovis Dardentor se fit ce raisonnement qu'il communiqua à ses jeunes amis :

« Mieux vaudrait remettre à demain la promenade dans l'intérieur de la ville.

— Et pourquoi?... demanda Marcel Lornans.

— Parce que les Désirandelle pourraient la trouver mauvaise si je les lâchais dans les grands prix ! D'un cran, passe, mais de deux ! »

Patrice n'étant pas là, M. Dardentor avait beau jeu pour dire les choses « comme elles lui venaient ».

« Mais, interrogea Jean Taconnat, ne devez-vous pas dîner chez Mme Elissane?...

— Oui... aujourd'hui encore. A partir de demain, par exemple, on se baladera jusqu'au soir... Au revoir donc. »

Et Clovis Dardentor prit d'un pas relevé la direction de la rue du Vieux-Château.

« Lorsque je ne suis pas à ses côtés, affirma Jean Taconnat, je crains toujours qu'il ne lui arrive malheur...

— Bonne âme ! » répondit Marcel Lornans.

Insister sur ce fait que M. Dardentor fut reçu avec un vif plaisir dans la maison de Mme Elissane, que Louise, attirée instinctivement vers cet excellent homme, lui témoigna grande amitié, ce serait perdre son temps en phrases inutiles.

Quant au fils Désirandelle, il n'était pas là... il n'était jamais là. A rester dans la maison, il préférait muser au dehors, ce garçon. Il ne revenait qu'à l'heure des repas. Bien qu'il prit place à table, à droite de Louise Elissane, c'est à peine s'il lui adressait la parole. A vrai dire, M. Dardentor, assis près d'elle, n'était pas homme à laisser

L'ancien industriel témoignait d'un vif intérêt. (Page 127.)

languir la conversation. Il parla de tout, de son département, de sa ville natale, de son voyage à bord de l'*Argèlès*, de ses aventures à Palma, de sa galera emballée, de son entrée superbe dans l'église de Sainte-Eulalie, de ses jeunes compagnons de traversée, dont il fit le plus grand éloge — de ses jeunes amis de vingt ans, bien qu'il ne les connût que depuis trois jours, et cela l'obligeait à dater cette amitié de l'année qui suivit leur naissance.

Le résultat fut que Louise Elissane éprouvait un secret désir de voir ces deux Parisiens admis dans la maison de sa mère, et elle ne put retenir un léger signe approbateur lorsque M. Dardentor proposa de les y amener.

« Je vous les présenterai, madame Elissane, dit-il, je vous les présenterai dès demain... Des jeunes gens très bien... très bien... et que vous ne regretterez pas d'avoir reçus ! »

Peut-être Mme Désirandelle trouva-t-elle cette proposition du Perpignanais au moins inopportune. Cependant Mme Elissane ne crut pouvoir faire autrement que d'y acquiescer. Elle n'avait rien à refuser à M. Dardentor.

« Rien à me refuser ! s'écria celui-ci. Ah ! je vous prends au mot, chère madame. D'ailleurs, je ne demande jamais que des choses raisonnables... à moi-même comme aux autres... et on peut me les accorder comme je me les accorde... Interrogez là-dessus l'ami Désirandelle.

— Sans doute... répondit sans trop de conviction le père d'Agathocle.

— C'est convenu, reprit M. Dardentor, MM. Marcel Lornans et Jean Taconnat viendront passer la soirée de demain chez Mme Elissane. — A propos, Désirandelle, êtes-vous des nôtres pour visiter la ville, entre neuf heures et midi ?...

— Vous m'excuserez, Dardentor... Je désire ne point quitter ces dames et tenir compagnie à notre chère Louise...

— A votre aise... à votre aise !... Je comprends cela !... Ah ! mademoiselle Louise, comme on vous aime déjà dans cette excellente famille où vous allez entrer !... Eh bien, Agathocle, tu ne dis rien, mon garçon ?... Faut-il que je me mette en frais à ta place ?... Ah çà ! est-ce que tu ne trouves pas Mlle Louise charmante ?... »

Agathocle crut spirituel de répondre que s'il ne disait pas tout haut ce qu'il pensait, c'est qu'il pensait que mieux vaudrait le dire tout bas, — enfin une phrase entortillée, qui ne signifiait rien, et il n'en fût pas sorti si M. Dardentor ne l'y eût aidé.

Et Louise Elissane, qui ne cherchait guère à cacher le désenchantement que ce nigaud lui procurait, regardait M. Dardentor de ses beaux yeux déconcertés, tandis que Mme Désirandelle disait pour encourager son fils :

« Est-il gentil ? »

Et M. Désirandelle amplifiant :

« Et comme il l'aime ! »

Évidemment, Clovis Dardentor se défendait de rien voir. A son avis, le mariage étant décidé, c'était comme s'il eût été fait, et il ne lui venait pas à l'esprit qu'il pût ne pas se faire.

Le lendemain, toujours frais, jovial, rayonnant, dispos, Clovis Dardentor se rencontra devant la tasse de chocolat avec les deux Parisiens.

Et, tout d'abord, il leur apprit qu'ils devaient passer la soirée ensemble chez Mme Elissane.

« Une excellente idée que vous avez eue là de nous présenter, répondit Marcel Lornans. Pendant notre séjour de garnison, nous aurons au moins une maison agréable...

— Agréable... très agréable ! répondit Clovis Dardentor. Il est vrai, après le mariage de Mlle Louise...

— C'est juste, dit Marcel Lornans, il y a le mariage...

— Auquel vous serez invités, mes jeunes amis...

— Monsieur Dardentor, répondit Jean Taconnat, vous nous comblez... Je ne sais comment nous pourrons jamais reconnaitre... Vous nous traitez...

— Comme mes enfants !... Eh bien, est-ce que mon âge ne me permettrait pas d'être votre père ?...

— Ah ! monsieur Dardentor, monsieur Dardentor ! » s'écria Jean Taconnat d'une voix qui disait tant de choses.

La journée entière fut employée à parcourir la ville. Ce trio de touristes arpenta ses principales promenades, la promenade de Turin, plantée de beaux arbres, le boulevard Oudinot et sa double rangée de bella-ombra, la place de la Carrière, celles du Théâtre, d'Orléans, de Nemours.

On eut l'occasion d'observer les divers types de la population oranaise, très mélangée de soldats et d'officiers, dont un certain nombre portaient l'uniforme du 7e chasseurs d'Afrique.

« Fort élégant, cet uniforme, répétait M. Dardentor. La veste soutachée vous ira comme un gant, et vous ferez votre chemin en belle tenue! Eh! je vous vois déjà brillants officiers, destinés à quelque beau mariage!... C'est décidément un superbe métier, ce métier de soldat... quand on a le goût, et puisque vous avez le goût...

— C'est dans le sang! répliqua Jean Taconnat. Nous tenons cela de nos aïeux, braves commerçants de la rue Saint-Denis, dont nous avons hérité les instincts militaires! »

Puis, on rencontrait des Juifs, en costume marocain, des Juives à robes de soie brodées d'or, puis des Maures, promenant leur insouciante flânerie sur les trottoirs ensoleillés, enfin des Français et des Françaises.

Clovis Dardentor, cela va de soi, se proclamait enchanté de tout ce qu'il voyait. Mais peut-être sentait-il l'intérêt s'accroître notablement, lorsque les hasards de l'excursion l'amenaient devant quelque établissement industriel, tannerie, vermicellerie, fonderie, fabrique de tabac.

En effet — pourquoi ne point l'avouer — son admiration se contint dans des limites modérées en présence des monuments de la ville, la cathédrale qui fut réédifiée en 1839, ses trois nefs en plein-cintre, la préfecture, la banque, le théâtre, édifices modernes d'ailleurs.

Quant aux deux jeunes gens, ils accordèrent une sérieuse attention à l'église Saint-André, une ancienne mosquée rectangulaire, dont les voûtes reposent sur les arcs en fer à cheval de l'architecture mauresque, et que surmonte un minaret élégant. Cette église leur parut moins curieuse, toutefois, que la mosquée du Pacha, dont le porche en forme de « koubba » est très admiré des artistes. Peut-être aussi se fussent-ils attardés devant la mosquée de Sidi-el-Hâouri et ses trois étages d'arcatures, si Clovis Dardentor n'eût fait observer que le temps pressait.

En sortant, Marcel Lornans aperçut au balcon du minaret un personnage dont la longue-vue parcourait l'horizon.

« Tiens... M. Oriental! dit-il.

— Quoi... ce dénicheur d'étoiles... ce recenseur de planètes! s'écria notre Perpignanais.

— Lui-même... et il lorgne...

— S'il lorgne, ce n'est pas lui! affirma Jean Taconnat. Du moment qu'il ne mange pas, il n'est plus M. Oriental! »

C'était bien le président de la Société astronomique de Montélimar, qui suivait l'astre radieux dans sa course diurne.

Enfin, MM. Dardentor, Marcel Lornans et Jean Taconnat avaient grand besoin de repos, lorsqu'ils rentrèrent à l'hôtel pour l'heure du dîner.

Patrice, profitant, sans en abuser, des loisirs que lui laissait son maître, s'était déplacé méthodiquement le long des rues, ne se croyant pas obligé à tout voir en un seul jour, et enrichissant sa mémoire de précieux souvenirs.

Aussi se permit-il un blâme à l'égard de M. Dardentor qui, selon lui, n'apportait pas une suffisante modération dans ses actes et risquait de se fatiguer outre mesure. Il obtint pour toute réponse que la fatigue n'avait pas prise sur un natif des Pyrénées-Orientales, lequel l'envoya coucher.

C'est ce que fit Patrice, vers huit heures, non point métaphoriquement, mais matériellement, après avoir charmé les gens de l'office autant par ses réparties que par ses manières.

A cette heure-là, M. Dardentor et les deux cousins arrivaient à la maison de la rue du Vieux-Château. Les familles Elissane et Désirandelle se trouvaient au salon. Sur la présentation que fit Clovis Dardentor, Marcel Lornans et Jean Taconnat reçurent un aimable accueil.

La soirée fut ce que sont toutes ces soirées bourgeoises, — une occasion de causer, de prendre une tasse de thé, de faire un peu de musique. Louise Elissane jouait du piano avec infiniment de goût, avec un véritable sens des choses d'art. Or, — voyez le hasard! — Marcel Lornans « possédait » — pour employer le verbe en usage — une fort jolie voix. Aussi le jeune homme et la jeune fille purent-ils exécuter quelques morceaux d'une partition nouvelle.

Clovis Dardentor adorait la musique et apportait à l'écouter cette ferveur inconsciente des gens qui n'y comprennent pas grand'chose. Il suffit que cela leur entre par une oreille et leur sorte par l'autre, et il n'est pas démontré que leur cerveau en soit impressionné. Néanmoins, notre Perpignanais s'en donna de complimenter, d'applaudir, « de bravissimer » avec sa fulguration méridionale.

« Deux talents qui se marient joliment! » conclut-il.

Sourire de la jeune pianiste, léger embarras du jeune chanteur, froncement de sourcils de M. et Mme Désirandelle. En vérité, leur ami n'était pas heureux dans le choix de ses expressions, et sa phrase, si bien tournée que l'eût pu trouver Patrice, détonnait en cette circonstance.

En effet, chez Agathocle, il n'y avait rien à marier, ni talent, ni esprit, ni sa personne, — pas même, pensait Jean Taconnat, pour un simple mariage de convenance.

La conversation porta aussi sur la promenade que M. Dardentor et les deux Parisiens avaient faite à travers la ville. Louise Elissane, fort instruite, répondit, sans pédanterie, à quelques questions qui lui furent posées, — l'occupation des Arabes pendant trois siècles, la prise de possession d'Oran par la France il y avait quelque soixante ans, son commerce qui lui assigne le premier rang parmi les cités algériennes.

« Mais, ajouta la jeune fille, notre ville n'a pas été toujours heureuse, et son histoire est féconde en calamités. Après les attaques musulmanes, les sinistres naturels. Ainsi, le tremblement de terre de 1790 l'a presque entièrement détruite... »

Jean Taconnat prêta l'oreille :

« Et, continua la jeune fille, à la suite des incendies que ce sinistre occasionna, elle fut mise à sac par les Turcs et les Arabes. Sa tranquillité ne date que de la domination française. »

Et Jean Taconnat de penser :

« Tremblements de terre... incendies... attaques!... Allons, j'arrive cent ans trop tard ! — Est-ce que des secousses se font encore sentir, mademoiselle ?... demanda-t-il.

— Non, monsieur, répondit Mme Elissane.

— C'est fâcheux...

— Comment... fâcheux ! s'écria M. Désirandelle. Voilà qu'il vous faut des tremblements de terre, monsieur... des cataclysmes de ce genre, monsieur...

— Ne parlons plus de cela, déclara sèchement Mme Désirandelle, car le mal de mer finirait par me reprendre. Nous sommes en terre ferme, et c'est bien assez du roulis des bateaux sans que les villes s'en mêlent! »

Marcel Lornans ne put s'empêcher de sourire à cette réflexion de la bonne dame.

« Je regrette d'avoir rappelé ces souvenirs, dit alors Louise Elissane, puisque Mme Désirandelle est si impressionnable...

— Oh! ma chère enfant, répondit M. Désirandelle, ne vous reprochez pas...

— Et, d'abord, s'écria M. Dardentor, s'il survenait un tremblement de terre... je saurais bien le mater!... Un pied ici, un autre là... comme le colosse de Rhodes !... Rien ne bougerait... »

Le Perpignanais, les jambes écartées, faisait craquer le parquet sous ses bottes, prêt à lutter contre toute commotion du sol africain. Et de sa bouche largement ouverte sortit un rire si sonore, que tout le monde prit part à son hilarité.

L'heure de se retirer étant venue, on ne se sépara pas sans avoir donné rendez-vous aux deux familles pour le lendemain, afin de visiter la kasbah. Et Marcel Lornans, tout songeur, se répétait en rentrant à l'hôtel qu'un engagement au 7e chasseurs, ce n'était peut-être pas l'idéal du bonheur ici-bas...

Le lendemain, dans la matinée, les familles Elissane et Désirandelle, M. Dardentor et les deux Parisiens parcouraient les sinuosités de la vieille kasbah oranaise, — maintenant une vulgaire caserne, qui communique par deux portes avec la ville. Puis, la promenade fut poussée jusqu'au village nègre des Djalis, considéré à juste titre comme l'une des curiosités d'Oran. Et, pendant cette excursion, le hasard, — oh! le hasard seulement, — fit que Louise Elissane s'était volontiers entretenue avec Marcel Lornans, au vif mécontentement de Mme Désirandelle.

Le soir, il y eut dîner offert « à toute la compagnie », par Clovis Dardentor. Un repas magnifique, dont les divers services furent dirigés par les soins de Patrice, fort entendu en matière épulatoire. Mlle Elissane plut particulièrement à ce gentleman de la livrée, qui reconnut en elle une personne d'une rare distinction.

Plusieurs jours s'écoulèrent, et, cependant, la situation respective des hôtes de la maison du Vieux-Château ne tendait point à se modifier.

Maintes fois Mme Elissane avait pressenti sa fille au sujet d'Agathocle. En femme positive, elle lui faisait valoir les avantages présentés par les deux familles. Louise évitait de répondre aux instances de sa mère, laquelle, à son tour, ne savait que répondre aux instances de Mme Désirandelle.

Et ce n'était pas faute que celle-ci s'ingéniât à éperonner son fils.

« Sois donc plus empressé! lui répétait-elle dix fois par jour. On a soin de vous laisser ensemble, Louise et toi, et je suis sûre que tu restes là, regardant à travers les vitres au lieu de tourner quelque compliment...

— Si... je tourne...

— Oui... tu tournes et retournes ta langue... et tu ne prononces pas dix paroles en dix minutes...

— Dix minutes... c'est long!

— Mais songe donc à ton avenir, mon fils! reprenait la mère désolée, en lui secouant la manche de son veston. C'est un mariage

LA MOSQUÉE DU PACHA, A ORAN. (Page 132.)

qui devrait aller tout seul, puisque les deux familles sont d'accord, et il n'est pas même à moitié entamé...

— Si... puisque j'ai donné mon consentement... répondait naïvement Agathocle.

— Non... puisque Louise n'a pas donné le sien!» répliquait Mme Désirandelle.

Et les choses n'avançaient pas, et M. Dardentor, lorsqu'il s'en mêlait, ne parvenait pas à tirer une étincelle de ce garçon.

« Un caillou mouillé au lieu d'un silex toujours prêt à faire feu! pensait-il. Pourtant, il suffirait d'une occasion... Il est vrai... dans cette maison si paisible... »

Bref, on piétinait sur place. Or, ce n'est pas en marquant le pas que l'on monte à l'assaut. En outre, le stock des distractions quotidiennes commençait à s'épuiser. La ville avait été visitée jusque dans ses extrêmes faubourgs. A présent, M. Dardentor en savait autant que l'érudit président de la Société de Géographie d'Oran, laquelle est la plus importante de la région algérienne. Et, en même temps que désespéraient les Désirandelle, désespérait non moins Jean Taconnat, au milieu de cette cité bien assise, dont le sol inébranlable lui-même jouissait d'un repos absolu, ne laissait « rien à faire ».

Par bonheur, Clovis Dardentor eut une idée, — une idée telle qu'on pouvait l'attendre d'un pareil homme.

La Compagnie des Chemins de fer algériens venait d'afficher un voyage circulaire, à prix réduits, dans le sud de la province oranaise. Il y avait de quoi tenter les plus casaniers. On partait par une ligne, on reviendrait par une autre. Entre les deux, cent lieues à traverser en pays superbe. Ce serait l'affaire d'une quinzaine de jours curieusement employés.

Sur les affiches multicolores de la Compagnie s'étalait une carte de la région que traversait une grosse ligne rouge en zigzags. Par chemin de fer on allait à Tlélat, à Saint-Denis du Sig, à Perregaux, à Mascara, à Saïda, point terminus. De là, par voitures ou en caravane, on visitait Daya, Magenta, Sebdou, Tlemcen, Lamoricière,

Sidi-bel-Abbès. Enfin, par chemin de fer, on revenait de Sidi-bel-Abbès à Oran.

Eh bien, voilà le voyage auquel s'attacha Clovis Dardentor avec la passion qui caractérisait les moindres actes de cet homme extraordinaire. Ce projet, il n'éprouva aucune difficulté à le faire adopter par les Désirandelle. Les hasards du cheminement, la vie en commun, les petits services à rendre, que d'occasions dont Agathocle saurait profiter pour plaire à cette charmante Louise!

Peut-être Mme Elissane se fit-elle un peu prier. Ce déplacement l'effrayait, et puis ceci, et puis cela. Mais essayez donc de résister à M. Dardentor. L'excellente dame n'avait-elle pas dit qu'on ne pouvait rien lui refuser, et il le lui rappela au moment opportun. Enfin son argumentation fut décisive. Pendant cette excursion, Agathocle se révélerait sous un nouveau jour. Mlle Louise l'apprécierait à sa valeur, et le mariage serait conclu au retour.

« Et, demanda Mme Elissane, est-ce que MM. Lornans et Taconnat seront du voyage?...

— Non, par malheur! répondit M. Dardentor. Dans quelques jours ils doivent s'engager, et cela les retarderait trop. »

Mme Elissane parut satisfaite.

Mais, après celui de sa mère, il fallut obtenir le consentement de la jeune fille.

M. Dardentor eut fort à faire. Elle répugnait visiblement à ce voyage pendant lequel elle serait en contact permanent avec la famille Désirandelle. Au moins, à Oran, les absences d'Agathocle étaient fréquentes. On ne le voyait guère qu'aux heures des repas, — les seules pendant lesquelles il ouvrît sérieusement la bouche, et ce n'était pas pour causer. En wagon, en voiture, en caravane, il serait là, toujours là... Cette perspective n'était pas de nature à récréer Louise Elissane. Ce garçon ne pouvait que lui déplaire, et peut-être elle eût été sage en déclarant à sa mère qu'elle ne l'épouserait jamais. Mais elle connaissait cette femme résolue, tenace, peu disposée à abandonner ses projets. A vrai dire, cela vaudrait mieux si la bonne dame arrivait à reconnaître elle-même la nullité du prétendu...

M. Dardentor déploya une éloquence irrésistible. Il était de bonne foi, d'ailleurs, en s'imaginant que ce voyage fournirait à l'héritier des Désirandelle quelque occasion de se produire à son avantage, et il espérait que le vœu de ses vieux amis finirait par se réaliser. Ce serait un tel chagrin pour eux s'ils échouaient! Bien que cela ne fût pas pour toucher la jeune fille, il obtint finalement qu'elle s'occuperait des préparatifs de départ.

« Vous m'en remercierez plus tard, lui répétait-il, vous m'en remercierez! »

Patrice, mis au courant, ne cacha point à son maître que ce voyage n'avait pas son entière approbation. Il faisait des réserves... Il y aurait sans doute d'autres touristes... on ne savait qui... et... de vivre en commun... cette promiscuité...

Son maître lui enjoignit de se tenir prêt à boucler les valises le soir du 10 mai, dans quarante-huit heures.

Lorsque M. Dardentor fit connaître aux deux jeunes gens la résolution prise par les familles Elissane et Désirandelle ainsi que par lui-même, il s'empressa de leur exprimer tous ses regrets, — oh! très vifs... très sincères! — de ce qu'ils ne pussent l'accompagner. C'eût été complet et charmant de « caravaner » ensemble, — ce fut son mot, — pendant quelques semaines à travers la province oranaise!

Marcel Lornans et Jean Taconnat offrirent leurs regrets non moins sincères et non moins vifs. Mais, depuis une dizaine de jours qu'ils étaient arrivés à Oran, pouvaient-ils tarder davantage à régulariser leur situation...

Et néanmoins, le lendemain soir, la veille du départ projeté, après avoir pris congé de M. Dardentor, voici que les deux cousins échangèrent ces demandes et ces réponses :

« Dis donc, Jean?...

— Qu'y a-t-il, Marcel?...

— Est-ce qu'un retard de deux semaines...

— Durerait plus de quinze jours?... Non, Marcel, je ne crois pas du moins... même en Algérie!...

— Si nous partions avec M. Dardentor?...

— Partir, Marcel! Et c'est toi qui me fais cette proposition... toi qui ne m'as donné qu'une quinzaine pour mes expériences de sauvetage?...

— Oui... Jean... parce que... ici... à Oran... cette ville si peu remuante... tu ne pouvais réussir... Tandis que... ce voyage circulaire... Qui sait?... des occasions...

— Hé! hé! Marcel, cela peut se rencontrer... L'eau... le feu... le combat surtout... Et c'est bien pour me procurer ces occasions que tu as cette idée?...

— Uniquement! répondit Marcel Lornans.

— Farceur! » répondit Jean Taconnat.

X

Dans lequel s'offre une première et sérieuse occasion sur le chemin de fer d'Oran à Saïda.

Le voyage organisé par la Compagnie des Chemins de fer algériens était de nature à plaire aux touristes oranais. Aussi le public accepta-t-il avec faveur cet itinéraire de six cent cinquante kilomètres à travers la province, — soit trois cents en wagon, et trois cent cinquante dans les voitures ou autres modes de transport entre Saïda, Daya, Sebdou, Tlemcen et Sidi-bel-Abbès. Une promenade, on le voit, une simple promenade, que les amateurs pourraient exécuter de mai à octobre, à leur choix, c'est-à-dire pendant les mois de l'année que ne compromettent point les grands troubles atmosphériques.

D'ailleurs, — il importe d'y insister, — il ne s'agissait aucunement de ces voyages économiques des agences Lubin, Cook ou autres, qui vous astreignent à un itinéraire impérieux, vous obligent à visiter au même jour et à la même heure les mêmes villes et les mêmes monuments, programme qui gêne et géhenne la clientèle, et dont on ne saurait s'écarter. Non, et Patrice se trompait à cet égard. Nulle servitude, nulle promiscuité. Les billets étaient valables pour toute la belle saison. On partait quand on voulait, et l'on s'arrêtait à son gré. De cette faculté que chacun avait de ne se mettre en route qu'à sa convenance, il résulta que ce premier départ du 10 mai ne réunit qu'une trentaine d'excursionnistes.

L'itinéraire avait été convenablement choisi. Des trois sous-préfectures que possède la province d'Oran, Mostaganem, Tlemcen et Mascara, ledit itinéraire traversait les deux dernières, et, des subdivisions militaires, — Mostaganem, Saïda, Oran, Mascara, Tlemcen et Sidi-bel-Abbès, — en comprenait trois sur cinq. Dans ces limites, la province que borne au nord la Méditerranée, à l'est le département d'Alger, à l'ouest le Maroc, et le Sahara au sud, présente des aspects variés, montagnes d'une altitude supérieure à mille mètres, forêts dont la superficie totale n'est pas inférieure à quatre cent mille hectares, puis des lacs, des cours d'eau, la Macta, l'Habra, le Chélif, le Mekena, le Sig. Si la caravane ne la parcourait pas tout entière, du moins en visiterait-elle les plus beaux territoires.

Ce jour-là, Clovis Dardentor n'allait point manquer le train comme il avait manqué le paquebot. Il était en avance à la gare. Promoteur du voyage, il ne faisait que son devoir en précédant ses compagnons, lesquels étaient tous d'accord pour voir en lui le chef de l'expédition.

Froid et silencieux, Patrice se tenait près de son maître, attendant les bagages qu'il devait faire enregistrer, — bagages peu encombrants, — quelques valises, quelques sacs, quelques couvertures, rien que le nécessaire.

Il était déjà huit heures et demie, et le train partait à neuf heures cinq.

« Eh bien, s'écria Clovis Dardentor, que font-ils donc?... Est-ce qu'elle ne va pas montrer son nez, notre smala? »

Patrice voulut bien accepter ce mot indigène, puisqu'on se trouvait en pays arabe, et il répondit qu'il apercevait un groupe se dirigeant vers la gare.

C'était la famille Désirandelle, avec Mme et Mlle Elissane.

M. Dardentor leur fit mille amitiés. Il était si heureux que ses vieux amis de France et ses nouveaux amis d'Afrique eussent accepté sa proposition... A l'entendre, ce voyage leur laisserait d'impérissables souvenirs... Mme Elissane lui paraissait être en bonne santé, ce matin... Et Mlle Louise... délicieuse dans son costume de touriste!... Que personne ne s'inquiétât des places... cela le regardait... Il prendrait les billets pour toute la société... La chose se réglerait plus tard... Quant aux bagages, c'était l'affaire de Patrice... On pouvait s'en fier au soin minutieux qu'il apportait à ses moindres actes... En ce qui le concernait, lui, Dardentor, de tout son être jaillissait comme une gerbe de bonne humeur.

Les deux familles entrèrent dans la salle d'attente, abandonnant à Patrice les quelques colis qu'elles ne désiraient point conserver dans le wagon. Le mieux même serait de les laisser en consigne pendant les haltes à Saint-Denis du Sig, à Mascara, jusqu'à l'arrivée en gare de Saïda.

Après avoir prié Mme Désirandelle et Agathocle de rester avec Mme Elissane et sa fille dans la salle d'attente, Clovis Dardentor, d'un pied léger, — un sylphe, — et M. Désirandelle d'un pas lourd, — un pachyderme, — vinrent se poster près du guichet où se délivraient les billets circulaires. Une vingtaine de voyageurs y faisaient queue, impatients de défiler à leur tour devant la buraliste.

Or, parmi eux, que distingua d'abord M. Désirandelle?... M. Eustache Oriental en personne, le président de la Société astronomique de Montélimar, son inséparable longue-vue en bandoulière. Oui! cet original s'était laissé séduire par l'appât d'un voyage de quinze jours à prix réduits.

« Comment, murmura M. Dardentor, il va en être!... Eh bien, nous veillerons à ce qu'il n'ait pas toujours la meilleure place à la table et les meilleurs morceaux dans son assiette! Que diable! les dames avant tout! »

Cependant, lorsque M. Oriental et M. Dardentor se rencontrèrent devant le guichet, ils crurent devoir échanger une inclinaison de tête. Puis, M. Dardentor prit six billets de première classe pour la famille Elissane, la famille Désirandelle et lui, plus un billet de seconde classe pour Patrice, qui n'eût point accepté de voyager en troisième.

Presque aussitôt la cloche retentit, les portes de la salle d'attente furent ouvertes, et les voyageurs affluèrent sur le quai le long duquel stationnait le train, sa locomotive ronflant sous ses tôles frémissantes et se couronnant de vapeurs qui fusaient à travers le joint des soupapes.

Les partants sont assez nombreux dans ce train direct d'Oran à Alger, et, comme à l'ordinaire, il ne se composait que d'une demi-douzaine de voitures. Les touristes, d'ailleurs, devaient le quitter à Perregaux, afin de prendre la voie ferrée qui descend vers le sud dans la direction de Saïda.

Six personnes ne trouvent pas aisément six places libres à l'intérieur du même compartiment, lorsqu'il y a une certaine affluence de voyageurs. Heureusement, Clovis Dardentor, qui avait la pièce de deux francs facile, parvint, grâce au zèle d'un employé, à se loger avec son petit monde dans un compartiment dont les deux autres places furent aussitôt prises. Donc, complet. Les trois dames disposèrent de la banquette arrière, les trois hommes de la banquette avant. Il convient de remarquer que Clovis Dardentor faisait face à Louise Elissane, et que tous deux occupaient les angles de ce côté du wagon.

Quant à M. Eustache Oriental, on ne l'avait point revu et on ne s'en inquiéta pas autrement. Il devait être monté dans la première voiture, et, très certainement, on apercevrait son appareil dioptrique passant à travers la portière.

144   CLOVIS DARDENTOR.

Les deux jeunes gens reçurent un sympathique accueil. (Page 133.)

Au surplus, cette partie du trajet ne comporte qu'une soixante-dizaine de kilomètres entre Oran et Saint-Denis du Sig, où l'horaire indiquait la première halte.

A neuf heures cinq juste, rossignolade du chef de gare, claquement des portières que l'on ferme et dont on rabat le crochet, sifflet strident de la locomotive, et démarrage bruyant du train qui sursauta au passage des plaques tournantes.

La promenade fut poussée jusqu'au village nègre. (Page 136.)

En sortant de la capitale oranaise, la vue du voyageur s'arrête d'abord sur un cimetière et sur un hôpital, à droite de la voie, — deux établissements dont l'un complète évidemment l'autre, — dont l'aspect n'a rien de récréatif. A gauche se succèdent une suite de chantiers, et, au delà, apparait la verdoyante campagne d'une plus réjouissante apparence

C'est ce côté qui s'offrit aux regards de M. Dardentor et de sa gracieuse vis-à-vis. Six kilomètres en amont, après avoir côtoyé le petit lac Morselli, le train fit halte à la station de la Sènia. A vrai dire, c'est à peine si les meilleurs yeux purent distinguer la bourgade, située à douze cents mètres, au point où se bifurque la route départementale d'Oran à Mascara.

Cinq kilomètres au delà, après avoir laissé sur la droite l'ancienne redoute d'Abd el Kader, il y eut un arrêt à la station de Valmy, où le chemin de fer coupe la route sus-indiquée.

A gauche, se développe un large segment du grand lac salé de Sebgha, dont l'altitude atteint déjà près de quatre-vingt-douze mètres au-dessus du niveau méditerranéen.

Des angles qu'ils occupaient dans leur compartiment, Clovis Dardentor et Louise Elissane n'aperçurent ce lac qu'imparfaitement. Dans tous les cas, si vaste qu'il soit, il n'eût obtenu qu'un regard dédaigneux de Jean Taconnat, car ses eaux étaient déjà très basses à cette époque, et il ne tarderait pas à s'assécher totalement sous les ardeurs de la saison chaude.

Jusqu'alors, la direction de la ligne avait été sud-est; mais elle se releva vers la bourgade du Tlélat, où le train vint bientôt stationner.

Clovis Dardentor s'était muni d'un plan de poche sur toile à.plis rectangulaires, comprenant l'itinéraire du voyage. Cela ne saurait étonner de la part d'un homme si pratique et si précautionné. S'adressant à ses compagnons :

« C'est ici, dit-il, que s'embranche la ligne de Sidi-bel-Abbès, qui nous ramènera à Oran au retour de notre excursion.

— Mais, demanda M. Désirandelle, est-ce que cette ligne ne se prolonge pas jusqu'à Tlemcen?...

— Elle doit se prolonger, après s'être bifurquée à Boukhanéfès, répondit M. Dardentor, et n'est point encore achevée.

— Peut-être est-ce fâcheux, fit observer Mme Elissane. Si nous avions pu...

— Bonté divine, ma chère dame, s'écria Clovis Dardentor, c'eût été supprimer notre cheminement en caravane! De l'intérieur d'un wagon on ne voit rien ou peu de chose, et on y cuit dans son jus! Aussi me tarde-t-il d'être arrivé à Saïda!... Est-ce que ce n'est pas votre avis, mademoiselle Louise?... »

Comment la jeune fille ne se serait-elle pas rangée à l'opinion de M. Dardentor?

A partir du Tlélat, le chemin de fer prit franchement la direction de l'est, en traversant les petits cours d'eau sinueux et murmurants des oueds, fidèles tributaires du Sig. Le train redescendit vers Saint-Denis, après avoir franchi le fleuve, lequel, sous le nom de Macta, va se jeter dans une vaste baie entre Arzeu et Mostaganem.

Les voyageurs arrivèrent à Saint-Denis à onze heures et quelques minutes. En cet endroit descendirent la plupart de ceux qui faisaient le voyage de touristes.

Du reste, le programme particulier de M. Dardentor comportait une journée et une nuit passées dans cette bourgade, d'où l'on repartirait le lendemain vers dix heures. Comme ses compagnes et ses compagnons s'en remettaient à lui des détails du voyage, il était décidé à suivre de point en point sa devise : *transire videndo*.

Notre Perpignanais fut le premier à quitter le wagon, ne doutant pas qu'il serait suivi par Agathocle, lequel s'empresserait d'offrir la main à Louise Elissane pour descendre sur le quai. Mais ce déplorable garçon devait être devancé par la jeune fille, et ce fut avec l'aide de M. Dardentor qu'elle sauta d'un pied léger.

« Ah! fit-elle, en laissant échapper un petit cri, au moment où elle se retournait.

— Vous vous êtes fait mal, mademoiselle?... demanda Clovis Dardentor.

— Non... non... répondit Louise, je vous remercie, monsieur... mais je croyais... que...

— Vous croyiez?...

— Je croyais... que messieurs Lornans et Taconnat n'étaient pas du voyage...

— Eux? » s'écria Clovis Dardentor d'une voix éclatante.

Et, faisant une volte, il se trouva en présence de ses amis, auxquels il ouvrit ses deux bras, tandis que les jeunes gens saluaient Mme Elissane et sa fille.

« Vous... vous?... répétait-il.

— Nous-mêmes! répliqua Jean Taconnat.

— Et l'engagement au 7e chasseurs?...

— Nous avons pensé qu'il serait tout aussi valable dans une quinzaine... dit Marcel Lornans, et... dans le but d'utiliser ce temps...

— Il nous a semblé qu'un voyage circulaire... ajouta Jean Taconnat.

— Ah! l'excellente idée, s'écria M. Dardentor, et quelle joie elle nous cause à tous! »

A tous?... peut-être le mot était-il excessif. Pour ne point parler de Louise, comment Mme Elissane, les Désirandelle, envisageaient-ils l'incident?... Avec un réel déplaisir. Aussi, les saluts rendus aux deux Parisiens furent-ils secs de la part des femmes, raides de la part des hommes. Quant à Clovis Dardentor, nul doute qu'il était de bonne foi, lorsqu'il avait dit à Mme Elissane que ni Marcel Lornans ni Jean Taconnat ne devaient l'accompagner. Il n'y avait donc pas lieu de lui en vouloir. Néanmoins, peut-être se montrait-il trop satisfait.

« En voilà une veine! » s'écria-t-il.

— Le train allait partir, lorsque nous sommes arrivés à la gare, expliqua Jean Taconnat. Ce que j'avais eu de peine à décider Marcel... à moins que ce ne soit lui qui ait eu non moins de peine à me décider... Enfin... des hésitations jusqu'à la dernière limite... »

Bref, Clovis Dardentor et sa smala étaient à Saint-Denis du Sig, la première étape du voyage, et les deux jeunes gens furent acceptés dans la caravane. A présent, il fallait s'enquérir d'un hôtel où l'on pourrait déjeuner, dîner, dormir convenablement. On ne se séparerait plus... Il n'y aurait pas deux groupes, — le groupe Dardentor, d'une part, et le groupe Lornans-Taconnat de l'autre. Non! par exemple! Cette résolution fit sans doute des contents et des mécontents, mais personne n'en laissa rien paraître.

« Décidément, murmura Jean Taconnat, ce Pyrénéen a pour nous des entrailles de père! »

Si les touristes fussent débarqués à Saint-Denis du Sig quatre jours plus tôt, — le dimanche et non le mercredi, — ils y auraient rencontré quelques milliers d'Arabes. En effet, c'eût été jour de marché, et la question de l'hôtel se fût résolue dans des conditions moins faciles. En effet, d'ordinaire, la population de cette bourgade se réduit à six mille habitants, dont le cinquième est d'origine juive, plus quatre mille étrangers.

L'hôtel trouvé, on y déjeuna gaiement — une gaieté débordante dont M. Dardentor fit surtout les frais. Dans la pensée de glisser peu à peu à une franche intimité avec ces compagnons de voyage auxquels ils s'étaient imposés en somme, les deux Parisiens affectèrent de se tenir sur une discrète réserve.

« Voyons, mes jeunes amis, observa même Clovis Dardentor, je ne vous reconnais pas!... Vos nounous vous ont changés en route!... Vous... si joyeux...

— Ce n'est plus de notre âge, monsieur Dardentor, répondit Jean Taconnat. Nous ne sommes pas si jeunes que vous...

— Ah! les bons apôtres! Tiens... je n'ai point aperçu M. Oriental à la gare...

— Est-ce que ce personnage planétaire était dans le train? demanda Marcel Lornans.

— Oui, et, sans doute, il aura continué sur Saïda.

— Diable! fit Jean Taconnat. Cela vaut une nuée de sauterelles, un particulier de cette espèce-là, et il va tout dévorer sur son passage! »

Le déjeuner fini, puisqu'on ne devait repartir que le lendemain matin, à neuf heures, il fut convenu que la journée entière serait employée à visiter Saint-Denis du Sig. Il est vrai, ces bourgades algériennes ressemblent furieusement à des chefs-lieux de canton de la mère-patrie, et rien n'y manque, commissaire de police, juge de paix, notaire, receveur des contributions, conducteur des ponts et chaussées... et gendarmes !

Saint-Denis du Sig possède quelques rues assez belles, des places régulièrement dessinées, des plantations de vigoureuse venue, — en platanes surtout, — une jolie église de ce style gothique du XIIe siècle. En réalité, ce sont plutôt les alentours de la ville qui méritent d'attirer les touristes.

On se promena donc aux environs. M. Dardentor fit admirer à ces dames qui ne s'y intéressaient guère, et aux deux cousins dont l'esprit était ailleurs — dans le brouillard de l'avenir probablement, — des terres d'une exceptionnelle fertilité, des vignobles superbes qui tapissaient le massif isolé auquel s'appuie la bourgade, sorte de forteresse naturelle facile à défendre. Notre Perpignanais appartenait à cette catégorie de gens qui admirent uniquement parce qu'ils ne sont plus chez eux, et auxquels il ne faudrait pas confier la rédaction d'un *Guide des Voyageurs*.

Cette promenade de l'après-midi fut favorisée par un temps à souhait. On alla, en amont de la ville, par la rive du Sig, jusqu'à ce barrage, qui oblige les eaux à refluer sur quatre kilomètres au-dessus, et dont la contenance est de quatorze millions de mètres cubes, destinés à l'arrosage des cultures industrielles. Ledit barrage a bien cédé quelquefois, et il cédera encore, sans doute. Mais les ingénieurs veillent, et du moment que veillent les représentants de ce docte corps, il n'y a rien à craindre... à les en croire.

Après cette excursion prolongée, l'excuse de la fatigue était très admissible. Aussi, lorsque Clovis Dardentor parla d'une visite qui exigerait un cheminement de plusieurs heures, Mme Elissane et Mme Désirandelle, à laquelle crut devoir se joindre son mari, demandèrent-elles grâce.

Louise dut les accompagner à l'hôtel, sous la protection d'Agathocle. Quelle occasion pour ce prétendu d'offrir son bras à sa prétendue... s'il n'eût été amputé des deux — au moral s'entend.

Marcel Lornans et Jean Taconnat n'auraient pas mieux demandé que de rentrer avec ces dames, s'il ne leur avait fallu se résigner à suivre M. Dardentor.

Celui-ci s'était mis dans la tête d'aller visiter, à huit kilomètres de là, une ferme de deux mille hectares, l'Union du Sig, dont l'origine phalanstérienne remonte à l'année 1844. Par bonheur, le trajet put s'effectuer à dos de mules, sans trop de retard ni de fatigue. Et, en traversant cette campagne riche et tranquille, Jean Taconnat de se dire :

« C'est désespérant!... Il y a quelque soixante-quatre ans, peut-être... alors que l'on se battait à travers la brousse pour prendre possession de la province oranaise... peut-être aurais-je pu?...

Bref, aucune occasion de sauvetage ne s'était offerte, lorsque tous les trois revinrent à l'hôtel pour le dîner. La soirée ne se prolongea pas. Chacun regagna sa chambre dès neuf heures. Agathocle, qui ne rêvait jamais, ne rêva pas de Louise, et Louise, dont le sommeil était toujours embelli d'agréables rêves, ne rêva pas d'Agathocle...

Le lendemain, à huit heures, Patrice heurta toutes les portes d'un petit coup discret. On obéit au signal de ce ponctuel serviteur, on prit un premier déjeuner au café ou au chocolat, chacun selon son goût, on régla les dépenses de l'hôtel, et l'on se rendit pédestrement à la gare.

Cette fois, M. Dardentor et ses compagnons occupèrent à eux seuls les huit places du compartiment. Ce ne devait d'ailleurs être que pour un trajet très court, entre Saint-Denis du Sig et la station de Perregaux.

Après un court arrêt à Mocta-Douz, hameau européen, situé à dix-sept kilomètres de Saint-Denis, le train stoppa huit kilomètres plus loin.

Perregaux, simple bourgade de trois mille habitants, dont seize cents indigènes, est arrosée par l'Habra au centre d'une plaine de trente-six mille hectares, d'une fécondité merveilleuse. C'est en cet endroit que se coupent le chemin de fer d'Oran à Alger, et celui d'Arzeu, port de la côte septentrionale, qui descend jusqu'à Saïda.

Tracé du nord au sud à travers la province, en desservant les immenses territoires où se récolte l'alfa, il se prolongera jusqu'à Aïn-Safra, presque à la frontière marocaine.

Les touristes durent donc changer de train à cette petite station, et, vingt et un kilomètres plus loin, s'arrêter à la halte de Crève-Cœur.

En effet, la ligne d'Arzeu à Saïda laisse Mascara sur la gauche. Or, « brûler », comme on dit, ce chef-lieu d'arrondissement, peut-être cela eût-il correspondu à l'état d'âme de Jean Taconnat, en quête d'incendies. Mais Clovis Dardentor aurait protesté de la belle façon, car le programme circulaire comprenait Mascara. Aussi, pour les vingt kilomètres qu'il y avait à franchir, des véhicules réquisitionnés par la Compagnie se tenaient-ils devant la gare, à la disposition de sa clientèle.

Le même omnibus reçut la société Dardentor, et le hasard, qui est un malin arrangeur de choses, fit que Marcel Lornans se trouva placé près de Louise Elissane. Non! jamais vingt kilomètres ne lui parurent si courts! Et, pourtant, l'omnibus avait marché lentement, attendu que la route s'élève jusqu'à la cote de cent trente-cinq mètres au-dessus du niveau de la mer.

Enfin, court ou non, le dernier kilomètre s'acheva vers trois heures et demie. Conformément au plan adopté, on devait passer à Mascara la soirée du 11, puis la nuit, puis la journée du 12 et partir pour Saïda.

« Pourquoi ne prendrions-nous pas le train dès ce soir?... demanda Mme Elissane.

— Oh! chère excellente dame, répondit M. Dardentor, vous ne le voudriez pas, et si vous le vouliez, si j'avais la faiblesse de vous obéir, vous me le reprocheriez toute ma vie...

— Mère, dit Louise en riant, peux-tu exposer M. Dardentor à encourir de si longs reproches?...

— Et si justifiés? ajouta Marcel Lornans, dont l'intervention parut plaire à Mlle Elissane.

— Oui... justifiés, reprit M. Dardentor, car Mascara est une des

« Ah ! » fit-elle, en laissant échapper un petit cri. (Page 147.)

plus jolies villes de l'Algérie, et le temps que nous lui consacrerons ne sera pas perdu ! Je veux que le loup me croque depuis la nuque jusqu'à l'échine...

— Hum !... fit Patrice.

— Tu es enrhumé ?... dit son maitre.

— Non... J'ai simplement voulu chasser à temps le loup de monsieur...

— Animal! »

Bref, la petite troupe se rendit aux désirs de son chef, qui ressemblaient singulièrement à des ordres.

Mascara est une ville forte. Couchée sur le versant méridional de la première chaîne de l'Atlas, au pied du Chareb-er-Rih, elle domine la spacieuse plaine d'Eghris. Trois cours d'eau y confluent, l'Oued-Toudman, l'Aïn-Béïda, le Ben-Arrach. Prise en 1835 par le duc d'Orléans et le maréchal Clausel, puis abandonnée presque aussitôt, elle ne fut reconquise qu'en 1841 par les généraux Bugeaud et Lamoricière.

Avant dîner, les touristes purent reconnaître que M. Dardentor n'avait pas exagéré. Mascara est dans une position délicieuse, étagée sur les deux collines entre lesquelles coule l'Oued-Toudman. La promenade s'effectua à travers ses cinq quartiers dont quatre sont ceints d'un boulevard planté d'arbres, — ledit rempart percé de six portes, défendu par dix tours et huit bastions. Enfin les promeneurs s'arrêtèrent sur la place d'armes.

« Quel phénomène!... s'écria M. Dardentor, lorsqu'il se campa, les jambes écartées, les bras levés au ciel, devant un arbre énorme, deux ou trois fois centenaire.

— Une forêt à lui seul! » répondit Marcel Lornans.

C'était un mûrier, qui mériterait d'avoir sa légende, et sur lequel plusieurs siècles ont passé sans l'abattre.

Clovis Dardentor voulut en cueillir une feuille :

« Cette première robe à traîne des élégantes du Paradis terrestre... dit Jean Taconnat.

— Et qui se confectionne sans couturières! » riposta M. Dardentor.

Enfin un excellent et copieux dîner rendit leurs forces aux convives. On n'y épargna guère ce vin de Mascara, qui occupe un bon coin dans la cave des gourmets d'outre-mer. Puis, comme la veille, les dames se retirèrent de bonne heure. On n'exigerait pas qu'elles fussent debout dès l'aube. MM. Désirandelle père et fils pourraient même faire la grasse matinée. On se reverrait à l'heure du déjeuner. L'après-midi serait consacrée aux principaux édifices de la ville dans une visite en commun.

Par suite de cet arrangement, le lendemain, à huit heures, les trois inséparables furent aperçus dans le quartier du commerce. Ses vieux instincts de négociant et d'industriel y avaient attiré l'ancien tonnelier de Perpignan. Ce vil flatteur de Jean Taconnat les excitait, au grand ennui de Marcel Lornans que les moulins à huile et à farine, les fabriques indigènes, n'intéressaient en aucune façon. Ah! si Mlle Elissane eût été confiée aux soins paternels de M. Dardentor!... Mais elle n'y était pas, et, à cette heure, c'est à peine si ses jolis yeux ouvraient leurs fines paupières.

Pendant la promenade le long des rues de ce quartier, quelques acquisitions furent faites par Clovis Dardentor, — entre autres une paire de ces burnous noirs, connus sous le nom de « zerdanis », dont il comptait se revêtir à l'occasion, tout comme le font les Arabes de l'Afrique du nord.

Vers midi, reconstitution de la troupe visitante au complet. Elle se rendit aux trois mosquées de la ville, — la première celle d'Aïn-Béida, qui date de 1761, et dans laquelle Abd el Kader prêchait la guerre sainte, — la seconde transformée en église pour la fabrication du pain de l'âme, — la troisième en magasin à blé pour la fabrication du pain du corps (textuel, d'après Jean Taconnat). Après la place Gambetta, ornée d'une élégante fontaine à vasque de marbre blanc, on visita successivement le beylik, qui est un ancien palais d'architecture arabe, le bureau arabe, de construction mauresque, le jardin public, dessiné au fond du ravin de l'Oued-Toudman, ses riches pépinières, ses plantations d'oliviers et de figuiers dont les fruits servent à faire une sorte de pâte comestible. Au dîner, M. Dardentor se fit servir une grosse miche de cette pâte qu'il déclara excellente, et que Jean Taconnat crut devoir gratifier de la même épithète... au superlatif.

Vers huit heures, l'omnibus reprit ses voyageurs de la veille et quitta Mascara. Cette fois, le véhicule, au lieu de revenir à Crève-Cœur, remonta vers la station de Tizi, en traversant la plaine d'Eghris, dont les vignobles produisent un vin blanc de bonne renommée.

Le train partit à onze heures. Ce soir-là, malgré que Clovis Dardentor eût semé les pièces de quarante sols sous les pas des employés, se produisit la dislocation de son groupe.

En effet, le train, composé de quatre voitures, était presque bondé. Il s'ensuivit que Mme Désirandelle, Mme Elissane et sa fille ne purent trouver de place que dans le compartiment réservé aux dames, et déjà occupé par deux vieilles personnes de leur sexe. M. Désirandelle, la bouche en cœur, essaya bien de s'y faire admettre; mais, sur la réclamation des deux irréductibles voyageuses que leur âge rendait féroces, il dut chercher ailleurs.

Clovis Dardentor le fit monter avec lui dans le compartiment des fumeurs, tout bougonnant :

« Voilà bien ces Compagnies!... En Afrique c'est aussi stupide qu'en Europe!... Économies de voitures, sans parler des économies d'employés! »

Comme ce compartiment renfermait déjà cinq voyageurs, il restait encore une place, après que MM. Dardentor et Désirandelle se furent assis en face l'un de l'autre.

« Ma foi, dit Jean Taconnat à son cousin, je préfère encore être avec lui... »

Marcel Lornans n'avait pas à demander à qui s'appliquait ce pronom personnel, et, en riant, il répondit :

« Tu as raison... Monte à ses côtés... On ne sait pas... »

Quant à lui, il n'était pas fâché de se caser dans une voiture moins occupée, où il pourrait rêver à son aise. La dernière du train contenait trois voyageurs seulement, et il y prit place.

La nuit était obscure, sans lune, sans étoiles, l'horizon embrumé. Du reste, le pays n'offrait rien de curieux sur ce parcours, qui traverse les territoires de colonisation. Rien que des fermes, des oueds, tout un réseau liquide.

Marcel Lornans, accoté dans son coin, s'abandonna à ces rêves que l'on fait sans dormir. Il pensait à Louise Elissane, au charme de sa conversation, aux grâces de sa personne... Qu'elle devînt la femme de cet Agathocle, non! ce n'était pas possible!... L'univers entier protesterait... et M. Dardentor lui-même finirait par se faire le porte-parole de l'univers...

« Froha... Froha!... »

Ce nom, qui semble un cri de corbeau, fut jeté par la voix stridente du conducteur. Aucun voyageur ne descendit du compartiment où le jeune homme se berçait dans ses pensées. Il l'aimait... Oui! il aimait cette ravissante jeune fille... Cela datait du jour où il l'avait vue pour la première fois sur le pont de l'*Argelès*... C'était ce fameux coup de foudre qui frappe même quand le ciel est sans nuages...

« Thiersville... Thiersville ! » fut-il crié vingt minutes après.

Le nom de cet homme d'État, donné à cette station perdue, — un hameau de quelques maisons arabes, — ne tira pas Marcel Lornans de sa rêverie, et Louise Elissane éclipsa totalement l'illustre « libérateur du territoire ».

Le train ne marchait qu'à petite vitesse, en s'élevant vers la station de Traria, sur l'oued du même nom, et dont l'altitude est à cent vingt-six mètres.

A cette station descendirent les trois compagnons de Marcel Lornans, qui demeura seul dans le compartiment.

De la position verticale, il put donc passer à la position horizontale, tandis que le train, après la bourgade de Charrier, longeait la base de montagnes boisées jusqu'à la crête. Sur ses yeux s'appesantirent alors ses paupières, bien qu'il essayât de résister aux exigences d'un sommeil, qui eût peut-être effacé l'image encadrée dans sa rêverie. Mais il succomba, et le nom de Franchetti fut le dernier qu'il crut entendre.

Combien de temps dormit-il, et pourquoi, à demi-éveillé, éprouvat-il un commencement de suffocation?... De sa poitrine s'échappaient des gémissements précipités... Il étouffait... La respiration lui manquait... Une âcre fumée remplissait le compartiment... Il s'y mêlait des lèchements de flammes fuligineuses, qui gagnaient en dessous, activées par la marche du train...

Marcel Lornans voulut se relever, afin de briser une des vitres... Il retomba, à demi asphyxié...

Et, une heure plus tard, lorsque le jeune Parisien reprit connaissance en gare de Saïda, grâce aux soins qui lui furent donnés, quand il rouvrit les yeux, il aperçut M. Dardentor, Jean Taconnat... et aussi Louise Elissane...

Le feu avait pris à son wagon, et dès que le train s'était enfin arrêté au signal du conducteur, Clovis Dardentor n'avait pas hésité à se jeter au milieu des flammes, risquant sa vie pour sauver celle de Marcel Lornans.

« Ah! monsieur Dardentor! murmura celui-ci d'une voix reconnaissante.

— C'est bon... c'est bon!... répondit le Perpignanais. Croyez-vous donc que j'allais vous laisser rôtir comme une poularde!... Votre ami Jean ou vous en auriez fait autant pour moi...

— Certes! s'écria Jean Taconnat. Mais voilà... cette fois, c'est vous qui... et ce n'est pas la même chose! »

Et plus bas, à l'oreille de son cousin :

« Décidément... pas de chance! »

XI

Qui n'est qu'un chapitre préparatoire au chapitre suivant.

L'heure était enfin venue où les divers éléments du groupe Dardentor allaient se concréter en caravane. Plus de ligne de chemin de fer à suivre pour aller de Saïda à Sidi-bel-Abbès, plus de transport en wagons traînés par la hennissante locomotive. Les routes carrossables se substitueraient aux lignes railwayennes.

Il y avait trois cent cinquante kilomètres, — soit une centaine de lieues à faire « dans les conditions les plus agréables », répétait M. Dardentor. On irait à cheval, à mulet, à chameau, à dromadaire, en voiture, à la surface de ces territoires exploités par les alfaciers, à travers ces interminables forêts sud-oranaises, qui, sur les cartes coloriées, apparaissent comme des corbeilles verdoyantes, baignées par le réseau des oueds de cette montagneuse région.

Depuis le départ d'Oran, pendant ce parcours de cent soixante-seize kilomètres, il était visible que l'héritier des Désirandelle, figé dans sa nullité indéniable, n'avait point approché le but vers lequel le poussait sa famille. D'autre part, comment Mme Elissane ne se serait-elle pas aperçue que Marcel Lornans recherchait les occasions de rencontrer sa fille, de faire en un mot tout ce que ne faisait pas, bien qu'il en eût le droit, cet imbécile d'Agathocle ?... D'ailleurs, que Louise fût sensible aux attentions du jeune homme, oui ! peut-être... mais rien de plus, Mme Elissane en répondait. Et, en fin de compte, elle n'était pas femme à se déjuger... Jamais Louise, qu'elle sermonnerait au besoin, n'oserait refuser son consentement au mariage projeté.

Quant à Jean Taconnat, avait-il lieu d'être satisfait ?...

Une paire de ces burnous noirs connus sous le nom de « zerdanis ». (Page 155.)

« Eh bien... non! » s'écria-t-il ce matin-là.

Marcel Lornans était encore dans la chambre de l'hôtel où il avait été transporté la veille, et même étendu sur son lit, en pleine possession, il est vrai, de ses facultés respiratoires.

« Non!... répéta-t-il, et il semble que toutes les malchances du monde se mettent...

— Pas contre moi, lui fit observer son cousin.

Clovis Dardentor n'avait pas hésité à se jeter au milieu des flammes. (Page 158.)

— Contre toi aussi, Marcel!

— Nullement, car je n'ai jamais eu l'intention de devenir le fils adoptif de M. Dardentor.

— Parbleu, c'est l'amoureux qui parle!

— Comment!... l'amoureux!...

— Sournois!... Il est clair comme le jour que tu aimes Mlle Louise Elissane...

— Chut... Jean!... On pourrait t'entendre...

— Et quand on m'entendrait, qu'apprendrait-on qui ne soit su déjà?... Est-ce que ce n'est pas visible comme la lune à un mètre?... Est-ce qu'il faut la lunette de M. Oriental pour te voir graviter?... Est-ce que Mme Elissane ne commence pas à s'en inquiéter?... Est-ce que les Désirandelle père, mère et fils ne voudraient pas que tu fusses aux cinq cents diables?

— Tu exagères, Jean!...

— Point!... Il n'y a que M. Dardentor à l'ignorer, et peut-être aussi Mlle Elissane...

— Elle?... Tu crois?... demanda vivement Marcel Lornans.

— Bon... calme-toi, monsieur l'asphyxié d'hier! Est-ce qu'une jeune fille peut se tromper à certains petits battements qui agitent son petit cœur?...

— Jean!...

— Quant au dédain qu'elle éprouve pour ce chef-d'œuvre des Désirandelle qui répond au nom d'Agathocle...

— Sais-tu, mon pauvre ami Jean, que je suis devenu fou de Mlle Louise...

— Fou, c'est le mot, car où cela te mènera-t-il?... Que Mlle Elissane soit ravissante, c'est l'évidence même, et je l'aurais adorée tout aussi bien que toi! Mais elle est promise, et, si l'inclination n'est pas dans ce mariage, les convenances y sont, et aussi les gros sous, et le désir des parents d'un bord comme de l'autre! C'est un édifice dont on a jeté les bases depuis l'enfance des fiancés, et tu te figures que tu vas le renverser d'un souffle...

— Je ne me figure rien, et je laisse aller les choses...

— Eh bien... tu as un tort, Marcel.

— Lequel?...

— Le tort d'abandonner nos premiers projets.

— J'aime mieux te laisser la place libre, Jean!

— Et, cependant, Marcel, réfléchis donc! Si tu arrivais à te faire adopter...

— Moi ?...

— Oui... toi !.. Et te vois-tu courtisant Mlle Elissane... ayant un fort sac à la main au lieu du galon de cavalier de première classe, écrasant Agathocle de ta supériorité pécuniaire !... sans parler de l'influence que ton nouveau père, qui est ensorcelé de Mlle Louise, mettrait à ta disposition !... Ah ! il n'hésiterait pas, lui, à en faire sa fille adoptive, si la Providence voulait qu'elle le sauvât d'un combat, des flots ou des flammes !

— Tu déraisonnes !

— Je déraisonne avec tout le sérieux d'une raison transcendante, et je te donne un bon conseil.

— Voyons, Jean, tu avoueras, du moins, que j'ai bien mal commencé ! Comment, voilà un incendie qui se déclare dans le train, et non seulement ce n'est pas moi qui sauve M. Dardentor, mais c'est M. Dardentor qui me sauve...

— Eh, parbleu, Marcel, la déveine... la désobligeante déveine !... Et, j'y pense, c'est toi qui serais maintenant dans les conditions voulues pour adopter le Perpignanais !.. Au fait, ça reviendrait au même !... Adopte-le, et il dotera son père...

— Impossible ! déclara Marcel Lornans en riant.

— Pourquoi ?...

— Parce qu'il faut, dans tous les cas, que l'adoptant soit plus âgé que l'adopté, ne fût-ce que de quelques jours.

— Ah ! guigne de guigne, ami Marcel, comme tout marche à rebours, et qu'il est donc difficile de se procurer une paternité par des moyens juridiques ! »

En ce moment, une voix sonore retentit dans le couloir sur lequel s'ouvrait la chambre,

« C'est lui ! » dit Jean Taconnat.

Clovis Dardentor parut, le verbe joyeux, le geste démonstratif, et ne fit qu'un bond du seuil au lit de Marcel Lornans.

« Comment, s'écria-t-il, pas encore levé ?... Est-ce qu'il est malade ?... Est-ce que sa respiration manque d'ampleur et de régularité?... Faut-il que je lui insuffle de l'air dans les poumons?... Qu'il ne se gêne pas!... J'ai plein la poitrine d'un oxygène supérieur dont je possède seul le secret!

— Monsieur Dardentor... mon sauveur!... dit Marcel Lornans en se redressant.

— Mais non... mais non!...

— Mais si... mais si! riposta Jean Taconnat. Sans vous, il était asphyxié!... Sans vous, il était cuit, recuit, brûlé, incinéré!... Sans vous, il n'en resterait qu'une poignée de cendres, et je n'aurais plus qu'à le remporter dans une urne!...

— Pauvre garçon!... Pauvre garçon!... » répéta M. Dardentor en levant les mains au ciel.

Puis il ajouta :

« C'est pourtant vrai que je l'ai sauvé! »

Et il le regardait avec de bons yeux troublés, et il l'embrassa dans un véritable accès de « périchonisme » aigu, qui passerait peut-être à l'état chronique.

On causa.

Comment le feu avait-il pris au compartiment où Marcel Lornans dormait d'un si parfait sommeil?... Probablement une flammèche envolée de la locomotive, projetée à travers la vitre abaissée... Alors les coussins brûlés par la flamme... l'incendie activé grâce à la vitesse du train...

« Et ces dames?... demanda Marcel Lornans.

— Elles vont bien et sont remises de leur épouvante, mon cher Marcel... »

Déjà « mon cher Marcel », sembla dire Jean Taconnat en hochant la tête.

« Car vous êtes comme mon enfant... désormais! insista Clovis Dardentor.

— Son enfant! murmura le cousin.

— Et, continua ce digne homme, si vous aviez vu Mlle Elissane, lorsque le train s'est enfin arrêté, se précipiter vers le wagon aux flammes tourbillonnantes... oui... aussi vite que moi!... Et, lorsque je vous ai déposé sur la voie, si vous l'aviez vue prendre son mouchoir, y verser quelques gouttes d'un flacon de sel, vous imbiber les lèvres!... Ah! vous lui avez fait une belle peur, et j'ai cru qu'elle allait perdre connaissance!... »

Marcel Lornans, plus ému qu'il n'eût voulu le paraître, saisit les mains de M. Dardentor, et le remercia de tout ce qu'il avait fait pour lui... de ses soins... du mouchoir de Mlle Louise! Bon! voici notre Perpignanais qui s'attendrit, ses yeux qui deviennent humides...

« Une goutte de pluie entre deux rayons de soleil! » se dit Jean Taconnat, qui contemplait ce touchant tableau d'un air légèrement goguenard.

« Enfin, mon cher Marcel, est-ce que vous n'allez pas démarrer de votre lit?... demanda M. Dardentor.

— Je me levais, quand vous êtes entré.

— Si je puis vous aider...

— Merci... merci!... Jean est là...

— C'est qu'il ne faut pas m'épargner! reprit M. Dardentor. Vous m'appartenez maintenant!... J'ai fichtre bien le droit de vous entourer de soins...

— Paternels, souffla Jean.

— Paternels... tout ce qu'il y a de plus paternels, et que la queue du diable me serre la gargamelle!... »

Heureusement Patrice n'était pas là.

« Enfin, mes amis, dépêchons!... Nous vous attendons tous les deux dans la salle à manger... Une tasse de café, et nous irons à la gare où je désire voir de mes yeux si rien ne manque à l'organisation de la caravane... Puis, nous parcourrons la ville... Oh! ce sera vite fait, — ensuite, les environs!... Et demain, entre huit et neuf, en route à la manière arabe!... En route, les touristes!... En route, les excursionnistes!... Vous verrez si j'ai l'air bien ficelé, quand je suis drapé de mon zerbani!... Un cheik... un vrai cheik de la Cheikardie! »

Enfin, après avoir gratifié Marcel Lornans d'une poignée de main si vigoureuse qu'elle le tira de son lit, il sortit en chantonnant un refrain des montagnes pyrénéennes.

Lorsqu'il fut dehors :

« Hein! fit Jean Taconnat, où trouverait-on son pareil, à lui... et sa pareille, à elle... l'un avec son zerbani africain... l'autre avec son mouchoir aux fines senteurs!

— Jean, dit Marcel Lornans, un peu vexé, tu me parais d'une jovialité excessive !

— C'est toi qui as voulu que je fusse gai... je le suis ! » répondit Jean Taconnat en faisant une pirouette.

Marcel Lornans commença de s'habiller, — encore un peu pâle, mais cela se remettrait.

« Et, d'ailleurs, affirmait son cousin, est-ce que nous ne serons pas exposés à bien d'autres aventures, lorsque nous figurerons au 7e chasseurs... Hein, quelle perspective! les chutes de cheval, les coups de pied de ce noble animal, et, pendant la bataille, une jambe de moins, un bras disparu, la poitrine trouée, le nez en moins, la tête emportée, et l'impossibilité où l'on est de réclamer contre la brutalité des projectiles de douze centimètres... et même de moins ! »

Marcel Lornans, le voyant en verve, préféra ne point l'interrompre, et il attendit que le robinet de ses plaisanteries fût fermé pour lui dire :

« Raille et déraille, ami Jean ! Mais n'oublie pas que j'ai renoncé à toute tentative pour me faire adopter par mon sauveur en le sauvant à mon tour! Manœuvre, combine, opère à ton aise! Bon succès je te souhaite !

— Merci, Marcel.

— Il n'y a pas de quoi, Jean... Dardentor ! »

Une demi-heure après, tous deux entraient dans la salle à manger de l'hôtel, — une simple auberge, proprement tenue et d'apparence engageante. Les familles Elissane et Désirandelle étaient groupées devant la fenêtre.

« Le voilà... le voilà ! s'écria Clovis Dardentor. Le voilà au complet, avec toutes ses facultés respiratoires et stomachales... fraîchement échappé à la grillade ! »

Patrice détourna légèrement la tête, car ce fâcheux mot grillade lui semblait de nature à évoquer certaines comparaisons regrettables.

Mme Elissane accueillit Marcel Lornans par quelques mots assez aimables, et le félicita d'avoir échappé à cet effroyable danger...

« Grâce à M. Dardentor, répondit Marcel Lornans. Sans son dévouement... »

Patrice vit avec satisfaction que son maître se contenta de serrer la main du jeune homme sans rien répondre.

En ce qui concerne les Désirandelle, bouche pincée, physionomie sèche, face rébarbative, à peine s'inclinèrent-ils à l'entrée des deux Parisiens.

Quant à Louise Elissane, elle ne prononça pas une parole ; mais son regard croisa le regard de Marcel Lornans, et peut-être ses yeux en dirent-ils plus que n'auraient pu dire ses lèvres.

Après le déjeuner, M. Dardentor pria les dames de se préparer en les attendant. Puis, les deux jeunes gens et lui, MM. Désirandelle père et fils, se dirigèrent vers la gare.

Ainsi qu'il a été dit, le chemin de fer d'Arzeu à Saïda s'arrête à cette dernière ville, qui forme son terminus. Au delà, à travers les terrains à alfa de la Société franco-algérienne, la Compagnie du Sud-Oranais a jeté sa ligne par Tafaroua jusqu'à la station de Kralfalla, d'où partent trois embranchements : l'un, exploité, descend par le Kreider jusqu'à Méchéria et Aïn-Sefra ; le deuxième, en construction, desservira la région de l'est dans la direction de Zraguet ; le troisième, en projet, doit, par Aïn-Sfissifa, se prolonger jusqu'à Géryville, dont l'altitude atteint près de quatorze cents mètres au-dessus du niveau de la mer.

Mais le voyage circulaire ne comprenait pas une pénétration si profonde vers le sud. C'est de Saïda que les touristes allaient s'avancer à l'ouest jusqu'à Sebdou, puis remonter au nord jusqu'à Sidi-bel-Abbès, où ils reprendraient la ligne d'Oran.

Donc, si Clovis Dardentor se rendit à la gare de Saïda, ce fut pour examiner les moyens de transport mis à la disposition des excursionnistes et il eut lieu d'être satisfait.

Des chars à bancs couverts et attelés de mules, des chevaux, des ânes, des chameaux, n'attendaient que le bon plaisir des voyageurs pour se mettre en route. Du reste, aucun des autres touristes partis d'Oran n'avait encore quitté Saïda, et il était préférable que le personnel de la caravane fût plus nombreux pour cette excursion à travers les territoires du sud, bien qu'il n'y eût aucun danger à redouter de la part des tribus nomades.

Marcel Lornans et Jean Taconnat, parfaits écuyers, choisirent deux chevaux qui leur parurent bons, — de ces chevaux barbes, ayant du fond, sobres et tenaces, qui viennent des plateaux du Sud-Oranais. M. Désirandelle, toute réflexion faite, se décida pour une place dans l'un des chars à bancs, en société des trois dames. Agathocle, peu sûr à l'étrier, trouvant aux chevaux une allure trop fringante, jeta son dévolu sur un mulet, dont, pensait-il, il n'aurait qu'à se louer. Quant à Clovis Dardentor, excellent cavalier, il regarda les chevaux en connaisseur, hocha la tête, et ne se prononça point.

Il va sans dire que la direction de la caravane était confiée à un agent de la Compagnie. Cet agent, appelé Derivas, avait sous ses ordres un guide du nom de Moktani et plusieurs serviteurs arabes. Un chariot devait emporter des provisions en quantités suffisantes, — provisions qui pourraient être renouvelées à Daya, à Sebdou et à Tlemcen. Au surplus, il n'était point question de camper pendant la nuit. Pour se maintenir dans les délais prévus, la caravane n'aurait pas à franchir plus d'une dizaine de lieues par jour, et, le soir venu, elle s'arrêterait dans les villages ou hameaux disséminés sur son itinéraire.

« C'est parfait, déclara M. Dardentor, et l'organisation fait honneur au directeur des Chemins de fer algériens. Nous n'avons qu'à le

« Le voilà!... le voilà!... » s'écria Clovis Dardentor. (Page 167)

féliciter des mesures prises. Demain, à neuf heures, rendez-vous à la gare, et puisque nous avons une journée à nous déambuler, en route, mes amis, et visitons Saïda la Belle! »

Au moment où ils sortaient, M. Dardentor et ses compagnons aperçurent à cent pas une de leurs connaissances.

M. Eustache Oriental venait à la gare pour le même motif qui les y avait conduits.

« Le voici, le voici qui s'amène en personne ! » dit le Perpignanais d'un ton déclamatoire, sans se douter qu'il parlait en vers.

Nouveau salut du président de la Société astronomique de Montélimar, mais aucune parole d'échangée. M. Eustache Oriental semblait vouloir se tenir à l'écart, ainsi qu'il l'avait fait à bord de l'*Argèlès*.

« Ainsi il sera des nôtres ?... observa Marcel Lornans.

— Oui... et va se faire trimballer de conserve avec nous ! repartit M. Dardentor.

— Je pense, ajouta Jean Taconnat que la Compagnie se sera précautionnée de vivres supplémentaires...

— Blaguez, monsieur Taconnat, blaguez ! répliqua Clovis Dardentor. Et, pourtant, qui sait si cet astronome ne nous sera pas utile en voyage ?... Supposez que la caravane s'égare, est-ce qu'il ne la remettrait pas en bon chemin... rien qu'à consulter les astres ?... »

Enfin on verrait à profiter de la présence de ce savant, si les circonstances l'exigeaient.

Comme l'avait proposé M. Dardentor, l'avant-midi et l'après-midi furent consacrées aux promenades à l'intérieur et à l'extérieur de la ville.

La population de Saïda se chiffre environ par trois mille habitants, — population mixte, composée d'un sixième de Français, d'un douzième de Juifs, et, pour le reste, d'indigènes.

La commune, originaire d'un cercle de la subdivision militaire de Mascara, fut fondée en 1854. Mais, dix ans avant, il ne subsistait plus que des ruines de la vieille ville, prise et détruite par les Français. Ce quadrilatère, entouré de murs, formait une des places fortes d'Abd el Kader. Depuis cette époque, la nouvelle ville a été reconstruite à deux kilomètres au sud-est, près du faite entre le Tell et les Hauts-Plateaux, à la cote de neuf cents mètres. Elle est arrosée par le Méniarin, qui sort d'une gorge profonde.

Il faut en convenir, Saïda la Belle n'offrait guère aux touristes qu'un décalque de Saint-Denis du Sig et de Mascara, avec son organisation moderne mélangée aux coutumes indigènes. Toujours l'inévitable juge de paix, le receveur de l'enregistrement, des domaines et des contributions, le garde des forêts, le traditionnel bureau arabe. Et pas un monument, rien d'artistique à signaler, aucun reste de couleur locale, — ce qui ne saurait étonner, puisqu'il s'agit d'une ville de fondation relativement récente.

M. Dardentor ne songea point à se plaindre. Sa curiosité fut satisfaite, ou plutôt ses instincts d'industriel le ressaisirent devant les moulins et les scieries, dont le tic-tac aigu et les stridences déchirantes charmèrent ses oreilles. Tout ce qu'il put regretter, ce fut de ne point être arrivé à Saïda un mercredi, jour de grand marché arabe pour les laines. Au surplus, ses dispositions au *tot admirari* ne devaient point faiblir pendant l'excursion, et tel on le voyait au début, tel il se montrerait au terme du voyage.

Les environs de Saïda, heureusement, offrent de jolis aspects, des paysages disposés pour l'enchantement des yeux, des points de vue pittoresques à tenter la palette d'un peintre. Là, aussi, se développent d'opulents vignobles, de riches pépinières où s'épanouissent toutes les variétés de la flore algérienne. En somme, comme dans les trois provinces de la colonie française, la campagne saïdienne révélait ses qualités productrices. On y compte cinq cent mille hectares consacrés à la culture de l'alfa. Les terres y sont de premier ordre, et le barrage de l'Oued-Méniarin leur prodigue l'eau nécessaire. Ainsi sont assurés des résultats superbes à ce sol que la nature a, d'autre part, gratifié de riches carrières de marbre à veines jaunâtres.

De là, cette réflexion de M. Dardentor, qui est venue à tant de bons esprits :

« Comment se fait-il que l'Algérie, avec ses ressources naturelles, ne puisse se suffire à elle-même?...

— Il y pousse trop de fonctionnaires, répondit Jean Taconnat, et pas assez de colons, qui y seraient étouffés d'ailleurs. C'est une question d'échardonnage ! »

La promenade fut poursuivie jusqu'à deux kilomètres au nord-ouest de Saïda. Là, sur un talus, à la base duquel le Méniarin coule à trois cents pieds de profondeur, s'élevait l'ancienne ville. Rien que des ruines de la forteresse du fameux conquérant arabe, qui eut le sort final de tous les conquérants.

Le groupe Dardentor rentra à l'hôtel pour l'heure du dîner, et, après le repas, chacun alla dans sa chambre respective terminer ses préparatifs en vue du départ.

Si Jean Taconnat dut passer encore cette journée par profits et pertes, Marcel Lornans, lui, put inscrire un heureux article à son actif. En effet, il avait eu l'occasion de s'entretenir avec Louise Elissane, de la remercier de ses soins...

« Ah! monsieur, avait répondu la jeune fille, lorsque je vous ai vu inanimé, respirant à peine, j'ai cru que... Non! je n'oublierai jamais... »

Il faut l'avouer, ces quelques mots étaient autrement significatifs que « la belle peur », dont avait parlé M. Dardentor.

XII

Dans lequel la caravane quitte Saïda et arrive à Daya.

Le lendemain, une heure avant le départ, le personnel et le matériel de la caravane attendaient à la gare l'arrivée des touristes. L'agent Derivas donnait ses derniers ordres. L'Arabe Moktani finissait de seller son cheval. Trois chars à bancs et un chariot, rangés au fond de la cour, les conducteurs sur le siège, étaient prêts à s'élancer au galop de leurs attelages. Une douzaine de chevaux et de mulets s'ébrouaient et piaffaient, tandis que deux paisibles chameaux, richement harnachés, étaient couchés sur le sol. Cinq indigènes, engagés pour la durée de l'excursion, accroupis en un coin, les bras croisés, immobiles sous leurs burnous blancs, guettaient le signal du chef.

Avec le groupe Dardentor, représenté par neuf personnes, la caravane devait se composer de seize excursionnistes. Sept voyageurs, partis d'Oran, — M. Oriental compris, — descendus depuis deux jours à Saïda, allaient accomplir cette tournée circulaire, organisée dans les meilleures conditions. Aucune voyageuse ne s'était jointe à eux. Mme et Mlle Elissane, Mme Désirandelle, seraient seules à représenter le contingent féminin.

Clovis Dardentor, ses compagnons et ses compagnes que Patrice avait précédés, arrivèrent des premiers à la gare. Peu à peu les autres touristes apparurent, la plupart des Oranais, dont quelques-uns connaissaient Mme Elissane.

M. Eustache Oriental, sa longue-vue au dos, son sac à la main, salua les ex-passagers de l'*Argèlès*, qui lui rendirent son salut. Cette fois, M. Dardentor alla franchement à lui, la main ouverte, la bouche souriante.

« Vous en êtes?... demanda-t-il.

— J'en suis, répondit le président de la Société astronomique de Montélimar.

— Et je constate que vous n'avez pas oublié votre lunette d'approche. Tant mieux, car ce serait le cas d'ouvrir l'œil... et le bon... si nos guides nous fichaient dans le moutardier! »

Patrice détourna sa figure sévère, tandis que le Perpignanais et le Montélimarois se secouaient l'avant-bras avec vigueur.

Entre temps, Marcel Lornans débarrassait Mme et Mlle Elissane des menus objets qu'elles tenaient à la main, M. Désirandelle veillait à ce que les bagages fussent soigneusement déposés dans le chariot, Agathocle faisait de sottes agaceries au mulet de son choix, dont les longues oreilles se redressaient frénétiquement, Jean Taconnat, pensif, interrogeait cet avenir d'une quinzaine de jours, auquel se bornait le voyage à travers les territoires sud-oranais.

La caravane fut rapidement formée. Le premier char à bancs, muni de coussins moelleux, abrité sous les rideaux de sa toiture, reçut

Mme Elissane et sa fille, M. Désirandelle et sa femme. Le second et le troisième prirent cinq des touristes, qui préféraient la tranquillité de ce mode de transport à l'agitation des montures.

Les deux Parisiens eurent, d'un bond, enfourché leurs chevaux en cavaliers pour lesquels l'équitation n'avait pas de secrets. Quant à Agathocle, il se hissa très gauchement sur son mulet.

« Tu ferais mieux de monter dans notre char à bancs, où ton père pourrait te céder sa place... » lui cria Mme Désirandelle.

Et M. Désirandelle était prêt à favoriser cette combinaison, qui aurait eu l'avantage de mettre son fils près de Louise Elissane. Naturellement Agathocle ne voulut rien entendre et s'obstina à chevaucher sa bête, laquelle, non moins obstinée, se promettait sans doute de lui jouer quelque mauvais tour.

L'agent Derivas était déjà en selle sur son cheval, et deux des touristes sur les leurs, lorsque les regards se dirigèrent vers Clovis Dardentor.

Ce personnage étonnant, aidé de son domestique, venait de jeter sur ses épaules le zerbani africain. Il est vrai, le fez ou le turban manquait à son front couronné du casque blanc des excursionnistes ; mais ses housiaux figuraient la botte arabe, et il avait grand air sous cet accoutrement, approuvé de Patrice, d'ailleurs. Peut-être le serviteur espérait-il que son maître ne s'exprimerait plus qu'en termes choisis et avec une élégance tout orientale.

Alors M. Dardentor alla s'achevaler contre la bosse de l'un des deux chameaux couchés, tandis que le guide Moktani se plaçait sur le dos de l'autre. Puis les deux méharis se relevèrent majestueusement, et le Perpignanais salua d'un geste gracieux ses compagnons de voyage.

« Il n'en fait jamais d'autres ! dit Mme Désirandelle.

— Pourvu qu'il ne lui arrive pas quelque accident ! murmura la jeune fille.

— Quel homme, répétait Jean Taconnat à son cousin, et qui ne serait honoré d'être son fils...

— En même temps que de l'avoir pour père! » répliqua Marcel Lornans, dont le magnifique pléonasme fut accueilli par un éclat de rire de son cousin.

Patrice, très dignement, avait enfourché son mulet, et l'agent Derivas donna le signal du départ.

La caravane s'était formée dans l'ordre suivant : En tête, sur son cheval, l'agent Derivas, puis, sur leurs chameaux, le guide Moktani et M. Dardentor, les deux jeunes gens et les deux touristes à cheval, Agathocle mal en équilibre sur sa monture, — ensuite les trois chars à bancs, qui se suivaient et dont l'un véhiculait M. Eustache Oriental, — enfin le chariot qui transportait les indigènes avec les provisions, les bagages et les armes, moins deux d'entre eux montés à l'arrière-garde.

Le trajet de Saïda à Daya ne dépassait pas cent kilomètres. L'itinéraire, soigneusement étudié, indiquait un hameau à mi-chemin, auquel on devait arriver vers huit heures du soir, dans lequel on passerait la nuit, et d'où l'on repartirait le lendemain afin d'atteindre Daya dans la soirée. Une lieue à l'heure, en moyenne, permettrait de transformer le voyage en une promenade à travers ces territoires si variés d'aspect.

En quittant Saïda, la caravane abandonna immédiatement le terrain de colonisation pour le territoire de Béni-Méniarin. Une voie de grande communication, qui se prolonge jusqu'à Daya, s'ouvrait devant les touristes dans la direction de l'ouest. Il n'y avait qu'à la suivre.

Le ciel était semé de nuages, que chassait rapidement une brise de nord-est. La température se tenait à une moyenne très acceptable, grâce au rafraîchissement de l'atmosphère. Le soleil n'envoyait que ce qu'il fallait de rayons pour produire des oppositions d'ombre et de lumière et mettre les paysages en valeur. La marche ne se faisait qu'au petit trot des attelages, car la route monte de la cote neuf cent à la cote quatorze cent.

A quelques kilomètres, la caravane laissa des ruines sur la droite et franchit l'extrémité de la forêt de Doui-Thabet en se dirigeant vers les sources de l'Oued-Hounet. On côtoya alors la forêt des Djeffra-Chéraga, dont la superficie n'est pas inférieure à vingt et un mille hectares.

Au nord se développent de vastes exploitations d'alfaciers, avec leurs chantiers, leurs ateliers pourvus de presses hydrauliques pour comprimer la « stipa tendrissima « — l'alfa en arabe. Cette graminée, qui résiste à la sécheresse et à la chaleur, sert à la nourriture des chevaux et des bestiaux, et ses feuilles rondes sont employées à la fabrication de la sparterie, des nattes, des cordes, des tapis, des chaussures, et d'un papier très solide.

« Au surplus, fit observer l'agent à M. Dardentor, immenses plaines d'alfa, immenses forêts, montagnes dont on extrait le minerai de fer, carrières qui fournissent la pierre et le marbre, se succéderont le long de notre route.

— Et nous ne songerons pas à nous plaindre... répondit Clovis Dardentor.

— Surtout si les points de vue sont pittoresques, ajouta Marcel Lornans, en pensant à tout autre chose.

— Est-ce que les cours d'eau abondent dans cette partie de la province?... demanda Jean Taconnat.

— Des oueds, repartit le guide Moktani, il en y a plus que de veines dans le corps humain!...

— Trop de veines, au pluriel, murmura Jean Taconnat, et pas assez au singulier! »

La région que traversait l'itinéraire appartient au Tell, — nom donné à cette bande inclinée vers la Méditerranée. C'est la plus favorisée de la province d'Oran, où les chaleurs sont excessives et supérieures à celles de toute l'ancienne Berbérie. Cependant la température y est supportable, alors que sur les Hauts-Plateaux des pâturages et des lacs salés, puis au delà, dans le Sahara, où l'air se charge d'une aveuglante poussière, le règne végétal et le règne animal sont dévorés par les ardeurs du soleil africain.

Si le climat de la province d'Oran est le plus chaud de l'Algérie, il en est le plus sain. Cette salubrité tient à la fréquence des brises

LE PERPIGNANAIS SALUA. (Page 174.)

du nord-ouest. Peut-être aussi cette portion du Tell oranais que la caravane allait parcourir est-elle moins montueuse que le Tell des provinces d'Alger et de Constantine. Mieux arrosées, ses plaines sont plus propres à la végétation, leur sol est de premier choix. Aussi se prêtent-elles à toutes les cultures, plus particulièrement à celle du coton, lorsqu'elles sont imprégnées de sel — et il y en a trois cent mille hectares dans ces conditions.

Du reste, sous le couvert de ces immenses forêts, la caravane devait voyager sans rien redouter des chaleurs estivales, déjà accablantes au mois de mai. Et quelle végétation variée, puissante, luxuriante, s'offrait aux regards! Quel bon air on respirait, auquel tant de plantes odoriférantes mêlaient leurs parfums! Partout, en fourrés, des jujubiers, des caroubiers, des arbousiers, des lentisques, des palmiers nains, — en bouquets, des thyms, des myrtes, des lavandes, — en massifs, toute la série des chênes d'une si grande valeur forestière, chênes-lièges, chênes-zéens, chênes à glands doux, chênes-verts, puis des thuyas, des cèdres, des ormes, des frênes, des oliviers sauvages, des pistachiers, des genévriers, des citronniers, des eucalyptus, si prospères en Algérie, des milliers de ces pins d'Alep, sans parler de tant d'autres essences résineuses!

Très charmés, très gais, en cet état d'âme particulier au début de tout voyage, les excursionnistes firent avec entrain la première étape de leur itinéraire. Les oiseaux chantaient sur leur passage, et M. Dardentor prétendait que c'était l'aimable Compagnie des Chemins de fer algériens qui avait organisé ce concert. Son méhari le portait avec les ménagements dus à un si haut personnage, et, bien que parfois un trot plus rapide le heurtât contre les deux bosses du ruminant, il affirmait n'avoir jamais trouvé monture plus douce et plus régulière.

« C'est très supérieur au canasson! » affirma-t-il.

Cheval... pas canasson! aurait dit Patrice, s'il eût été près de son maître.

« Vraiment, monsieur Dardentor, lui demanda Louise Elissane, cet animal ne vous paraît pas trop dur?...

— Non, ma chère demoiselle... et c'est plutôt moi qu'il doit trouver d'une dureté... un marbre des Pyrénées, quoi ! »

A ce moment, les cavaliers s'étaient rapprochés des chars à bancs et ils échangèrent divers propos. Marcel Lornans et Jean Taconnat purent causer avec Mme Elissane et sa fille, au grand ennui des Désirandelle qui ne cessaient de surveiller Agathocle, en discussion parfois avec son mulet.

« Prends garde de tomber ! lui recommandait sa mère, lorsque ledit mulet se jetait de côté par un écart brusque.

— S'il tombe, il se ramassera ! répondait M. Dardentor. Allons, Agathocle, tâche de ne pas te faire décrocher...

— J'aurais préféré le voir prendre place dans la voiture, répétait M. Désirandelle.

— Eh bien... où va-t-il donc ? s'écria soudain notre Perpignanais. Est-ce qu'il retourne à Saïda ?... Hé !... Agathocle... tu fais fausse route, mon garçon ! »

En effet, malgré les efforts de son cavalier, le mulet, détalant d'un pas sautillant et rébarbatif, rebroussait chemin, sans vouloir rien entendre.

Il fallut s'arrêter quelques minutes, et Patrice fut dépêché par son maitre avec ordre de ramener la bête.

« A qui s'applique cette qualification ?... demanda Jean Taconnat à mi-voix, au cavalier ou à sa monture ?...

— A tous les deux, murmura Marcel Lornans.

— Messieurs... messieurs... un peu d'indulgence ! » répondit M. Dardentor, qui réprimait difficilement son envie de rire.

Mais, très certainement, Louise entendit le propos, et il n'est pas impossible qu'un léger sourire se soit dessiné sur ses lèvres.

Enfin, les inquiétudes de Mme Désirandelle se calmèrent. Patrice avait promptement rejoint Agathocle et ramené le récalcitrant animal.

« Ce n'est pas ma faute, dit le nigaud, j'avais beau tirer...

— Tu ne t'en tirais pas ! » riposta M. Dardentor, dont les retentissants éclats de voix éparpillèrent les hôtes ailés d'un épais buisson de lentisques.

Vers dix heures et demie, la caravane avait franchi la limite qui sépare le Béni-Méniarin du Djafra-ben-Djafour. Le passage à gué d'un petit rio tributaire de ce Hounet, qui alimente les oueds de la région septentrionale, s'opéra sans difficultés. Il en fut de même, quelques kilomètres au delà, du Fénouan, dont les premières eaux sourdent au plus épais de la forêt de Chéraga. Les attelages en eurent à peine jusqu'au pâturon.

Il s'en fallait de vingt minutes que le soleil eût atteint sa culmination méridienne, lorsque le signal d'arrêt fut donné par Moktani. L'agréable endroit pour une halte de déjeuner, sur la lisière des arbres, sous l'ombrage de ces chênes-verts que les plus ardents rayons ne sauraient percer, au bord de cet Oued-Fénouan, d'un cours si frais et si limpide !

Les cavaliers descendirent de cheval et de mulet, puisque ces animaux n'ont pas l'habitude de s'étendre sur le sol. Les deux méharis pliant les genoux, allongèrent leurs longues têtes sur l'herbe qui tapissait la route. Clovis Dardentor et le guide prirent terre, — expression assez juste, puisque le chameau, au dire des Arabes, est le « vaisseau du désert ».

Ces diverses bêtes allèrent paître quelques pas plus loin, sous la surveillance des indigènes. Leur repas était largement servi, alfa, diss, chiehh, à proximité d'un massif de térébinthes, magnifiques échantillons des essences forestières du Tell.

Le chariot fut déchargé des provisions emportées de Saïda, conserves variées, viandes froides, pain frais, fruits appétissants dans leurs paniers de verdure, bananes, goyaves, figues, nèfles du Japon, poires, chermolias, dattes. Et quel appétit en général, si vivement aiguisé par le grand air !

« Cette fois, observa Jean Taconnat, il n'y aura pas un capitaine Bugarach pour mettre son bateau dans le creux des lames à l'heure du déjeuner !

— Comment, le capitaine de l'*Argèlès* aurait osé?... demanda M. Désirandelle.

— Eh oui, mon excellent bon, il a osé, s'écria M. Dardentor... et dans l'intérêt des actionnaires de la Compagnie! Les dividendes avant tout, n'est-ce pas, et ce sont les passagers qui écopent!... Tant mieux pour ceux dont le cœur est solide au poste, et qui se fichent de l'escarpolette marine, comme un marsouin d'un coup de mer! »

Le nez de Patrice s'était redressé trois fois.

« Mais ici, continua M. Dardentor, le plancher ne remue pas, et nous n'avons pas besoin d'une table de roulis! »

L'oreille de Patrice se rabaissa.

Le couvert avait été mis sur l'herbe. Rien ne manquait, plats, assiettes, verres, fourchettes, cuillers, couteaux, — le tout d'une propreté réjouissante.

Il va de soi que les touristes prirent ce repas en commun, ce qui leur permit de faire plus amplement connaissance. Chacun s'assit à sa guise, — Marcel Lornans pas trop près de Mlle Elissane, par discrétion, pas trop loin cependant, à côté de son sauveur, qui l'adorait depuis qu'il l'avait arraché « aux flammes tourbillonnantes d'un wagon en feu! » phrase superbe, que répétait volontiers M. Dardentor, et que saluait Patrice au passage.

Cette fois, la table champêtre n'offrait ni bon ni mauvais bout. Les plats n'arrivaient pas par ici pour s'en aller par là. M. Eustache Oriental n'eut donc pas lieu de choisir une place plutôt qu'une autre, avec ce sans-gêne dont il avait donné tant de preuves à bord du paquebot. Toutefois, il se tint un peu à l'écart, et, grâce à la finesse d'œil dont il était doué, les bons morceaux ne lui échappèrent point. Il est vrai, Jean Taconnat parvint à lui en « chiper » quelques-uns avec l'adresse d'un prestidigitateur. De là, une moue d'homme vexé que ne dissimula point M. Oriental.

Ce premier repas en plein air fut très joyeux. N'étaient-ils pas toujours d'une gaieté contagieuse ceux que présidait notre Perpignanais, débordant comme un gave de ses montagnes. La conversation ne tarda pas à s'étendre. On parla du voyage, des inattendus qu'il réservait sans doute, des hasards d'un itinéraire en cette contrée intéressante. A ce propos, pourtant Mme Elissane demanda s'il n'y avait rien à craindre des fauves de la région ?

« Des fauves ? répondit Clovis Dardentor. Peuh ! Est-ce que nous ne sommes pas en nombre ?... Est-ce que le chariot aux bagages ne porte pas carabines, revolvers et des munitions suffisantes ?... Est-ce que mes jeunes amis Jean Taconnat et Marcel Lornans n'ont pas l'habitude des armes à feu, puisqu'ils ont servi ?... Et, parmi nos compagnons, n'en est-il pas qui aient déjà remporté des prix de tir ?... Quant à moi, sans me vanter, je ne serais pas gêné d'envoyer à quatre cents mètres une balle, conique ou non, dans le fin fond de mon claque-oreilles !...

— Hum ! fit Patrice, à qui ne plaisait guère cette façon de désigner un chapeau.

— Mesdames, dit alors l'agent Derivas, vous pouvez être rassurées au sujet des fauves. Il n'y a point d'attaque à redouter, puisque nous ne voyageons que le jour. C'est la nuit, seulement, que les lions, les panthères, les guépars, les hyènes, quittent leurs tannières. Or, le soir venu, notre caravane sera toujours à l'abri dans quelque village européen ou arabe.

— Bast ! reprit Clovis Dardentor, je me moque de vos panthères comme d'un matou crevé, et, quant à vos lions, ajouta-t-il, en visant une bête imaginaire de son bras tendu en guise de carabine, pan !... pan !... dans la boîte aux cervelas ! »

Patrice s'empressa d'aller quérir une assiette que personne ne lui avait demandée.

Du reste, l'agent disait vrai : l'agression de bêtes féroces était peu à redouter pendant le jour. Quant aux autres habitants de ces forêts, chacals, singes avec ou sans queue, renards, mouflons, gazelles, autruches, inutile de s'en préoccuper, ni même des scorpions et vipères cérastes, rares dans le Tell.

Il serait superflu de mentionner que ce repas fut arrosé des bons vins d'Algérie, principalement le blanc de Mascara, sans parler du café et des liqueurs au dessert.

A une heure et demie, la marche recommença dans le même ordre. La route pénétrait alors plus profondément à travers la forêt de Tendfeld, et l'on perdit de vue les larges exploitations des alfaciers. Sur la droite se dessinaient ces hauteurs connues sous le nom de Montagnes de Fer, d'où l'on tire un excellent minerai. Non loin, d'ailleurs, existent des puits d'origine romaine, qui servaient à son extraction.

Ces sentiers, qui coupent la zone forestière de la province, étaient fréquentés par les ouvriers employés aux mines ou dans les chantiers d'alfa. La plupart présentaient ce type maure, où se mélange le sang des antiques **Lybiens**, **Berbères**, **Arabes**, **Turcs**, **Orientaux**, aussi bien ceux qui habitent les basses plaines que ceux qui vivent au milieu des montagnes, sur les Hauts-Plateaux, à la limite du désert. Ils passaient en troupes, et, de leur part, il n'y avait pas lieu de craindre les attaques rêvées par Jean Taconnat.

Le soir, vers sept heures, les touristes atteignirent le croisement de la grande route avec le chemin carrossable des alfaciers, lequel se détache de la route de Sidi-bel-Abbès à Daya, et se prolonge au sud jusqu'aux territoires de la Compagnie franco-algérienne.

Là apparut un hameau, où, conformément à son itinéraire, la caravane devait passer la nuit. Trois maisons, assez proprement tenues, avaient été préparées pour la recevoir. Après le dîner, les lits furent partagés à la convenance de chacun, et cette première étape d'une douzaine de lieues procura aux voyageurs dix heures d'un bon sommeil.

Le lendemain matin, la caravane se remit en marche et chemina de manière à enlever dans la journée cette seconde étape qui s'arrêtait à Daya.

Mais, avant de partir, M. Dardentor, prenant à l'écart M. et Mme Désirandelle, avait eu la conversation suivante :

« Ah çà! mes bons amis, et votre fils... et Mlle Louise?... Il me semble que ça ne va guère !... Que diable ! il faut qu'il pousse sa pointe !

— Que voulez-vous, Dardentor, répondit M. Désirandelle, c'est un garçon si discret... dans la réserve de qui...

— Dans la réserve ! s'écria le Perpignanais qui sauta sur le mot. Allons donc ! il n'est pas même dans la territoriale ! Voyons, est-ce qu'il ne devrait pas toujours être à côté de votre voiture, le flemmard, et pendant les haltes, s'occuper de sa fiancée, lui parler gentiment, lui faire compliment sur sa bonne humeur et sa bonne mine... enfin tout le chapelet des riens qu'on dévide aux jeunes filles ?... Il n'ouvre pas le bec, ce satané Agathocle !...

— Monsieur Dardentor, répliqua Mme Désirandelle, voulez-vous que je vous dise quelque chose, moi... tout ce que j'ai sur le cœur ?...

— Allez-y, chère dame !...

— Eh bien, vous avez eu tort d'amener avec vous ces deux Parisiens !...

— Jean et Marcel ?... répondit le Perpignanais. D'abord, je ne les ai point amenés, et ils se sont amenés tout seuls !... Personne ne pouvait les empêcher...

— Tant pis, car c'est très fâcheux !

— Et pourquoi ?...

— Parce que l'un d'eux fait plus attention qu'il ne convient à Louise... et Mme Elissane n'est pas sans avoir remarqué cette attitude !...

— Et lequel ?...

— Ce monsieur Lornans... ce fat... que je ne puis souffrir !

— Ni moi ! ajouta M. Désirandelle.

— Quoi ! s'écria Dardentor, mon ami Marcel... celui que j'ai arraché aux flammes tourbillonnantes... »

Mais il conserva la fin de la phrase *in petto*.

« Voyons, mes amis, reprit-il, cela ne tient pas debout !... Marcel Lornans ne s'occupe pas plus de notre chère Louise qu'un hippopotame d'un bouquet de violettes !... L'excursion terminée, Jean Taconnat et lui reviendront à Oran, où ils doivent s'engager au

7ᵉ chasseurs!... Vous avez rêvé tout cela!... Et puis, si Marcel n'était pas venu, je n'aurais pas eu l'occasion de... »

Et sa phrase finit par ces trois mots : « wagon en feu ! »

En vérité, il était de bonne foi, ce digne homme, et cependant, si « ça n'allait pas avec Agathocle », impossible de nier que « ça allait avec Marcel ».

Vers neuf heures, la caravane entra dans la plus vaste forêt de la région, la forêt de Zègla, que la grande route traverse diagonalement, en s'abaissant vers Daya. Elle ne compte pas moins de soixante-huit mille hectares.

A midi, la deuxième étape fut achevée, et ainsi qu'on l'avait fait la veille, on déjeuna à l'ombre fraîche des arbres, sur les bords de l'Oued-Sefioum.

Et telle était la disposition d'esprit de M. Dardentor, qu'il ne songea même pas à observer si Marcel Lornans se montrait ou non attentionné près de Mˡˡᵉ Elissane.

Pendant ce déjeuner, Jean Taconnat remarqua que M. Eustache Oriental tirait de son sac diverses confiseries dont il n'offrit rien à personne, et qu'il sembla déguster avec la sensualité d'un fin gourmet. Comme toujours, il avait visé les meilleurs morceaux pendant le repas.

« Et il n'a pas besoin de sa longue-vue pour les découvrir, » dit Jean Taconnat à M. Dardentor.

Dans l'après-midi, vers trois heures, voitures, chevaux, chameaux et mulets firent halte devant les ruines berbères de Taourira, qui intéressèrent deux des touristes, plus archéologues que les autres.

En poursuivant sa route au sud-ouest, la caravane pénétra sur le territoire de Djafra-Thouama et Mehamid, arrosé par l'Oued-Taoulila. Il ne fut pas même nécessaire de dételer les voitures pour le franchir en un passage guéable.

Le guide, d'ailleurs, se montrait fort intelligent, — de cette intelligence qui prévoit les bons pourboires, lorsque le voyage s'est accompli à la satisfaction générale.

Enfin la bourgade de Daya, à l'extrémité de la petite forêt de ce nom,

On côtoya alors la forêt des Djeffra-Chéraga. (Page 176.)

apparut dans la pénombre du crépuscule, vers huit heures du soir.

Une assez bonne auberge donna l'hospitalité à tout ce monde un peu fatigué.

Avant de se mettre au lit, l'un des Parisiens dit à l'autre :

« Enfin, Marcel, si nous étions attaqués par des fauves, et si nous avions le bonheur de sauver M. Dardentor des griffes d'un lion ou d'une panthère, est-ce que ça ne compterait pas?...

— Si, répond Marcel Lornans, qui s'endormait déjà. Je te préviens pourtant que, dans une attaque de ce genre, ce n'est pas lui que je songerais à sauver...

— Parbleu! » fit Jean Taconnat.

Et quand il fut couché, lorsqu'il entendit certains rugissements retentir autour de la bourgade :

« Taisez-vous, sottes bêtes, qui passez le jour à dormir! » s'écria-t-il.

Puis, avant de fermer les yeux :

« Allons, il est écrit que je ne parviendrai pas à devenir le fils de cet excellent homme... ni même son petit-fils! »

XIII

Dans lequel la reconnaissance et le désappointement de Jean Taconnat se mélangent à dose égale.

Daya, l'ancienne Sidi-bel-Khéradji des Arabes, — maintenant une ville entourée d'un mur crénelé, défendue par quatre bastions, — commande cette entrée des Hauts-Plateaux oranais.

Afin de reposer les touristes des fatigues de ces deux premiers jours, le programme avait prévu vingt-quatre heures de halte dans ce chef-lieu d'annexe. La caravane ne devait donc en repartir que le lendemain.

Du reste, il n'y aurait eu aucun inconvénient à y prolonger le séjour, car le climat de cette bourgade, à près de quatorze cents mètres d'altitude, au flanc de montagnes boisées, au milieu d'une forêt de pins et de chênes de quatorze mille hectares, jouit d'une salubrité exceptionnelle, qui est à juste titre très recherchée des Européens.

Dans cette ville de seize à dix-sept cents habitants, indigènes en presque totalité, les Français s'y réduisent aux officiers et soldats de ce poste militaire.

Il n'y a pas lieu de s'étendre sur cette halte que les excursionnistes firent à Daya. Les dames ne se promenèrent pas en dehors de la ville. Les hommes s'aventurèrent un peu plus loin, sur la pente des montagnes, à l'intérieur de belles forêts. Quelques-uns descendirent même vers la plaine, jusqu'à ces bois marécageux qui portent le même nom que la bourgade, et dans lesquels poussent les bétoums, les pistachiers, les jujubiers sauvages.

Toujours attirant, toujours admirant, ce fut M. Dardentor qui entraîna ses compagnons pendant toute cette journée. Peut-être Marcel Lornans eût-il préféré rester avec Mme et Mlle Ellissane, dût-il subir l'insupportable présence des Désirandelle. Mais le sauveur ne pouvait se séparer du sauvé. Quant à Jean Taconnat, sa place n'était-elle pas tout indiquée près du Perpignanais, dont il ne s'écarta pas d'une semelle.

Un seul ne prit point part à cette excursion, ce fut précisément Agathocle, grâce à l'intervention de Clovis Dardentor qui sermonna M. et Mme Désirandelle. Il fallait que leur fils demeurât près de Louise Elissane, puisque ces dames ne les accompagnaient pas... Une explication franche éclaircirait la situation des deux fiancés... Le moment était venu de provoquer cette explication... etc. Et, par ordre, Agathocle était resté.

Eut-elle lieu cette explication?... on ne sait. Néanmoins, le soir même, M. Dardentor prenant Louise à part, lui demanda si elle était bien reposée, de manière à repartir le lendemain...

« Dès la première heure, monsieur Dardentor, répondit la jeune fille, dont le visage reflétait encore un indéfinissable ennui.

— Agathocle vous a tenu compagnie toute la journée, ma chère demoiselle!... Vous aurez pu causer plus à l'aise... C'est à moi que vous devez...

— Ah! c'est à vous, monsieur Dardentor...

— Oui... j'ai eu cette excellente idée, et je ne doute pas que vous ne soyez satisfaite...

— Oh! monsieur Dardentor! »

Ce ah! et ce oh! en disaient long, — si long même qu'une conversation de deux heures n'en eût pas dit davantage. Cependant notre Perpignanais ne s'en tint pas là, il pressa Louise, et en tira l'aveu qu'elle ne pouvait souffrir Agathocle.

« Diable! murmura-t-il, en s'en allant, cela ne va pas tout seul! Bah! le dernier mot n'est pas prononcé!... Insondable, le cœur des jeunes filles, et comme j'ai eu raison de ne pas piquer une tête dans un de ces puits-là! »

Ainsi raisonna Clovis Dardentor, mais il ne lui vint point à l'esprit que Marcel Lornans eût pu faire du tort au fils Désirandelle. A son avis, la nullité flagrante, l'inconsciente sottise de son prétendu, suffisaient à expliquer le dédain de Louise Elissane.

Le lendemain, la bourgade de Daya fut laissée en arrière dès sept heures. Bêtes et gens, tous étaient frais et dispos. Temps des plus favorables, ciel embrumé au lever de l'aube, et qui ne tarderait pas à se dégager. Au surplus, pas de pluie en perspective. Les nuages se condensent si rarement à la surface de la province oranaise, qu'en vingt ans, la moyenne de la hauteur des pluies n'a pas donné un mètre, — moitié de ce qui est tombé dans les autres provinces de l'Algérie. Heureusement, si l'eau ne vient pas du ciel, elle vient du sol, grâce aux multiples ramifications des oueds.

La distance entre Daya et Sebdou est d'environ soixante-quatorze kilomètres, en suivant la route carrossable qui conduit de Ras-el-Ma à Sebdou par El-Gor. Cette distance est allongée de cinq lieues de Daya à Ras-el-Ma. Toutefois le mieux est encore d'accepter cet allongement plutôt que de s'aventurer en ligne droite à travers les plantations d'alfa de l'ouest et les cultures indigènes. Ce pays accidenté n'offre plus aux voyageurs le salutaire ombrage des forêts limitrophes du sud.

Depuis Daya, la route descend vers Sebdou. En partant de bon matin, avec une plus rapide allure des attelages, la caravane comptait atteindre El-Gor dans la soirée. Forte étape, sans doute, uniquement coupée par le déjeuner de midi, et dont méharis, chevaux et mulets auraient pu seuls se plaindre, mais ils ne se plaindraient pas.

Donc, l'ordre habituel fut maintenu au milieu d'une contrée où abondent les sources, Aïn-Sba, Aïn-Bahiri, Aïn-Sissa, affluents de l'Oued-Messoulen, et aussi les ruines berbères, romaines, marabouts arabes. Les touristes, dans les deux premières heures, enlevèrent les vingt kilomètres jusqu'à Ras-el-Ma, une station de chemin de fer en construction que Sidi-bel-Abbès détache vers la région des Hauts-Plateaux. C'était le point le plus au sud qu'ils dussent atteindre pendant ce voyage circulaire.

Il n'y avait plus qu'à suivre la longue courbe qui relie Ras-el-Ma à El-Gor, qu'il ne faut pas confondre avec une station dudit chemin de fer.

Courte halte en cet endroit, où travaillaient alors les ouvriers de la voie ferrée, — laquelle, depuis la station de Magenta, longe la rive gauche de l'Oued-Hacaïba, en remontant de la cote neuf cent cinquante-cinq à la cote onze cent quatorze.

On pénétra d'abord dans une petite forêt de quatre mille hectares, la forêt de Hacaïba, que cet oued sépare du bois de Daya, et dont les eaux sont retenues par un barrage en amont de Magenta.

A onze heures et demie, il y eut arrêt sur la lisière opposée de la forêt.

« Messieurs, dit l'agent Derivas, après avoir conféré avec le guide Moktani, je vous propose de déjeuner en ce lieu.

— Une proposition qui est toujours bien accueillie, lorsque l'on meurt de faim! répondit Jean Taconnat.

— Et nous en mourons! ajouta M. Dardentor. J'ai le coffre d'un vide!...

— Voici précisément un rio qui nous fournira une eau claire et fraîche, observa Marcel Lornans, et pour peu que l'endroit convienne à ces dames...

— La proposition de Moktani, reprit M. Derivas, doit d'autant plus être acceptée que, jusqu'à la forêt d'Ourgla, c'est-à-dire pendant douze à quinze kilomètres à travers les plantations d'alfa, l'ombrage nous fera défaut...

— Nous acceptons, répliqua M. Dardentor, approuvé par ses compagnons. Mais que ces dames ne s'effrayent pas d'un bout de cheminement en plein soleil. Elles seront abritées dans leurs chars à bancs... Quant à nous, il suffira que nous regardions en face l'astre du jour pour lui faire baisser les yeux...

— Plus forts que des aigles! » ajouta Jean Taconnat.

On déjeuna, comme la veille, avec les provisions du chariot dont une partie avait été renouvelée à Daya, et qui assuraient le voyage jusqu'à Sebdou.

Une plus grande intimité existait déjà entre les divers membres de la caravane, à l'exception de M. Eustache Oriental, lequel se tenait toujours à part. Il n'y avait qu'à se réjouir, d'ailleurs, de la façon dont s'accomplissait cette excursion, et à féliciter la Compagnie qui avait tout prévu, à la complète satisfaction de sa clientèle.

Marcel Lornans se distingua par ses prévenances. Instinctivement, M. Dardentor se sentait fier de lui, comme un père l'eût été de son fils. Il cherchait même à le faire valoir, et ce cri du cœur lui échappa :

« Hein! mesdames, ai-je été bien avisé de sauver ce cher Marcel, de l'arracher...

— Aux flammes tourbillonnantes d'un wagon en feu! ne put s'empêcher de répondre Jean Taconnat.

— Parfait!... parfait! s'écria M. Dardentor. Elle est de moi cette phrase, qui se déroule en mots ronflants et superbes! Est-elle à ton gré, Patrice? »

Patrice répondit avec un sourire :

« Elle a vraiment une belle allure, et lorsque monsieur s'exprime de cette façon académique...

— Allons, messieurs, dit le Perpignanais en levant son verre, à la santé de ces dames... et à la nôtre aussi ! N'oublions pas que nous sommes dans le pays des Béni-Pompe-Toujours !

— Ça ne pouvait pas durer ! » murmura Patrice en baissant la tête.

Inutile de mentionner que M. et Mme Désirandelle trouvaient Marcel Lornans de plus en plus insupportable, un bellâtre, un faiseur de grâces, un poseur, un infatué, et ils se promettaient bien de désabuser M. Dardentor sur son compte, — chose difficile, sans doute, au point où en était cet homme expansif.

A midi et demi, les paniers, les bouteilles, la vaisselle, furent replacés dans le chariot, et l'on se disposa à partir.

Mais, à ce moment, fut remarquée l'absence de M. Eustache Oriental.

« Je ne vois plus M. Oriental ?... dit l'agent Derivas.

Personne n'apercevait ce personnage, bien qu'il eût pris part au repas avec son exactitude et son appétit ordinaires.

Qu'était-il devenu ?...

« M. Oriental ?... cria Clovis Dardentor de sa voix puissante. Où donc est-il passé, ce coco-là avec son télescope de poche ?... Hé ! monsieur Oriental... »

Nulle réponse.

« Ce monsieur, dit Mme Elissane, nous ne pouvons cependant pas l'abandonner... »

Évidemment, cela ne se pouvait pas. On se mit donc à sa recherche, et bientôt, à l'angle de la forêt, l'astronome se montra, sa longue-vue braquée vers le nord-ouest.

« Ne le troublons pas, conseilla M. Dardentor, puisqu'il est en train d'interroger l'horizon ?... Savez-vous que ce particulier-là est capable de nous rendre de grands services !... Rien qu'en prenant la hauteur du soleil, si notre guide venait à s'égarer, il nous remettrait en direction...

— Du garde-manger... acheva Jean Taconnat.

— Parfaitement ! »

Une vaste exploitation d'alfa occupe cette partie du territoire d'Ouled-Balagh que les excursionnistes traversaient en remontant vers El-Gor. A peine si le chemin, bordé de graminées innombrables, se développant à perte de vue, offrait passage aux voitures. On ne put s'avancer qu'en file indienne.

Une chaleur tremblotante pesait sur ces larges espaces. Il fallut clore les chars à bancs. Si jamais Marcel Lornans maudit l'astre radieux, ce fut bien ce jour-là, puisque la jolie figure de Louise Elissane disparut derrière les rideaux. Quant à Clovis Dardentor, au grand dommage de ses glandes sudoripares, achevalé entre les deux bosses de son méhari, « bédouinant comme un vrai fils de Mahomet », il n'avait pu faire baisser les yeux du soleil, paraît-il, et, s'épongeant le crâne, peut-être regrettait-il le tabourka arabe qui l'eût protégé contre ses rayons incendiaires.

« Tudieu! s'écria-t-il, il est chauffé à blanc ce poêle mobile qui se trimballe d'un bout de l'horizon à l'autre! Aussi, comme il vous tape sur la coloquinte!

— La tête... s'il plait à monsieur! » fit observer Patrice.

Vers le nord-ouest s'arrondissaient les hauteurs boisées de la forêt d'Ourgla, tandis qu'au sud apparaissait l'énorme massif des Hauts-Plateaux.

A trois heures, on atteignit la forêt dans laquelle la caravane allait retrouver, sous l'impénétrable plafond des chênes-verts, un air saturé de senteurs fraiches et vivifiantes.

Cette forêt d'Ourgla est l'une des plus spacieuses de la région, puisqu'elle ne mesure pas moins de soixante-quinze mille hectares. La route la traverse sur une longueur de onze à douze kilomètres. Largement percée pour les charrois que le gouvernement effectue à l'époque des coupes, elle permit aux touristes de se réunir à leur convenance. Les rideaux des voitures furent relevés, les cavaliers se rapprochèrent. De joyeux propos s'échangèrent d'un groupe à l'autre. Et M. Dardentor de répéter, en quêtant des félicitations que personne ne lui refusa, — sauf les Désirandelle, plus maussades que jamais :

« Vous avez eu tort d'amener ces deux Parisiens. » (Page 183.)

« Hein! mes amis, quel est le brave homme qui vous a conseillé ce délicieux voyage?... Êtes-vous contente, madame Elissane, et vous, ma chère demoiselle Louise?... Hésitiez-vous assez, cependant, à quitter votre habitation de la rue du Vieux-Château!... Voyons!... Est-ce que cette magnifique forêt ne dégote pas les rues d'Oran?... Est-ce le boulevard Oudinot ou la promenade de Létang qui pourraient piger avec elle?...

Non! ils n'auraient pas pu « piger », ô Patrice! d'autant que, en ce moment, une troupe de petits singes faisait escorte, gambadant entre les arbres, sautant de branches en branches, criant et grimaçant à qui mieux mieux. Or, voici que M. Dardentor, désireux de montrer son adresse, — et il était fort adroit, vantardise à part, — émit l'idée d'abattre un de ces gracieux animaux d'un coup de carabine. Or, comme d'autres auraient voulu l'imiter, sans doute, c'eût été le massacre de toute la bande simienne. Mais les dames intercédèrent, et le moyen de résister à Mlle Louise Elissane, demandant grâce pour ces jolis échantillons de la faune algérienne!

« Et puis, murmura Jean Taconnat, qui se haussa sur ses étriers jusqu'à l'oreille de M. Dardentor, à viser un singe, vous risqueriez d'attraper Agathocle!...

— Oh! monsieur Jean, répondit le Perpignanais... Vraiment, vous l'accablez, ce garçon!... Ce n'est pas généreux! »

Et comme il regardait le fils Désirandelle que son mulet, par un écart brusque, venait d'envoyer à quatre pas en arrière, sans grand mal, il ajouta :

« D'ailleurs, un singe ne serait pas tombé...

— C'est juste, répliqua Jean, et je demande pardon aux quadrumanes de ma comparaison! »

Il importait, si l'on voulait atteindre El-Gor avant la nuit, de donner un fort coup de collier pendant les dernières heures de cette après-midi.

Les attelages furent donc mis au trot, — allure qui provoqua de nombreuses secousses. Si la route était carrossable pour des charrois d'alfaciers ou de bûcherons, elle laissait à désirer pour une caravane de touristes. Cependant, malgré les cahots des voitures et les faux pas des montures sur un sol coupé d'ornières ou bossué de racines, on n'entendit aucune plainte.

Les dames, principalement, avaient hâte d'être arrivées à El-Gor, c'est-à-dire en un lieu où elles seraient en sûreté. La pensée de cheminer à travers la forêt après le coucher du soleil ne leur souriait guère. D'avoir rencontré des bandes de singes, des troupes d'antilopes ou de gazelles, c'était charmant. Mais, parfois, retentirent des hurlements lointains, et lorsque les tanières ont lâché leurs fauves au milieu des ténèbres...

« Mesdames, dit Clovis Dardentor dans l'intention de les rassurer, ne vous effrayez pas de ce qui n'a rien d'effrayant ! Si nous étions surpris par l'obscurité en pleins bois, le beau malheur, en vérité !... Je vous organiserais un campement à l'abri des voitures, et l'on coucherait à la belle étoile !... Je suis sûr que vous n'auriez pas peur, mademoiselle Louise ?...

— Avec vous... non, monsieur Dardentor.

— Voyez-vous cela... avec M. Dardentor ! Hein ! mesdames !... Cette chère enfant a confiance en moi... et elle a raison.

— Quelque confiance qu'on puisse avoir en votre valeur, répondit Mme Désirandelle, nous préférons ne point être forcés de la mettre à l'épreuve ! »

Et la mère d'Agathocle prononça ces mots d'un ton sec, qui eut l'approbation tacite de son mari.

« N'ayez aucune crainte, mesdames, dit Marcel Lornans. Le cas échéant, M. Dardentor pourrait compter sur nous tous, et nous sacrifierions notre vie avant...

— Belle avance, riposta M. Désirandelle, si nous perdions la nôtre après !

— Trop de logique, mon vieil ami ! s'écria Clovis Dardentor. En somme, je n'imagine pas quel danger...

— Le danger d'être attaqués par une bande de malfaiteurs ?... répondit Mme Désirandelle.

— Je crois qu'il n'y a rien à redouter de ce chef, affirma l'agent Derivas.

— Qu'en savez-vous ? reprit la dame, qui ne voulait pas se rendre. D'ailleurs, ces fauves qui courent la nuit...

— Rien à craindre non plus ! s'écria M. Dardentor. On se garderait avec des sentinelles postées aux angles du campement, des feux entretenus jusqu'au lever du jour... On donnerait la carabine de Castibelza à Agathocle, et on le placerait...

— Je vous prie de laisser Agathocle où il est! riposta aigrement Mme Désirandelle.

— Soit, qu'il y reste! Mais M. Marcel et M. Jean feraient bonne faction...

— Quoique nous n'en doutions pas, conclut Mme Elissane, le mieux est d'atteindre El-Gor.

— Alors, en avant, chevaux, mulets et méharis! clama Clovis Dardentor. Qu'ils ouvrent le compas et tricotent des guibolles!

— Jamais cet homme-là ne peut finir d'une façon convenable! » pensa Patrice.

Et il cingla son mulet d'un coup de houssine, dont il n'eût pas été fâché de gratifier son maître.

Enfin, la caravane marcha d'un si bon trot, que, vers six heures et demie, elle s'arrêtait sur la lisière opposée de la forêt d'Ourgla. Cinq à six kilomètres seulement la séparaient d'El-Gor, où elle arriverait avant la nuit.

En cet endroit se présenta un passage de rivière, un peu moins facile que les précédents.

Un oued assez large coupait la route. Le Sâr, tributaire de l'Oued-Slissen, avait subi une crue, due sans doute à l'épanchement du trop plein d'un barrage établi quelques kilomètres au-dessus. Les gués que la caravane avait déjà franchis entre Saïda et Daya mouillaient à peine les jambes des attelages, et autant dire qu'ils étaient à sec. Cette fois, il y avait de quatre-vingts à quatre-vingt-dix centimètres d'eau, mais ce n'était pas pour embarrasser le guide, qui connaissait ce gué.

Moktani choisit donc une place où la déclivité de la grève permettait aux chars à bancs et au chariot de s'engager à travers le lit de l'oued. Comme l'eau ne devait guère dépasser le moyeu des roues, les caisses ne seraient pas atteintes, et les voyageurs étaient assurés d'être transportés sans dommage sur la rive gauche, distante de cent mètres environ.

Le guide prit la tête, suivi de l'agent Derivas et de Clovis Dardentor. Du haut de sa gigantesque monture, celui-ci dominait la surface de la rivière, semblable à un monstre aquatique de l'époque antédiluvienne.

Des deux côtés du char à bancs, dans lequel les dames étaient assises, chevauchaient Marcel Lornans à gauche, Jean Taconnat à droite. Suivaient les deux autres voitures que les touristes n'avaient pas quittées. Les indigènes, montés dans le chariot, formaient l'arrière de la caravane.

Il faut dire que, sur la volonté de sa mère expressément formulée, Agathocle avait dû abandonner son mulet et se hisser dans le chariot. Mme Désirandelle ne voulait pas que son fils fût exposé au désagrément d'un bain forcé dans le Sâr, au cas que le récalcitrant animal se fût livré à quelque fantaisie cabriolante dont son cavalier eût été victime assurément.

Les choses allèrent sans encombre dans la direction que tenait Moktani. Comme le lit s'approfondissait graduellement, les attelages s'enfonçaient au fur et à mesure. Toutefois l'eau ne leur monta pas jusqu'au ventre, même lorsqu'ils eurent atteint le milieu de l'oued. Si les cavaliers relevaient leurs jambes, M. Dardentor et le guide, perchés sur les méharis, n'avaient point à prendre cette précaution.

La moitié de la distance avait donc été franchie, lorsqu'un cri se fit entendre.

Ce cri, c'était Louise Elissane qui l'avait jeté en voyant disparaître Jean Taconnat, dont le cheval venait de manquer des quatre pieds à la fois.

En effet, sur la droite du gué se creusait une dépression, profonde de cinq à six mètres, que le guide eût dû éviter en se tenant plus en amont.

Au cri de Mlle Elissane, la caravane s'arrêta.

Jean Taconnat bon nageur, n'aurait couru aucun danger, s'il se fût dégagé des étriers. Mais, surpris par la chute, il n'en eut pas le temps, et fut renversé contre le flanc de son cheval, qui se débattait avec violence.

Marcel Lornans poussa vivement sa monture vers la droite, au moment où son cousin disparaissait.

« Jean... cria-t-il, Jean ?... »

Et, bien qu'il ne sût pas nager, il allait essayer de lui porter secours, au risque de se noyer lui-même, quand il vit qu'un autre l'avait précédé. Cet autre, c'était Clovis Dardentor.

Du dos de son méhari, après s'être débarrassé du zerbani qui l'enveloppait, le Perpignanais venait de se jeter dans le Sâr, et nageait vers l'endroit où l'eau bouillonnait encore.

Immobiles, haletants, épouvantés, tous regardaient le courageux sauveteur... N'avait-il pas trop présumé de ses forces ?... N'aurait-on pas à compter deux victimes au lieu d'une ?...

Au bout de quelques secondes, Clovis Dardentor reparut, traînant Jean Taconnat, à demi-suffoqué, et qu'il était parvenu à dégager de ses étriers. Il le tenait par le collet, il lui relevait la tête au-dessus de l'eau, tandis que, de sa main restée libre, il le ramenait vers le gué.

Quelques instants plus tard, la caravane gravissait la berge opposée. On descendait des voitures et des chevaux, on s'empressait autour du jeune homme, qui ne tarda pas à reprendre connaissance, alors que Clovis Dardentor se secouait comme un terre-neuve tout mouillé d'un sauvetage.

Jean Taconnat comprit alors ce qui s'était passé, à qui il devait la vie, et tendant la main à son sauveteur, au lieu du remerciement tout indiqué :

« Pas de chance ! » dit-il.

Cette réponse ne fut comprise que de l'ami Marcel.

Puis, derrière un massif d'arbres, à quelques pas de la rive, Clovis Dardentor et Jean Taconnat, auxquels Patrice apporta quelques vêtements tirés de leurs valises, se changèrent de la tête aux pieds.

La caravane se remit en route après une courte halte, et, à huit heures et demie du soir, elle terminait sa longue étape au hameau d'El-Gor.

XIV

Dans lequel Tlemcen n'est pas visitée avec le soin que mérite cette charmante ville.

Sebdou, un chef-lieu de cercle, une commune mixte de seize cents habitants, — à peine quelques douzaines de Français, — est située au milieu d'un pays dont les sites sont de toute beauté, le climat d'une salubrité exceptionnelle, la campagne d'une fertilité incomparable. On dit même qu'elle fut la Tafraoua des indigènes!... Et, pourtant, Jean Taconnat s'en « fichait comme un esturgeon d'un cure-dents », ainsi que l'aurait pu dire Clovis Dardentor, au risque de froisser les délicatesses de son fidèle serviteur.

En effet, ce pauvre Jean n'avait décoléré ni depuis l'arrivée à El-Gor, ni depuis l'arrivée à Sebdou? Pendant le restant de la journée que la caravane passa dans cette petite bourgade, il ne fut pas possible de le tirer de sa chambre. Marcel Lornans dut l'abandonner à lui-même. Il ne voulait voir ni recevoir personne. Cette reconnaissance qu'il devait, en somme, au courageux Perpignanais, il s'estimait incapable de la ressentir, encore moins de l'exprimer. S'il eût sauté au cou de son sauveur, quelle envie féroce il aurait eue de l'étrangler.

Il résulte de ceci que seuls M. Dardentor et Marcel Lornans, sans parler de quelques autres touristes, fidèles au programme du voyage, visitèrent consciencieusement Sebdou. Les dames, mal remises encore de leur émotion et de leurs fatigues, avaient pris la résolution de consacrer cette journée au repos — résolution dont fut fort marri Marcel Lornans, car il ne rencontra Louise Elissane qu'au déjeuner et au dîner.

On déjeuna avec les provisions du chariot. (Page 190.)

Au surplus, Sebdou n'offrait rien de très curieux, et une heure eût suffi à parcourir cette bourgade. Cependant Clovis Dardentor y trouva ce contingent habituel de fours à chaux, de tuileries, de moulins, qui fonctionnent dans presque toutes les villes de la province oranaise. Ses compagnons et lui firent le tour de la muraille bastionnée qui ceint la bourgade, laquelle fut pendant quelques années un poste avancé de la colonie française. Mais, comme ce jour-là, jeudi,

« Un singe ne serait pas tombé. » (Page 194.)

il y avait grand marché arabe, notre Perpignanais prit un vif intérêt à ce mouvement commercial.

Bref, la caravane partit le lendemain 19 mai, et de bonne heure, afin d'enlever les quarante kilomètres qui séparent Sebdou de Tlemcen. En sortant, au delà de l'Oued-Merdja, un affluent de la Tafna, elle longea une large exploitation d'alfaciers, elle traversa des aïns aux eaux limpides, elle franchit de moyennes forêts, elle fit halte pour le déjeuner dans un caravansérail situé à quinze cents mètres d'altitude, puis, par le village de Terni et les Montagnes-Noires, au delà de l'Oued-Sakaf, elle atteignit Tlemcen.

Après cette rude étape, un bon hôtel reçut tout ce monde, qui devait y séjourner trente-six heures.

Durant la route, Jean Taconnat s'était tenu à l'écart, répondant à peine aux démonstrations quasi-paternelles de M. Dardentor. A son désappointement se mêlait une certaine dose de honte. Lui, l'obligé de celui dont il voulait faire le sien! Aussi, ce matin-là, après avoir boudé depuis la veille, sauta-t-il hors de son lit, et réveilla-t-il Marcel Lornans en l'apostrophant de la sorte :

« Eh bien... qu'en dis-tu? »

Le dormeur n'en pouvait rien dire par la raison que sa bouche n'était pas plus ouverte que ses yeux.

Et son cousin allait, venait, gesticulait, croisait les bras, se dépensait en récriminations bruyantes. Non! il ne prendrait plus les choses gaiement, comme il l'avait promis! Il était décidé à les prendre au tragique.

Enfin, sur la question qui lui fut de nouveau posée, le Parisien, se redressant, ne trouva que ceci à répondre :

« Ce que je dis, Jean, c'est que tu te calmes! Lorsque la malchance se prononce si catégoriquement, le mieux est de se soumettre...

— Ou de se démettre! riposta Jean Taconnat. Je la connais, celle-là, et je n'en ferai pas ma devise! Non, en vérité, c'est trop fort! Quand je songe que sur trois des conditions imposées par le code, il s'en est présenté deux, les flots et les flammes! Et cet inqualifiable Dardentor qui aurait pu être enveloppé par les flammes du train, qui aurait pu disparaître sous les flots du Sâr, et que peut-être toi ou moi nous eussions sauvé... c'est lui qui a joué ce rôle de sauveteur!... Et c'est toi, Marcel, que l'incendie, et moi, Jean, que la noyade ont choisis pour victimes!...

— Veux-tu mon avis, Jean?...

— Va, Marcel.

— Eh bien, je trouve cela drôle.

— Ah!... tu trouves cela drôle?...

— Oui... et je pense que si le troisième incident se produisait, par exemple un combat pendant la dernière partie du voyage, je me trompe fort, ou ce serait M. Dardentor qui nous sauverait tous les deux à la fois ! »

Jean Taconnat frappait du pied, repoussait les chaises, tapait sur les vitres de la fenêtre à les briser, et, — ce qui semblera assez singulier, — c'est que cette fureur fût réellement sérieuse chez un fantaisiste tel que lui !

« Vois-tu, mon vieux Jean, reprit Marcel Lornans, tu devrais renoncer à te faire adopter par M. Dardentor, comme j'y ai renoncé pour mon compte...

— Jamais !

— D'autant que maintenant qu'il t'a sauvé, il va t'adorer comme il m'adore, cet émule de l'immortel Perrichon !

— Je n'ai pas besoin de ses adorations, Marcel, mais de son adoption, et, que Mahomet m'étrangle, si je ne trouve pas le moyen de devenir son fils !

— Et de quelle façon t'y prendras-tu, puisque la chance se déclare invariablement en sa faveur?...

— Je lui préparerai des traquenards... Je le pousserai dans le premier torrent que nous rencontrerons... Je mettrai, s'il le faut, le feu à sa chambre, à sa maison... Je recruterai une bande de Bédouins ou de Touaregs qui nous attaqueront en route... Enfin, je lui tendrai des pièges...

— Et sais-tu ce qui arrivera de tes pièges, Jean?...

— Il arrivera...

— Que c'est toi qui tomberas dedans, et que tu en seras tiré par M. Dardentor, le protégé des bonnes fées, le favori de la Providence, le prototype de l'homme chanceux, auquel tout a réussi dans la vie, et pour qui la roue de dame Fortune a toujours tourné dans le bon sens...

— Soit, mais je saurai bien saisir la première occasion de lui fausser sa manivelle !

— Du reste, Jean, nous voici à Tlemcen...

— Eh bien?...

— Eh bien, avant trois ou quatre jours, nous serons à Oran, et ce que nous aurons à faire de plus sage, ce sera de jeter toutes nos velléités d'avenir... dans le panier aux oublis, et d'aller signer notre engagement... »

Au prononcé de cette phrase, la voix de Marcel Lornans s'était visiblement altérée.

« Dis donc, mon pauvre ami, reprit Jean Taconnat, je croyais que Mlle Louise Elissane...

— Oui... Jean... oui!... Mais... pourquoi songer?... Un rêve qui ne saurait jamais être une réalité!... Du moins, je garderai de cette jeune fille un souvenir ineffaçable...

— Tu es si résigné que cela, Marcel?...

— Je le suis...

— A peu près autant que moi à ne pas devenir le fils adoptif de M. Dardentor! s'écria Jean Taconnat. Et, s'il faut te dire toute ma pensée, il me semble que, de nous deux, c'est toi qui aurais le plus de chance de réussir...

— Tu es fou !

— Non... car enfin le guignon n'est pas acharné contre toi, que je sache, et je crois qu'il serait plus facile à Mlle Elissane de devenir madame Lornans qu'à Jean Taconnat de devenir Jean Dardentor, bien que pour moi il ne s'agisse que d'un simple changement de nom ! »

Tandis que les deux jeunes gens s'abandonnaient à une conversation qui dura jusqu'au déjeuner, Clovis Dardentor, aidé de Patrice, s'occupait de sa toilette. La visite de Tlemcen et des environs ne devait commencer que dans l'après-midi.

« Eh bien, Patrice, demanda le maître au serviteur, que penses-tu de ces deux jeunes gens ?...

— Monsieur Jean et monsieur Marcel?...

— Oui.

— Je pense que l'un aurait péri dans les flammes et l'autre dans les flots, si monsieur ne se fût dévoué, au risque de sa vie, pour les arracher à une mort terrible!

— Et c'eût été dommage, Patrice, car tous deux méritent une longue et heureuse existence! Avec leur caractère aimable, leur bonne humeur, leur intelligence, leur esprit, ils feront du chemin en ce monde, n'est-ce pas, Patrice?...

— Mon avis est exactement celui de monsieur... Mais monsieur me permettra-t-il une observation qui m'est inspirée par mes réflexions personnelles?...

— Je te le permets... si tu ne tricotes pas trop tes phrases!

— Est-ce que?... Peut-être monsieur contestera-t-il la justesse de mon observation?...

— Va donc, sans chipoter, et ne tourne pas pendant une heure autour du pot!

— Le pot... le pot!... fit Patrice, déjà choqué du « tricotage » qui visait ses périodes favorites.

— Lâcheras-tu ta bonde?...

— Monsieur consentirait-il à me formuler son opinion sur le fils de M. et Mme Désirandelle?...

— Agathocle?... C'est un brave garçon... un peu... et pas assez... et surtout trop... qui ne demande pourtant qu'à partir du pied gauche! Une de ces natures de jeunes gens qui ne se révèlent qu'après le mariage! Peut-être est-il en bois... Donne-moi mon peigne à moustaches...

— Voici le peigne de monsieur.

— Mais du bois dont on fait les meilleurs maris. On lui a choisi un parti excellent, et je suis certain que le bonheur est assuré dans ce ménage sous tous les rapports!... A propos je ne vois pas encore poindre ton observation, Patrice...

— Elle poindra naturellement, lorsque monsieur aura bien voulu répondre à la seconde question que sa condescendance m'autorise à lui poser...

— Pose, propose et dépose !

— Que pense monsieur de Mlle Elissane ?...

— Oh ! charmante, délicieuse, et bonne, et bien faite, et spirituelle, et intelligente, à la fois rieuse et sérieuse... les mots me manquent... comme ma brosse à tête !... Où est fourrée ma brosse à tête ?...

— Voici la brosse à tête de monsieur.

— Et si j'étais marié, je voudrais en avoir une pareille...

— Brosse ?...

— Non, triple nigaud !... une femme comme cette chère Louise !... Et je le répète, Agathocle pourra se vanter d'avoir eu la veine de tirer un fameux numéro !

— Ainsi, monsieur croit pouvoir affirmer que ce mariage... est chose faite ?...

— C'est comme si l'écharpe du maire les avait cordés l'un à l'autre ! D'ailleurs, nous ne sommes venus à Oran que pour cela ! Sans doute, j'espérais que les deux futurs se seraient plus intimement rapprochés dans ce voyage. Bon ! la chose s'arrangera, Patrice ! Les jeunes filles, ça hésite un brin... c'est dans leur caractère ! Rappelle-toi ce que je te dis... avant trois semaines, nous danserons à la noce, et si je ne leur pince pas un joli cavalier seul, un peu bien déhanché !... »

Patrice ne digéra pas sans une visible répulsion ce déhanchement dans une cérémonie aussi solennelle !

« Allons... me voici prêt, déclara M. Dardentor, et je ne sais rien encore de ton observation inspirée par des réflexions personnelles...

— Personnelles, et je m'étonne que cette observation ait pu échapper à la perspicacité de monsieur...

— Mais, nom d'un tonneau, va donc comme ça te pousse !... Ton observation ?...

— Elle est si juste que monsieur la fera de lui-même... après une troisième question...

— Une troisième !

— Si monsieur ne désire pas...

— Eh! arrive donc au fait, animal! On dirait que tu cherches à me rendre enragé!

— Monsieur sait bien que je suis incapable d'aucune tentative de ce genre contre sa personne!

— Veux-tu la déballer, oui ou non, ta troisième question?...

— Est-ce que monsieur n'a pas remarqué les façons d'être de M. Marcel Lornans depuis le départ d'Oran?...

— Ce cher Marcel?... En effet, il a semblé fort reconnaissant du petit service que j'ai été assez heureux pour lui rendre... et aussi à son cousin... moins démonstratif...

— Il s'agit de M. Marcel Lornans et non de M. Jean Taconnat, répondit Patrice. Monsieur n'a-t-il pas constaté que Mlle Elissane paraît lui plaire infiniment, qu'il s'occupe d'elle plus qu'il ne convient vis-à-vis d'une jeune fille déjà engagée dans les demi-liens des fiançailles, et que M. et Mme Désirandelle en ont conçu un véritable et légitime ombrage, non sans motif?...

— Tu as vu cela, Patrice?...

— N'en déplaise à monsieur.

— Oui... on m'a déjà parlé... cette bonne madame Désirandelle... je crois!... Bah! c'est pure imagination...

— J'ose affirmer à monsieur que Mme Désirandelle n'est pas la seule à s'être aperçu...

— Vous ne savez ce que vous dites, ni les uns ni les autres! s'écria Clovis Dardentor. Et, d'ailleurs, quand cela serait, à quoi aboutirait?... Non! ce mariage d'Agathocle et de Louise, j'ai promis de le pistonner, je le pistonnerai, et il se fera!

— Bien que je regrette d'être en contradiction avec monsieur, je dois persister dans ma manière de voir...

— Persiste... et joue un air de clarinette par là-dessus!

— Tel qui accuse les gens d'être aveugles!... fit observer sèchement Patrice.

— Mais cela n'a pas le sens commun, futailles que vous êtes!... Marcel... un garçon que j'ai arraché aux flammes tourbillonnantes...

Du dos de son mehari. (Page 198.)

rechercher Louise!... C'est aussi bête que si tu prétendais que ce goinfre d'Oriental songe à demander sa main.

— Je n'ai point parlé de M. Eustache Oriental, répondit Patrice, et M. Eustache Oriental n'a rien à voir en cette affaire, toute spéciale à M. Marcel Lornans.

— Où est mon tube?...

— Le tube de monsieur?...

Enceinte de Mansourah.

— Oui... mon chapeau?...

— Voici le chapeau de monsieur, et non son... répondit Patrice indigné.

— Et, retiens bien ceci, Patrice, c'est que tu ne sais ce que tu dis, c'est que tu n'y connais goutte, et que tu te fourres l'index dans la prunelle jusqu'au-dessus du coude! »

Puis, M. Dardentor, prenant son chapeau, laissa Patrice retirer comme il le pouvait le doigt qu'il s'était enfoncé à une telle profondeur.

Cependant, peut-être notre Perpignanais se sentait-il un peu ébranlé... Ce rossard d'Agathocle qui ne faisait aucun progrès... Les Désirandelle qui s'avisaient de lui battre froid, à lui, comme s'il eût été responsable des idées de Marcel Lornans, en admettant qu'elles fussent telles... Certains menus faits qui lui revinrent à la mémoire... Enfin il se promit d'ouvrir l'œil et le bon.

Ce matin-là, pendant le déjeuner, Clovis Dardentor ne remarqua rien de suspect. Négligeant un peu Marcel Lornans, il reporta toutes ses aménités sur Jean Taconnat, son « dernier sauvetage », qui répondait mollement.

Quant à Louise Elissane, elle se montra très affectueuse pour lui, et peut-être soupçonna-t-il enfin qu'elle était bien trop charmante pour ce niais dont on voulait faire son mari... et qu'ils semblaient s'accorder comme le sucre et le sel...

« Monsieur Dardentor?... dit Mme Désirandelle, lorsqu'on fut au dessert.

— Excellente amie... répondit M. Dardentor.

— Il n'y a pas de chemin de fer entre Tlemcen et Sidi-bel-Abbès?...

— Si... mais il est en construction...

— C'est regrettable!

— Et pourquoi?...

— Parce que M. Désirandelle et moi, nous eussions préféré le prendre pour retourner à Oran...

— Par exemple! s'écria Clovis Dardentor. La route est superbe jusqu'à Sidi-bel-Abbès! Aucune fatigue à craindre... ni aucun danger... pour personne... »

Et il sourit à Marcel Lornans qui ne vit pas son sourire, et à Jean Taconnat, dont les dents grincèrent comme si elles avaient envie de le mordre.

« Oui, reprit M. Désirandelle, nous sommes très éprouvés par le voyage, et il est regrettable qu'on ne puisse l'abréger... Mme Elissane et Mlle Louise de même que nous, auraient... »

Avant que la phrase eût été achevée, Marcel Lornans avait regardé la jeune fille qui avait regardé le jeune homme. Cette fois, M. Dardentor dut se dire : Ça y est! Et, se rappelant cette délicieuse pensée du poète, que « Dieu a donné à la femme la bouche pour parler et les yeux pour répondre », il se demanda quelle réponse avaient faite les yeux de Louise.

« Mille et mille diables!... » murmura-t-il.

Puis :

« Que voulez-vous, mes amis, le chemin de fer ne fonctionne pas encore, et pas moyen de disloquer la caravane!

— Ne pourrait-on partir aujourd'hui même?... reprit Mme Désirandelle.

— Aujourd'hui! s'exclama M. Dardentor. Filer sans avoir visité cette magnifique Tlemcen, ses entrepôts, sa citadelle, ses synagogues, ses mosquées, ses promenades, ses environs, toutes les merveilles que m'a signalées notre guide?... C'est à peine si deux jours suffiraient...

— Ces dames sont trop fatiguées pour entreprendre cette excursion, Dardentor, répondit froidement M. Désirandelle, et je leur tiendrai compagnie. Un tour dans la ville, c'est tout ce que nous ferons!... Libre à vous... avec ces messieurs... que vous avez sauvés du tourbillon des flots et des flammes... de visiter à fond... cette magnifique Tlemcen!... Quoi qu'il arrive, n'est-ce pas, il est convenu que nous partirons demain, dès la première heure! »

C'était formel, et Clovis Dardentor, un peu estomaqué des railleries de M. Désirandelle, vit se rembrunir à la fois les visages de Marcel Lornans et de Louise Elissane. Sentant, d'ailleurs, qu'il ne fallait point insister, il quitta ces dames, après avoir lancé un dernier regard à la jeune fille attristée :

« Venez-vous, Marcel, venez-vous, Jean?... proposa-t-il.

— Nous vous suivons, répondit l'un.

— Il finira par nous tutoyer! » murmura l'autre, non sans quelque dédain.

Dans les conditions qui leur étaient faites, il ne restait qu'à se mettre à la remorque de Clovis Dardentor. Quant au fils Désirandelle, il avait déjà pris la clef des champs, et, pendant cette journée, on put le voir, en compagnie de M. Eustache Oriental, fréquenter les magasins de comestibles et les boutiques de confiseries. Nul doute que le président de la Société astronomique de Montélimar n'eût reconnu en lui des dispositions naturelles pour les occupations de fine bouche.

Les deux jeunes gens, étant donné leur état moral, ne pouvaient que fort médiocrement s'intéresser à cette curieuse Tlemcen, la Bab-el-Gharb des Arabes, située au milieu du bassin de l'Isser, dans le demi-cercle de la Tafna. Et pourtant, elle est si jolie, qu'on l'appelle la Grenade africaine. L'ancienne Pomaria des Romains délaissée au sud-est, remplacée par la Tagrart à l'ouest, est devenue la moderne Tlemcen. Mais, son Joanne à la main, M. Dardentor eut beau répéter qu'elle était déjà florissante au XVe siècle, industrieuse, commerçante, artiste, scientifique sous l'influence des races berbères, qu'elle comptait alors vingt-cinq mille familles, qu'elle était actuellement la cinquième ville de l'Algérie, avec sa population de vingt-cinq mille habitants, dont trois mille Français et trois mille Juifs, qu'après avoir été prise par les Turcs en 1553, par les Français en 1836, puis cédée à Abd el Kader, elle fut définitivement reprise en 1842, qu'elle constituait un chef-lieu stratégique de grande importance sur la frontière marocaine, — oui! malgré tous ses efforts, il fut à peine écouté et n'obtint que de vagues réponses.

Et le digne homme de se demander s'il n'eût pas mieux fait de laisser ces deux « chagrino-chagrini » dans leur coin à se morfondre!... Mais non! il les aimait et se défendit de marquer aucune mauvaise humeur.

Certes, plus d'une fois, M. Dardentor eut envie de questionner Marcel Lornans, de le plaquer au mur, de lui crier :

« Est-ce vrai?... Est-ce sérieux?... Mais ouvrez-moi donc votre bouquin de cœur que je lise dedans!... »

Il ne le fit pas. A quoi bon?... Ce jeune homme sans fortune que n'accepterait jamais la pratique et intéressée Mme Elissane!... Et puis... lui... l'ami des Désirandelle...

Il advint de tout ceci que notre Perpignanais ne tira pas ce qu'il attendait de cette ville, située dans une position vraiment admirable, sur une terrasse à huit cents mètres d'altitude, au flanc des coupures à pic du mont Terni qui se détache des massifs du Nador, d'où la vue s'étend sur les plaines de l'Isser et de la Tafna, sur les vallées inférieures dont les vergers succèdent aux jardins, une zone de verdure de douze kilomètres, riche en orangeries et en olivettes, véritable forêt de noyers séculaires, de térébinthes aux puissantes floraisons, sans parler de la variété des arbres à fruits, des plantations d'oliviers par centaines de mille.

Inutile d'ajouter que tous les rouages de l'administration française fonctionnent à Tlemcen avec une régularité de machine Corliss. En ce qui concerne ses établissements industriels, M. Dardentor eût pu choisir entre les moulins à farine, les huileries, les tissages, principalement ceux qui fabriquent l'étoffe des burnous noirs. Il fit même l'acquisition d'une délicieuse paire de babouches dans un magasin de la place Cavaignac.

« Elles me paraissent un peu petites pour vous, observa Jean Taconnat d'un ton railleur.

— Parbleu!

— Et un peu cher?

— On a de la monnaie!

— Alors vous les destinez?... demanda Marcel Lornans.

— A une gentille personne, » répondit M. Dardentor avec un fin, très fin clignement de l'œil.

Voilà ce que n'aurait pu se permettre Marcel Lornans, et, pourtant, tout l'argent du voyage, il eût été heureux de le dissiper en cadeaux pour la jeune fille.

Si c'est à Tlemcen que se rencontre le commerce de l'ouest et des tribus marocaines, grains, bétail, peaux, tissus, plumes d'autruche, la ville offre également aux amateurs de l'antique de précieux souvenirs. Çà et là, nombreux débris de l'architecture arabe, les ruines de ses trois vieilles enceintes que remplace le mur moderne de quatre kilomètres et percé de neuf portes, des quartiers mauresques à ruelles voûtées, quelques spécimens des soixante mosquées qu'elle possédait autrefois. Il fallut bien que les deux jeunes gens eussent un regard pour cette vénérable citadelle, le Méchouar, ancien palais du XIIe siècle, et aussi cette Kissaria, devenue une caserne de spahis, où se réunissaient les marchands génois, pisans, provençaux. Puis, les mosquées avec leur profusion de minarets blancs, leurs colonnettes en mosaïque, leurs peintures et leurs faïences, — la mosquée de Djema-Kébir, celle d'Abdul-Hassim, dont les trois travées reposent sur des piliers d'onyx, et dans laquelle les gamins arabes piochent la lecture, l'écriture et le calcul, au lieu même où mourut Boabdil, le dernier des rois de Grenade.

Ensuite le trio traversa des rues et franchit des places régulièrement dessinées, un quartier hybride où contrastaient des maisons indigènes et européennes, d'autres quartiers modernes. Et partout des fontaines, et la plus jolie, celle de la place Saint-Michel. Enfin, ce fut l'esplanade de Méchouar, ombragée de quatre rangs d'arbres, qui offrit aux touristes, jusqu'au moment de rentrer à l'hôtel, une incomparable vue sur la campagne environnante.

Quant aux alentours de Tlemcen, ses hameaux agricoles, les koubbas de Sidi-Daoudi et de Sidi-Abd-es-Salam, la retentissante cascade d'El-Ourit, par laquelle le Saf-Saf se précipite de quatre-vingts mètres, et tant d'autres attractions, Clovis Dardentor dut se borner à les admirer dans le texte officiel de son Joanne.

Oui! il aurait fallu plusieurs jours pour étudier Tlemcen et ses environs. Mais, de proposer cette prolongation à des gens qui n'aspiraient qu'à s'en aller par le plus vite et par le plus court, c'eût été peine perdue. Quelque autorité que notre Perpignanais eût sur ses compagnons de voyage, — autorité diminuée, d'ailleurs, — il ne l'osa pas.

« Maintenant, mon cher Marcel et mon cher Jean, que pensez-vous de Tlemcen ?...

— Une belle ville, se contenta de répondre le premier distraitement.

— Belle... oui... ajouta le second du bout des lèvres.

— Hein, mes gaillards, ai-je bien fait de vous rattraper, vous, Marcel, par votre collet, et vous, Jean, par le fond de votre culotte ! Que de choses superbes vous n'auriez jamais vues...

— Vous avez risqué votre vie, monsieur Dardentor, dit Marcel Lornans, et croyez que notre reconnaissance...

— Ah çà ! monsieur Dardentor, demanda Jean Taconnat, en coupant la parole à son cousin, est-ce que c'est votre habitude de sauver les...

— Eh ! la chose m'est arrivée plus d'une fois, et je pourrais me coller sur le torse un joli emplâtre de médailles ! C'est ce qui fait que, malgré mon envie de devenir un papa adoptif, vous le savez, je n'ai jamais pu adopter personne !

— C'est même vous qui étiez dans les conditions, observa Jean Taconnat, pour être...

— Comme vous dites, mon bébé ! riposta Clovis Dardentor. Mais il s'agit de se tirer les pieds... »

On rentra à l'hôtel. Le dîner fut maussade. Les convives avaient l'air de gens qui ont bouclé leurs valises et que le train attend. Au dessert, le Perpignanais se décida à offrir les jolies petites babouches à leur destinataire.

« En souvenir de Tlemcen, chère demoiselle ! » dit-il.

Mme Elissane ne put qu'acquiescer par un sourire à la gracieuse attention de M. Dardentor, tandis que, dans le groupe Désirandelle, madame se pinçait les lèvres, et monsieur haussait les épaules.

Quant à Louise, son visage se rasséréna, un éclair de contentement brilla dans ses yeux, et elle dit :

« Merci, monsieur Dardentor. Voulez-vous me permettre de vous embrasser?...

— Parbleu... je ne les ai achetées que pour cela!... Un baiser par babouche!... »

Et la jeune fille embrassa de bon cœur M. Dardentor.

XV

<small>Dans lequel une des trois conditions imposées par l'article 345 du Code civil est enfin remplie.</small>

A vrai dire, il était peut-être temps de terminer ce voyage, si convenablement organisé par la Compagnie des Chemins de fer algériens. Bien commencé, il menaçait de mal finir, — tout au moins pour le groupe Dardentor.

En quittant Tlemcen, la caravane était réduite de moitié. Plusieurs des touristes avaient désiré prolonger de quelques jours cette halte dans une ville qui méritait de les retenir. L'agent Derivas demeurant avec eux, M. Dardentor et les siens, sous la conduite du guide Moktani, avaient seuls pris direction vers Sidi-bel-Abbès, dès l'aube du 21 mai.

Il convient de mentionner, en outre, la présence de M. Eustache Oriental, qui avait hâte sans doute de regagner Oran. Que son intention fût de rédiger un rapport scientifique sur cette excursion, cela ne laisserait pas d'étonner M. Dardentor et les autres. En effet, il ne s'était jamais servi que de sa longue-vue pour relever des positions, et ses autres instruments étaient restés au fond de sa valise.

La caravane ne se composait donc plus que de deux chars à bancs. Le premier emportait les dames et M. Désirandelle. Le second conte-

ÇA ET LA DE NOMBREUX DÉBRIS D'ARCHITECTURE ARABE. (Page 214.)

nait M. Oriental, Agathocle, fatigué de son peu accommodant mulet, deux indigènes pour le service, les bagages et les provisions de réserve. En somme, il ne s'agissait plus que d'un déjeuner entre Tlemcen et le village de Lamoricière, où l'on ferait halte pour la nuit, et, le lendemain, d'un déjeuner entre Lamoricière et Sidi-bel-Abbès, où le guide comptait arriver vers huit heures du soir. Là s'achèverait le voyage en caravane, et le chemin de fer ramènerait à Oran l'avant-garde des excursionnistes.

Il va sans dire que M. Dardentor et Moktani ne s'étaient point séparés de leurs méharis, excellentes bêtes dont ils n'avaient pas à se plaindre, ni les deux Parisiens de leurs chevaux qu'ils ne quitteraient pas sans regrets.

Entre Tlemcen et Sidi-bel-Abbès, une route nationale traverse cette partie de l'arrondissement et rejoint au Tlélat celle qui met Oran en communication avec Alger. De Tlemcen à Sidi-bel-Abbès, la distance est de quatre-vingt-douze kilomètres, qui peuvent aisément se franchir en deux jours.

La caravane cheminait donc à travers un pays plus varié que la région sud-oranaise de Saïda à Sebdou. Moins de forêts, mais de vastes exploitations agricoles, des terrains de colonisation, et le capricieux réseau des affluents du Chouly et de l'Isser. C'est un des grands fleuves de l'Algérie, ce dernier, c'est l'artère vivifiante dont le cours de deux cents kilomètres se poursuit jusqu'à la mer, en suivant une vallée où les cotonniers prospèrent, grâce aux déversements des Hauts-Plateaux et du Tell.

Mais quel changement dans le moral de ces touristes, si unis au départ d'Oran en chemin de fer, et au départ de Saïda en caravane! Une manifeste froideur glaçait leurs rapports. Les Désirandelle et Mme Elissane causaient à part dans leur char à bancs, et Louise devait entendre des choses peu faites pour lui plaire. Marcel Lornans et Jean Taconnat, s'abandonnant à leurs tristes pensées, marchaient en arrière du Perpignanais, lui répondant à peine, lorsqu'il s'arrêtait pour les attendre.

Infortuné Dardentor! tout le monde semblait maintenant lui en vouloir : les Désirandelle, parce qu'il ne suppliait pas Louise d'agréer Agathocle, Mme Elissane, parce qu'il ne décidait pas sa fille à ce mariage convenu de longue date, Marcel Lornans, parce qu'il aurait dû intervenir en faveur de celui qu'il avait sauvé, Jean Taconnat, parce qu'il l'avait sauvé, au lieu de lui avoir donné lieu à un sauvetage! Enfin, Clovis Dardentor n'était plus qu'un bouc émissaire, monté sur un chameau. Seul lui restait le fidèle Patrice qui semblait dire :

« Oui... voilà où en sont les choses, et votre serviteur ne se trompait pas ! »

Mais il ne formulait pas cette pensée, il ne lui donnait pas une consistance littéraire, crainte d'une répartie dardentorienne, dont il eût été froissé dans tout son être.

Eh bien ! décidément, Clovis Dardentor finirait par les envoyer tous à l'ours !

« Voyons, Clovis, se disait-il, est-ce que tu leur dois quelque chose à ces pierrots-là?... Est-ce que tu vas te mettre martel en tête, parce que cela ne marche pas à leur gré?... Est-ce ta faute si Agathocle n'est qu'un serin, si ses père et mère le regardent comme un phénix, si Louise a fini par estimer cet oiseau-là à sa juste valeur, car, enfin, il faut bien se rendre à l'évidence !... Que Marcel aime la jeune fille, je commence à m'en douter !... Mais, par les deux bosses de mon méhari, je ne peux pourtant pas leur crier à tous deux : Amenez-vous, mes enfants, que je vous bénisse !... Et jusqu'à ce joyeux Jean, qui a perdu toute sa belle humeur, toute sa fantaisie, noyée dans les eaux du Sâr!... On dirait qu'il m'en veut de l'avoir tiré de là !... Ma parole, ils sont tous à fourrer dans le même sac à geigneurs !... Eh bien... »

Patrice venait de descendre du char à bancs avec l'intention de parler à son maître, et lui dit :

« Je crains, monsieur, que le temps ne se mette à la pluie, et peut-être vaudrait-il...

— Mieux vaut un mauvais temps que pas du tout !

— Que pas du tout?... répliqua Patrice, rendu rêveur par cet axiome fantaisiste. Si donc monsieur...

— Zut! »

Attéré de cette locution de gavroche, Patrice remonta dans le char à bancs plus vite qu'il en était descendu.

Pendant la matinée, par une pluie chaude que versaient des nuages orageux, on fit la douzaine de kilomètres qui séparent Tlemcen de l'Aïn-Fezza. Puis, l'averse ayant cessé, on déjeuna au lieu de halte, dans une gorge boisée, rafraîchie par les nombreuses cascades du voisinage, — déjeuner sans intimité, où régnait une visible gêne. On eût dit les convives d'une table d'hôte, qui ne se sont jamais vus avant de s'asseoir devant leur assiette, et qui ne se reverront jamais après l'avoir vidée. Sous les yeux fulgurants des Désirandelle, Marcel Lornans évitait de regarder Louise Elissane. Quant à Jean Taconnat, ne comptant plus sur les hasards de la route, — une route nationale, avec ses talus en bon état, ses bornes milliaires, ses tas de cailloux bien alignés, ses cantonniers au travail, — il maudissait la malencontreuse administration qui avait civilisé ce pays.

A plusieurs reprises, cependant, Clovis Dardentor essaya de réagir, il voulut ressaisir le lien rompu, il lança quelques fusées, mais ses artifices, comme s'ils se ressentaient de l'averse, firent long feu.

« Décidément, ils m'embêtent ! » murmurait-il.

On se remit en route vers onze heures, on franchit sur un pont le Chouly, rapide affluent de l'Isser, on côtoya une petite forêt, des carrières de pierre, les ruines d'Hadjar-Roum, et, sans incident, on atteignit vers six heures du soir l'annexe de Lamoricière.

Après un si bref séjour à Tlemcen, il ne pouvait être question de poser dans cet Ouled-Mimoun de deux cents habitants, qui porte le nom de l'illustre général. Remarquable surtout par sa fraîche et fertile vallée, on n'y trouva aucun confortable dans l'unique auberge de l'endroit. On y servit même des œufs à la coque qui auraient pu être mis à la broche. Par bonheur, l'agent M. Derivas n'était pas là, ce qui évita de justes récriminations. En revanche, les touristes furent honorés d'une sérénade indigène. Peut-être eussent-ils refusé ce concert; mais, sur les instances de M. Dardentor, dont il eût été imprudent de surexciter la mauvaise humeur, ils se résignèrent.

Cette sérénade fut donnée dans la grande salle de l'auberge, et elle valait la peine d'être entendue.

C'était une « nouba » réduite à trois espèces d'instruments arabes, le « tébeul », gros tambour que font résonner sur sa double face deux minces baguettes de bois, la « rheïta », flûte en partie métallique, dont la sonorité est comparable à celle du biniou, le « nouara », composé de deux demi-calebasses tendues d'une peau sèche. D'habitude, si cette nouba est accompagnée de danses gracieuses, les danses, ce soir-là, ne figurèrent pas au programme.

Lorsque la petite fête eut pris fin :

« Enchanté... je suis enchanté ! » déclara M. Dardentor d'une voix rébarbative.

Et, personne, n'ayant osé émettre une opinion contraire, il fit complimenter par Moktani ces musiciens indigènes qu'il gratifia d'un pourboire très convenable.

Notre Perpignanais avait-il été aussi satisfait qu'il en donnait l'assurance? C'est une question. Il y eut, dans tous les cas, un des auditeurs dont la satisfaction fut complète, on peut l'affirmer. Oui ! pendant cette nouba, l'un des deux cousins, — on devine lequel, — avait pu se placer près de Mlle Elissane. Et sait-on s'il ne lui révéla pas alors les trois mots gravés au fond de son cœur, qui trouvèrent écho dans celui de la jeune fille ?...

Le lendemain, de bonne heure, départ des touristes, impatients d'arriver au terme du voyage. Après Lamoricière et jusqu'à Aïn-Tellout, on suivit, sur une dizaine de kilomètres, le tracé du chemin de fer en projet. A ce point, la route l'abandonne, et remonte directement vers le nord-est, où elle coupe, à quelques kilomètres de Sidi-bel-Abbès, le chemin de fer en construction, qui descend vers le Sud-Oranais.

Il y eut d'abord à traverser de larges exploitations d'alfa et de vastes champs de culture qui se développaient jusqu'à l'horizon. Fréquemment des puits se rencontraient le long de la route, bien que les premières eaux des oueds Mouzen et Zehenna fussent déjà abondantes. Les véhicules et les chevaux allaient aussi vite que possible, afin d'enlever cette étape de quarante-cinq kilomètres dans une seule journée. Il n'était plus question de s'attarder en causeries joyeuses, et, d'ailleurs, rien de curieux sur ce parcours, pas même des ruines romaines ou berbères.

La température était élevée. Heureusement, un écran de nuages modérait les ardeurs du soleil, qui eussent été insoutenables à la surface de cette région déboisée. Partout, des champs sans arbres, des plaines sans ombrages. Même cheminement, qui se poursuivit de la sorte jusqu'à la halte du déjeuner.

Il était onze heures, lorsque la caravane s'arrêta au signal du guide Moktani. En se portant à quelques kilomètres vers la gauche, la lisière de la forêt des Ouled-Mimoun lui eût offert un endroit propice. Mais il ne convenait pas de s'allonger de ce détour.

Les provisions furent tirées des paniers. On s'assit sur le bord de la route en groupes divers. Il y eut le groupe Désirandelle-Elissane, et il fallait bien que Louise lui appartint. Il y eut le groupe Jean-Marcel, et le jeune homme, en ne cherchant pas à s'approcher de la jeune fille, montra une discrétion dont celle-ci dut lui être reconnaissante. Depuis Lamoricière, il est probable que tous deux avaient fait plus de chemin que la caravane, et vers un but qui n'était pas précisément Sidi-bel-Abbès...

Enfin, il y eut le groupe Dardentor, lequel ne se fût composé que du personnage de ce nom, si notre Perpignanais n'eût accepté, faute de grives, la compagnie de M. Oriental.

Ils se trouvèrent l'un près de l'autre, et ils causèrent. De quoi?... De tout... du voyage qui allait s'achever, et en réalité, sans encombres... Nuls retards, des accidents sans gravité depuis le départ... Santé parfaite des touristes, peut-être un peu fatigués... plus particulièrement les dames... Encore cinq à six heures de marche jusqu'à

Sidi-bel-Abbès, et l'on n'aurait plus qu'à se caser dans un wagon de première classe à destination d'Oran.

« Et vous êtes satisfait, monsieur Oriental?... demanda Clovis Dardentor.

— Très satisfait, monsieur Dardentor, répondit le Montélimarrois. Ce voyage était fort bien organisé, et la question de nourriture a été résolue d'une manière très acceptable, même dans les plus infimes villages.

— Cette question me paraît avoir tenu une place importante dans votre esprit?...

— Très importante, en effet, et j'ai pu me procurer divers échantillons de produits comestibles dont j'ignorais l'existence.

— Pour mon compte, monsieur Oriental, ces préoccupations de boustifaille...

— Hum!... fit Patrice, qui servait son maître.

— ... Me laisse à peu près le gaster indifférent, continua Clovis Dardentor.

— A mon avis, elles doivent, au contraire, occuper le premier rang dans l'existence, repartit M. Oriental.

— Eh bien, cher monsieur, permettez-moi d'avouer que si nous avions attendu de vous quelques services, ce n'aurait point été des services culinaires, mais des services astronomiques.

— Astronomiques?... répéta M. Oriental.

— Oui... par exemple, si notre guide se fût égaré... s'il avait fallu recourir à des observations pour retrouver la route... grâce à vous, qui auriez pris la hauteur du soleil...

— J'aurais pris la hauteur du soleil?...

— Sans doute... pendant le jour... ou celle des étoiles pendant la nuit... Vous savez bien... les déclinaisons...

— Quelle déclinaison?... *Rosa*, la rose?...

— Ah! charmant! » s'écria M. Dardentor.

Et il partit d'un gros rire, qui ne produisit aucun effet de répercussion dans les autres groupes.

« Enfin... reprit-il, je veux dire qu'au moyen de vos instruments... votre sextant... comme les marins... le sextant qui est dans votre valise...

— J'ai un sextant... dans ma valise ?

— C'est probable... car la longue-vue, c'est bon pour les paysages... Mais quand il s'agit du passage du soleil au méridien ?...

— Je ne comprends pas...

— Enfin n'êtes-vous pas président de la Société astronomique de Montélimar ?

— Gastronomique, cher monsieur, Société gastronomique ! » répondit fièrement M. Oriental. Et cette réponse, qui expliquait bien des choses inexplicables jusqu'alors, parvint à dérider Jean Taconnat, après que M. Dardentor l'eût répétée.

« Mais c'est cet animal de Patrice, qui nous a dit, à bord de l'*Argèlès*... s'écria-t-il.

— Comment, monsieur n'est pas astronome ?... demanda le digne serviteur.

— Non... gastronome... on te dit, gas-tro-nome !

— J'aurai mal compris le maître d'hôtel, répliqua Patrice, et cela peut arriver à tout le monde de mal comprendre !

— Et... j'ai pu croire... s'écria notre Perpignanais, j'ai pu prendre M. Oriental pour... tandis que c'était un... Vrai !... C'est à s'en gondoler l'échine !... Tiens, prends tes cliques, tes claques, tes cloques, Patrice, et fiche-moi le camp ! »

Patrice s'en alla, tout confus de sa méprise, et encore plus humilié de l'algarade inconvenante qu'elle lui avait value en des termes si vulgaires. Se gondoler l'échine... C'était la première fois que son maître employait devant lui pareille locution... ce serait la dernière, ou Patrice quitterait son service et chercherait une place chez un membre de l'Académie française, au langage châtié, — pas chez M. Zola, par exemple... si jamais...

Jean Taconnat s'approcha.

« Vous lui pardonnerez, monsieur Dardentor, dit-il.

— Et pourquoi ?...

La retentissante cascade d'El-Ourit. (Page 214.)

— Parce qu'il n'y a pas là de quoi pendre un homme. Après tout, un gastronome, c'est un astronome paré des plumes du *g*. »

Et Clovis Dardentor s'esclaffa de cette calembredaine au point de compromettre sa digestion.

« Ah! ces Parisiens, à eux le pompon!... Ce qu'ils vous dégotent!... s'écria-t-il. Non! jamais on n'aurait trouvé cela à Perpignan, et, pourtant, ils ne sont pas bêtes, les Perpignanais! Oh! non!

C'étaient un lion et une lionne. (Page 227.)

— D'accord, se dit *in petto* Jean Taconnat, mais ils ont trop la bosse du sauvetage! »

Chariots et montures se remirent en route. Aux exploitations d'alfa avaient succédé les terrains de colonisation. Vers deux heures, au trot des attelages, le hameau de Lamtar était atteint, — précisément à la jonction d'un petit embranchement qui réunit le chemin de grande communication de Aïn-Temouchent à la route nationale de Sidi-bel-Abbès. A trois heures, arrivée au pont de Mouzen, à l'endroit où conflue l'oued de ce nom avec un de ses affluents, puis, à quatre heures, au carrefour où les deux routes précitées se rencontrent un peu au-dessous de Sidi-Kraled, à quelques kilomètres seulement de Sidi-Lhassen, après avoir suivi le cours du Mekerra, nom que prend le Sig en cette région.

Sidi-Lhassen n'est qu'une annexe de six cents habitants environ, pour la plupart Allemands et indigènes, et il n'était pas question d'y faire halte.

Soudain — il était quatre heures et demie — le guide, qui marchait en tête, fut brusquement arrêté par un écart de son méhari. En vain l'excita-t-il de la voix, l'animal refusa d'avancer et se rejeta en arrière.

Presque aussitôt, les chevaux des deux jeunes gens s'ébrouaient, se cabraient, poussaient un hennissement de frayeur, et, malgré l'éperon, malgré la bride, reculaient vers les chars à bancs dont l'attelage donnait des signes identiques d'épouvante.

« Qu'y a-t-il donc? » demanda Clovis Dardentor.

Sa monture, renâclant et humant quelque émanation lointaine, venait de s'accroupir.

A cette question répondirent deux formidables rugissements, sur la nature desquels il n'y avait pas à se méprendre. C'était à une centaine de pas, dans le bois de pins, que ces rugissements avaient retenti.

« Des lions! » s'écria le guide.

On imagine aisément de quel effroi trop justifié fut saisie la caravane. Ces fauves dans le voisinage, en plein jour, ces fauves qui s'apprêtaient à bondir sans doute...

Mme Elissane, Mme Désirandelle, Louise, effarées, sautèrent à bas de leur voiture, dont les mules cherchaient à briser les traits, afin de s'enfuir.

La première idée, — purement instinctive, — qui vint aux deux dames, à MM. Désirandelle père et fils, à M. Eustache Oriental, fut de rebrousser chemin, et de se réfugier dans le dernier hameau, à plusieurs kilomètres de là...

« Restez tous ! » cria Clovis Dardentor, d'une voix si impérieuse qu'elle obtint une obéissance passive.

D'ailleurs, Mme Désirandelle venait de perdre connaissance. Quant aux chevaux et aux chameaux, le conducteur et les indigènes les avaient entravés en un tour de main, afin qu'ils ne pussent s'échapper à travers la campagne.

Marcel Lornans, lui, s'était précipité vers le second char à bancs ; puis, aidé de Patrice, il en rapporta les armes, carabines et revolvers, qui furent aussitôt chargés.

M. Dardentor et Marcel Lornans prirent les carabines, Jean Taconnat et Moktani saisirent les revolvers. Tous se tenaient groupés au pied d'un bouquet de térébinthes, sur le talus à gauche de la route.

Sur cette campagne déserte, aucun secours à attendre.

Les rugissements éclatèrent de nouveau, et, presque à l'instant, apparut sur la lisière du bois un couple de fauves.

C'étaient un lion et une lionne, de taille colossale, dont la robe jaunâtre se détachait vivement sur la sombre verdure des pins d'Alep.

Ces animaux allaient-ils se jeter sur la caravane qu'ils regardaient de leurs yeux flamboyants ?... Ou bien, inquiets du nombre, rentreraient-ils sous bois et livreraient-ils passage ?...

Tout d'abord, ils firent quelques pas, sans se hâter, ne troublant plus l'air que par des ronflements sourds.

« Que personne ne bouge, répéta M. Dardentor, et qu'on nous laisse faire ! »

Marcel Lornans jeta un regard sur Louise. La jeune fille, la figure pâle, les traits contractés, mais se possédant, essayait de rassurer sa mère. Puis, Jean Taconnat et lui vinrent se ranger près de Clovis Dardentor et de Moktani, à une dizaine de pas en avant du bouquet de térébinthes.

Une minute après, comme les deux fauves s'étaient rapprochés, une première détonation retentit. Le Perpignanais avait tiré sur la lionne, mais, cette fois, son adresse habituelle l'avait mal servi, et la bête, seulement effleurée au cou, bondit en poussant des cris rauques. Et, comme au même instant, le lion s'élançait, Marcel Lornans, épaulant sa carabine, fit feu.

« Maladroit que je suis! » s'était écrié M. Dardentor, à la suite de son coup infructueux.

Marcel Lornans n'eut pas pareil reproche à mériter, car le lion fut atteint au défaut de l'épaule. Il est vrai, son épaisse crinière amortit la balle, qui ne le frappa pas mortellement, et, dans un redoublement de rage, il se précipita sur la route, sans s'arrêter devant trois balles du revolver de Jean Taconnat.

Tout cela s'était passé en quelques secondes, et les deux carabines n'avaient pu être rechargées, lorsque les fauves retombèrent près du bouquet de térébinthes.

Marcel Lornans et Jean Taconnat furent renversés par la lionne, dont les griffes se levaient sur eux, lorsqu'une balle de Moktani détourna soudain l'animal qui, revenant à la charge, fonça sur les deux jeunes gens à terre.

La carabine de M. Dardentor retentit une seconde fois. La balle troua la poitrine de la lionne, sans lui traverser le cœur, et si les deux cousins ne se fussent lestement mis hors de portée, ils n'en seraient pas sortis sains et saufs.

Cependant la lionne, quoique grièvement blessée, était redoutable encore. Le lion, qui venait de la rejoindre, se précipita avec elle vers le groupe, où l'effarement des chevaux et des attelages ajoutait au désordre et à l'épouvante.

Moktani, saisi par le lion, fut traîné pendant une dizaine de pas, tout couvert de sang. Jean Taconnat, son revolver à la main, Marcel Lornans, sa carabine rechargée, revinrent vers le talus. Mais, à ce moment, deux coups, tirés presque à bout portant, achevèrent la lionne, qui retomba inanimée, après un dernier soubresaut.

Le lion, au dernier degré de la fureur, emporté par un bond de vingt pieds, vint tomber sur Clovis Dardentor, lequel ne pouvant faire usage de son arme, roulé à terre, risquait d'être écrasé sous le poids de la bête...

Jean Taconnat courut vers lui, à trois pas du lion, — et, soyez sûr qu'il ne songeait guère aux conditions imposées par le code civil pour l'adoption, — il pressa la gâchette de son revolver, dont le dernier coup rata...

A cet instant, les chevaux et les attelages, au paroxysme de l'épouvante, rompant leurs entraves, s'enfuirent à travers la campagne. Moktani, dans l'impossibilité d'utiliser son arme, s'était traîné jusqu'au talus, tandis que M. Désirandelle, M. Oriental et Agathocle se tenaient devant les dames...

Clovis Dardentor n'avait pu se relever, et la patte du lion allait s'abattre sur sa poitrine, lorsqu'un coup de feu éclata...

L'énorme fauve, le crâne perforé, rejeta la tête en arrière, et retomba mort à côté du Perpignanais...

C'était Louise Elissane, qui, après avoir ramassé le revolver de Moktani, avait tiré à bout portant sur l'animal...

« Sauvé... sauvé par elle!... s'écria M. Dardentor, et ils n'étaient pas en peau de mouton, et ils n'avaient pas de roulettes aux pattes, ces lions-là! »

Puis il se releva d'un bond que n'eût pas désavoué ce roi des animaux étendu sur le sol.

Ainsi, ce que n'avaient pu faire ni Jean Taconnat ni Marcel Lornans, cette jeune fille venait de le faire, elle! Il est vrai, ses forces l'abandonnèrent soudain et, prise de faiblesse, elle fût tombée, si Marcel Lornans ne l'eût reçue dans ses bras pour la rapporter à sa mère.

Tout danger avait disparu, et qu'aurait pu dire M. Dardentor de plus que les premiers mots qui lui étaient partis du cœur à l'adresse de Louise Elissane?...

Aussi, aidé des indigènes, notre Perpignanais s'occupa-t-il avec Patrice de rattraper les mules et les chevaux en fuite. Il y réussit en peu de temps, car ces animaux, calmés après la mort des fauves, revinrent d'eux-mêmes sur la route.

Moktani, assez grièvement blessé à la hanche et au bras, fut déposé dans l'un des chars à bancs, et Patrice dut prendre sa place entre les deux bosses camelliennes de son méhari, où il se montra sportsman non moins distingué que s'il eût chevauché un pur-sang arabe.

Lorsque Marcel Lornans et Jean Taconnat furent remontés à cheval, le second dit au premier :

« Eh bien!... il nous a encore sauvés tous les deux, ce terre-neuve des Pyrénées-Orientales!... Décidément, il n'y a rien à faire avec un pareil homme!

— Rien! » répondit Marcel Lornans.

La caravane se remit en marche. Une demi-heure plus tard, elle atteignait Sidi-Lhassen, et, à sept heures, descendait au meilleur hôtel de Sidi-bel-Abbès.

Tout d'abord, un médecin fut appelé près de Moktani afin de lui donner ses soins, et il reconnut que les blessures du guide n'auraient pas de suites graves.

A huit heures, on dîna en commun, — dîner silencieux, pendant lequel, comme par un tacite accord, les convives ne firent aucune allusion à l'attaque des fauves.

Mais, au dessert, M. Dardentor, se levant, et s'adressant à Louise d'un ton sérieux qu'on ne lui connaissait guère :

« Chère demoiselle, dit-il, vous m'avez sauvé...

— Oh! monsieur Dardentor, répondit la jeune fille dont les joues se colorèrent d'une vive rougeur.

— Oui... sauvé... et sauvé dans un combat où, sans votre intervention, j'aurais perdu la vie!... Aussi, avec la permission de madame votre mère, puisque vous remplissez les conditions exigées par l'article 345 du code civil, mon plus vif désir serait-il de vous adopter...

— Monsieur... répliqua Mme Elissane, assez interdite de cette proposition...

— Pas d'objection répliqua le Perpignanais, car si vous ne consentez pas...

— Si je ne consens pas?...

— Je vous épouse, chère madame, et Mlle Louise deviendra ma fille tout de même ! »

XVI

<small>Dans lequel un dénouement convenable termine ce roman au gré de M. Clovis Dardentor.</small>

Le lendemain, à neuf heures du matin, le train de Sidi-bel-Abbès emportait la fraction de cette caravane, qui, après un voyage de quatorze jours, allait revenir à son point de départ.

Cette fraction comprenait M. Clovis Dardentor, Mme et Mlle Elissane, les époux Désirandelle et leur fils Agathocle, Jean Taconnat et Marcel Lornans, sans compter Patrice, lequel aspirait à reprendre sa vie tranquille et régulière dans la maison de la place de la Loge, à Perpignan.

Restaient à Sidi-bel-Abbès, par convenance ou nécessité, le guide Moktani qui allait être consciencieusement soigné, après avoir été rémunéré royalement par M. Dardentor, et les indigènes attachés au service de la Compagnie des Chemins de fer algériens.

Et M. Eustache Oriental?... Eh bien! le président de la Société gastronomique de Montélimar n'était pas homme à quitter Sidi-bel-Abbès, sans avoir étudié, au point de vue comestible, une cité à laquelle on a donné le surnom de « Biscuitville ».

C'est une commune importante de dix-sept mille habitants, soit quatre mille Français, quinze cents Juifs, le surplus indigène. Ce chef-lieu d'arrondissement, qui faillit être capitale de la province oranaise, est l'ancien domaine des Beni-Amor, lesquels durent repasser la frontière et se réfugier au Maroc. Quant à la ville moderne,

Lorsqu'un coup de feu éclata... (Page 229.)

datant de 1843, jolie et prospère, avec ses fertiles alentours arrosés par les irrigations du Mekerra, elle est bâtie sur un escarpement du Tessala et s'enfouit dans la verdure à une altitude de quatre cent soixante-douze mètres.

Quoi qu'il en soit et malgré tant de causes d'attraction, ce fut M. Dardentor, cette fois, qui montra le plus de hâte à partir. Non! jamais il ne s'était senti si désireux de rentrer à Oran.

« Ma foi ! Vive le Dardentor !... » (Page 234.)

En effet, on ne saurait s'étonner si la demande qu'il avait faite à Mme Elissane d'adopter sa fille eût été acceptée en principe et sans que cette excellente dame fût dans l'obligation de devenir la femme de M. Dardentor. Un père adoptif, riche de deux millions, résolu à rester célibataire, cela ne se refuse sous aucune des latitudes de notre monde sublunaire... Sans doute, un peu de résistance s'était produit chez Mme Elissane pour la forme et par discrétion, mais cela n'avait pas duré. Quant à la jeune fille, elle eut beau dire :

« Réfléchissez, monsieur Dardentor!

— C'est tout réfléchi, ma chère enfant, lui fut-il répondu.

— Vous ne pouvez sacrifier ainsi...

— Je le peux et je le veux, fillette!

— Vous vous repentirez...

— Jamais, fifille à son papa! »

Et, en fin de compte, Mme Elissane, femme pratique, ayant compris les avantages de la combinaison, — ce qui n'était pas difficile, — avait du fond du cœur remercié M. Dardentor.

Du reste, les Désirandelle ne se tenaient pas de joie. Quelle grosse dot apporterait Louise à son mari!... Quelle fortune un jour!... Quelle héritière!... Et tout cela pour Agathocle, car, maintenant, ils n'en doutaient pas, leur ami, leur compatriote, Clovis Dardentor, ne pourrait faire autrement que de mettre son influence paternelle au service de ce brave garçon!... Ce devait être sa pensée secrète... et leur fils deviendrait le gendre du riche Perpignanais...

Donc, tout ce monde était d'accord pour revenir à Oran dans le plus court délai. En ce qui concerne Jean Taconnat et Marcel Lornans, voici ce qu'il y avait à dire :

Et, d'abord, le premier, définitivement revenu de ce pays des rêves où l'avait égaré son imagination, s'écria ce matin-là :

« Ma foi, vive le Dardentor, et, puisque ce n'est pas nous qui devenons ses fils, je suis ravi que cette charmante Louise devienne sa fille!... Et toi, Marcel?... »

Le jeune homme ne répondit pas.

« Mais, reprit Jean Taconnat, est-ce que cela compte au point de vue légal?...

— Quoi?...

— Un combat contre des lions...

— Que ce soit contre des bêtes ou contre des hommes, un combat est toujours un combat, et il n'est pas niable que Mlle Elissane a sauvé M. Dardentor.

— Eh! j'y pense, Marcel, il est heureux que ni toi ni moi n'ayons participé au sauvetage de ce brave homme avec Mlle Louise Elissane...

— Et pourquoi?...

— Parce qu'il aurait peut-être voulu nous adopter tous les trois... Dans ce cas, elle fût devenue notre sœur... et tu n'aurais pas pu songer...

— En effet, répondit Marcel Lornans agacé, la loi défend le mariage entre les... D'ailleurs... je n'y songe plus...

— Pauvre ami!... pauvre ami!... tu l'aimes bien?...

— Oui... Jean... de toute mon âme!...

— Quel malheur que ce ne soit pas toi qui aies sauvé ce bi-millionnaire!... Il t'aurait choisi pour son fils... et alors... »

Oui! quel malheur, et les deux jeunes gens ne laissaient pas d'être assez tristes, lorsque le train, après avoir contourné, par le nord, l'important massif de Tessala, prit direction vers Oran à toute vapeur.

Donc, M. Dardentor n'avait rien vu de Sidi-bel-Abbès, ni ses moulins à eau et à vent, ni ses plâtreries, ses tanneries, ses briqueteries. Il n'avait exploré ni son quartier civil, ni son quartier militaire, ni déambulé le long de ses rues à angles droits, plantées de superbes platanes, ni bu à ses nombreuses et fraîches fontaines, ni franchi les quatre portes de son mur d'enceinte, ni visité sa magnifique pépinière à la porte de Daya!

Bref, après avoir longé le Sig pendant une vingtaine de kilomètres, passé par le hameau des Trembles et la bourgade de Saint-Lucien, rejoint, à Sainte-Barbe du Tlélat, la ligne d'Alger à Oran, la locomotive, au terme d'un parcours de soixante-dix-huit kilomètres, s'arrêta vers midi dans la gare du chef-lieu.

Il était enfin terminé ce voyage circulaire, additionné de quelques incidents que la Compagnie des Chemins de fer algériens n'avait point prévus à son programme, et dont les touristes ne perdraient jamais le souvenir.

Et, tandis que M. Dardentor et les deux Parisiens regagnaient leur hôtel de la place de la République, Mme Elissane, sa fille, les Désirandelle rentraient dans l'habitation de la rue du Vieux-Château, après quatorze jours d'absence.

Avec M. Dardentor, les choses « ne traînaient pas » — qu'il soit permis d'employer cette locution assez vulgaire, dût Patrice s'en offusquer. Il mena rondement cette affaire d'adoption dont les formalités ne laissent pas d'être compliquées. S'il n'avait pas cinquante ans, s'il n'avait pas rendu des services à Louise pendant sa minorité, il était constant que Louise Elissane l'avait sauvé dans un combat, conformément à l'article 345 du code civil. Donc, les conditions imposées à l'adoptant et à l'adopté étaient remplies.

Et, durant cette période, comme notre Perpignanais était sans cesse appelé à la rue du Vieux-Château, il trouva plus pratique d'accepter de venir s'installer chez Mme Ellissane.

Cependant, ce que l'on put observer, c'est que durant ladite période, Clovis Dardentor, si expansif, si communicatif jusqu'alors, devint plus réservé, presque taciturne. Les Désirandelle s'en inquiétèrent, bien qu'ils ne pussent mettre en suspicion la serviabilité de leur ami. D'ailleurs, sur l'injonction de ses père et mère, Agathocle faisait l'empressé près d'une jeune héritière qui posséderait un jour plus de centaines de mille francs qu'elle ne comptait d'années alors, et il ne la quittait plus.

Toutefois, de cet état de choses, il résulta que Marcel Lornans et Jean Taconnat furent singulièrement délaissés de leur ancien sauveteur. Depuis que celui-ci avait abandonné l'hôtel, ils ne le voyaient que rarement, lorsqu'ils le rencontraient par les rues, toujours affairé, une serviette sous le bras, contenant de volumineuses liasses. Oui! pas de doute, le « périchonisme » de Clovis Dardentor à l'égard des deux Parisiens était en décadence. Le Pyrénéen ne semblait plus se rappeler qu'il les avait sauvés, deux fois individuellement, des flots tumultueux et des flammes tourbillonnantes, et une fois ensemble dans le combat contre les fauves.

Il s'ensuit qu'un beau matin, Jean Taconnat crut devoir s'exprimer en ces termes :

« Mon vieux Marcel, il faut se décider! Puisque nous sommes venus ici pour être soldats, soyons soldats!... Quand veux-tu que nous allions au bureau du sous-intendant, puis au bureau du recrutement?...

— Demain, » répondit Marcel Lornans.

Et, le lendemain, lorsque Jean Taconnat renouvela sa proposition, il obtint la même réponse.

Ce qui attristait le plus Marcel Lornans, c'est que les occasions lui manquaient de revoir Mlle Elissane. La jeune fille ne sortait guère. Les réceptions à la maison de la rue du Vieux-Château avaient cessé. On annonçait comme prochain le mariage de M. Agathocle Désirandelle et de Mlle Louise Elissane. Marcel Lornans se désespérait.

Un matin, Clovis Dardentor vint à l'hôtel rendre visite aux deux jeunes gens.

« Eh bien, mes amis, demanda-t-il sans autre préambule, et votre engagement?...

— Demain, répondit Marcel Lornans.

— Oui... demain, ajouta Jean Taconnat, demain sans faute, cher et rare monsieur Dardentor!

— Demain?... repartit celui-ci. Mais non... mais non... que diable!... Vous avez tout le temps de vous incruster dans le 7e chasseurs!... Attendez... rien ne presse!... Je veux que vous assistiez tous les deux à la fête que je donnerai...

— Pour le mariage de M. Désirandelle et de Mlle Elissane?... demanda Marcel Lornans, dont la figure s'altéra visiblement.

— Non, répondit M. Dardentor, la fête de l'adoption, avant le mariage... Je compte sur vous... Bonsoir! »

Et il les quitta sur ce mot, tant il était pressé.

En effet, notre Perpignanais avait dû élire domicile dans le canton d'Oran, dont le juge de paix devait dresser l'acte d'adoption. Puis s'étaient présentées, devant ledit juge, les parties : Mme et Mlle Elissane, d'une part, M. Clovis Dardentor de l'autre, munies de leurs actes de naissance et des pièces relatant l'accomplissement des conditions exigées pour l'adoptant et pour l'adopté.

Le juge de paix, après avoir reçu les consentements, avait libellé le contrat. Dans les dix jours, une expédition fut dressée par le greffier de la justice de paix. On y joignit les actes de naissance, de consentement, les certificats qui s'y rattachaient, et finalement le dossier arriva entre les mains du procureur de la République par l'intermédiaire d'un avoué.

« Que d'allées et venues, que de broutilles, que de bricolles! répétait Dardentor. C'est à se retrousser la rate. »

Puis, sur le vu des pièces, le tribunal de première instance prononça qu'il y avait lieu d'adopter. Puis, le jugement et le dossier furent transmis à la cour d'Alger dont l'arrêt déclara également qu'il y avait lieu à l'adoption. Et, pour tout cela, des semaines, des semaines! Et les deux Parisiens qui passaient chaque matin devant le bureau militaire, sans y entrer...

« Allons, se répétait volontiers M. Dardentor, le plus court, pour avoir un enfant, c'est encore de se marier! »

Enfin, l'adoption admise, l'arrêt de la cour fut affiché en certains lieux désignés et à tel nombre d'exemplaires que ledit arrêt indiquait, par les soins de la partie la plus diligente, — Clovis Dardentor en l'espèce, — lequel effectua cette publication par des copies sur des placards imprimés, revêtus du timbre fiscal.

Enfin, enfin, enfin, expédition de l'arrêt à l'officier de l'état civil de la municipalité d'Oran, lequel l'inscrivit sur le registre des naissances à la date de sa présentation, — formalité qui doit être remplie dans le délai de trois mois, faute de quoi l'adoption serait comme non avenue.

On n'attendit pas trois mois ni même trois jours, veuillez le croire!

« Ça y est! » s'écria M. Dardentor.

Le tout demanda un débours de trois cents francs environ, et

M. Dardentor eût consenti à en verser le double ou le triple pour aller plus vite.

Bref, le jour de la cérémonie arriva, et la fête annoncée eut lieu dans le grand salon de l'hôtel. La salle à manger de Mme Elissane n'aurait pu contenir les invités. Là se retrouvèrent Jean Taconnat, Marcel Lornans, les amis, les connaissances, et même M. Eustache Oriental, de retour à Oran, et auquel notre Perpignanais avait adressé une invitation épulatoire, qui fut accueillie comme elle le méritait.

Mais, à l'extrême surprise des uns et à l'extrême satisfaction des autres, les Désirandelle ne figuraient point au nombre des convives. Non! depuis la veille, décontenancés, furieux, maudissant M. Dardentor jusque dans les générations les plus éloignées qui formeraient les descendants de sa fille adoptive, ils étaient partis à bord de l'*Argèlès*, où le capitaine Bugarach et le docteur Bruno n'eurent point à se ruiner pour eux en nourriture, car Agathocle lui-même en avait perdu l'appétit.

Est-il nécessaire de dire que le repas fut magnifique, plein d'entrain et de bonne humeur, que Marcel Lornans y retrouva Louise Elissane dans tout l'éclat de sa beauté, que Jean Taconnat avait fait une complainte sur le départ du « Petit Gagathocle », mais qu'il n'osa la chanter par convenance, que M. Eustache Oriental, attablé jusqu'aux oreilles, mangea de tout, mais avec modération, et qu'il but de tout, mais avec discrétion.

Oui! elle fut splendide et remarquable, l'allocution de M. Dardentor avant le dessert. Combien les Désirandelle avaient été bien inspirés en s'embarquant la veille, et quelle mine auraient-ils faite à cet instant solennel...

« Mesdames et messieurs, je vous remercie d'avoir bien voulu prendre part à cette cérémonie que vient de couronner le plus cher de mes désirs. »

Patrice put espérer, par le début, que ce laïus s'achèverait d'une façon convenable.

Décontenancés, furieux... (Page 239.)

« Sachez, d'ailleurs, que si le dîner vous a paru bon, le dessert sera meilleur encore, et cela, grâce à l'apparition d'un plat nouveau qui ne figure pas sur le menu! »

Patrice commença à ressentir quelque inquiétude.

« Ah! ah!... un plat nouveau!... fit M. Eustache Oriental, en se pourléchant.

— Je n'ai pas, continua M. Dardentor, à vous présenter notre

« Tu seras mon neveu, fiston ! » (Page 242.)

charmante Louise, que son excellente mère m'a permis d'adopter, et qui, tout en restant sa fille, est devenue la mienne... »

Ici unanimes applaudissements, et aussi quelques larmes dans les yeux féminins de l'auditoire.

« Or, avec le consentement de sa mère, c'est notre Louise que je viens offrir au dessert, comme un mets de la table des dieux... »

Déconvenue de M. Eustache Oriental, qui rentra sa langue.

« Et à qui, mes amis?... A l'un de nos convives... à ce brave garçon de Marcel Lornans, qui, de ce fait, deviendra mon fils...

— Et moi?... ne put s'empêcher de crier Jean Taconnat.

— Tu seras mon neveu, fiston! Et, maintenant, en avant la musique! Boum!... boum!... Pif... paf!... et toutes les pétarades d'une noce à tout casser! »

Patrice s'était voilé la face de sa serviette.

Faut-il ajouter que Marcel Lornans fut marié la semaine suivante en grande cérémonie avec Louise Elissane, et que jamais ni son nom ni celui de Jean Taconnat ne figurèrent sur les contrôles du 7º chasseurs d'Afrique?...

Mais, dira-t-on, cela finit comme un vaudeville... Eh bien, qu'est ce récit, sinon un vaudeville sans couplets, et avec le dénouement obligatoire du mariage à l'instant où le rideau baisse?...

FIN.

TABLE

Chapitres.		Pages
I.	— Dans lequel le principal personnage de cette histoire n'est pas présenté au lecteur.	1
II.	— Dans lequel le principal personnage de cette histoire est décidément présenté au lecteur.	16
III.	— Dans lequel l'aimable héros de cette histoire commence à se poser au premier plan.	31
IV.	— Dans lequel Clovis Dardentor dit des choses dont Jean Taconnat compte faire son profit.	44
V.	— Dans lequel Patrice continue à trouver que son maître manque parfois de distinction.	58
VI.	— Où les incidents multiples de cette histoire se poursuivent à travers la ville de Palma.	76
VII.	— Dans lequel Clovis Dardentor revient du château de Bellver plus vite qu'il n'y est allé.	91
VIII.	— Dans lequel la famille Désirandelle vient prendre contact avec la famille Elissane.	106
IX.	— Dans lequel le délai s'écoule sans résultat ni pour Marcel Lornans ni pour Jean Taconnat.	120
X.	— Dans lequel s'offre une première et sérieuse occasion sur le chemin de fer d'Oran à Saïda.	140
XI.	— Qui n'est qu'un chapitre préparatoire au chapitre suivant	159

Chapitres.	Pages.
XII. — Dans lequel la caravane quitte Saïda et arrive à Daya.	172
XIII. — Dans lequel la reconnaissance et le désappointement de Jean Taconnat se mélangent à dose égale	186
XIV. — Dans lequel Tlemcen n'est pas visitée avec le soin que mérite cette charmante ville	199
XV. — Dans lequel une des trois conditions imposées par l'article 345 du Code civil est enfin remplie.	216
XVI. — Dans lequel un dénouement convenable termine ce roman au gré de M. Clovis Dardentor.	231

F N DE LA TABLE.

LES ÉDITIONS DE L'ŒIL DU SPHINX
36-42 rue de la Villette
75019 PARIS
FRANCE

Tel : (+33)9 75 32 33 55
Fax : (+33)1 42 01 05 38

www.oeildusphinx.com
boutique.oeildusphinx.com

www.ingramcontent.com/pod-product-compliance
Lightning Source LLC
Chambersburg PA
CBHW071144160426
43196CB00011B/2012